梯

Thinking *Sociologically* 3rd Edition

社会学之思 第3版

〔英〕齐格蒙特·鲍曼 〔英〕蒂姆·梅 —— 著

李康 —— 译

上海文艺出版社

纪　念

齐格蒙特·鲍曼

1925—2017

目录

第二版序

我接下为这本由齐格蒙特·鲍曼原作的书撰写第二版的任务，颇有些诚惶诚恐。不管怎么说，初版行文风格独特，已译成好几种语言，吸引了无数读者。与此同时，鲍曼也觉得，我的加盟会有益于修订新版。有鉴于此，我一方面要努力维持这种独特风格，又要添进自己的材料，势必备加小心。 *ix*

其结果，就是这本全新修订的扩写版。初版各章节均经调整，并加入了新的章节，新的材料遍布全书各章节，比如健康与健美，亲密关系，时间，空间与失序，风险，全球化，组织，新技术，等等。最终，我们都认为写出来的书既保持了初版的精华，而增补的方式又大大提高了总体上的魅力。

我们都很希望《社会学之思》[1] 能吸引广大读者。我们力求让那些正在学习社会学的人预览课程体系中所教授的各色各式话题，但也希望本书的写作方式能对从事实际研究的所有社会科学

[1] 本书的题名 Thinking Sociologically 数版皆无变化，但二、三版中译将初版中译的《通过社会学去思考》（齐尔格特·鲍曼著，高华、吕东、徐庆、薛晓源译，社会科学文献出版社，2002 年版）改作《社会学之思》。其一，这里的“社会学”注重于维度或思考风格，而非边界固定的学科的程式。其二，这里的“思”强调的不是作为名词、作为结果的“观点”“想法”“思维”（对应的英文应该是“Sociological thought”），而是作为动词、作为过程的“观（看）之点”、“想之（方）法”、“思之维（度）”，即“社会学之运思风格”（本书中的“sociological thinking”与“thinking sociologically”替换使用，完全同义）。本书所有注解均为中译者注，以下不再注明。

家有所启迪。社会学为人们了解社会和社会关系提供了大量深刻见解，为此日益赢得更多的关注。有更广泛的读者或许愿意更多地了解这样一门学科，我们也希望他们能喜欢本书。在我们看来，其原因显而易见：对于我们在21世纪共同面对的那些议题，社会学提供的视角既弥足珍贵，也常常遭人忽视。

作为两位社会学家，尽管分属两代，但我们在探讨有关主题时，切入的角度都在于它提供了怎样的理解，以领会我们在所居处的社会环境中的经验。社会学之思不仅有助于我们理解彼此，理解自身，而且为整体上的社会和社会关系的动态机制提供了重要的说明。因此，我们希望，通过本书的阅读，您将赞同我们的立场：社会学这门学科，予人启迪、令人兴奋、切合实际、发人深思。

第三版序

出版方最初提议要出第三版时，我联系了鲍曼，询问他对这 xi
个想法的意见。他认为这是个好主意，但自己并无意亲笔为之。因此我们同意由我来写第三版，他也提出改变署名方式，以我作为第一作者。我没有照此办理。本书已经销售广泛，译成十数种语言。它的谋篇布局即使不说是独一无二，也肯定别具风格，我坚信这一点需要维持。鲍曼毕生致力于增进对于人的境况及其改善方式的理解，本书谨此敬献于他。

上一版刊行以来，发生了大量变迁。本书读者中有些人与之相伴成长，出生于一个信息技术的时代，跨越时空的关联，社交媒体的使用，这些都成了寻常无奇的预设。一如所有时代，那些企图概括时代特征的人所找寻的新的表述，往往浓缩为首字母简拼。诚然，有些当代议题需要有新颖的理解方式，这些在新版中都有体现。但是，我们身处步履匆匆的世界，也不应当忘却历史，因为历史能够矫正我们的特征概括，使我们能够从过去有所镜鉴，以启迪当下和未来。我们会看到，沟通得到了创新方式的促进，但它也有力量以较为传统的方式，巩固、重释和重塑我们彼此之间的关系。

气候变迁、可持续性、技术进步、不平等、社会公正以及包容，仅举数例，上述种种相关议题都赢得了更多的关注。本书的增改始终牢记上述这些变迁，补充了新的材料与讨论，以反映我们生活中诸如此类的转型。面对这些变迁，无论是理解它们的形貌与动态机制，还是体会它们会如何改变我们组织自己的社会、理解自身及度过生活的方式，运社会学之思的能力始终都是一项关键要素。而本书正是通往这一思维方式的一条道路。

致谢

2016 年 9 月我开始撰写第三版时，刚开始自己在谢菲尔德大学的新职位。新职位的要求加上此前的应承，使得那段时间紧张而高产。 xiii

这段历程我要感谢 Beth Perry，作为给予支持的同事与合作者，也是通读书稿的好友。我还要感谢一如既往始终支持我事业的下列人等，不仅有齐格蒙特·鲍曼，还有 Davydd Greenwood，Morten Levin，William Outhwaite，Bev Skeggs，Dorothy Smith，Carole Sutton 以及 Malcolm Williams。感谢 Ken Parsons 多年来的友谊和定期聚会，也感谢“卡尔坎七人组”（Kalkan 7），Jane、Dave、Chris、Audrey、Steve 与 Vikki，为我们分享的经历、欢乐与假日。

我要向 Vikki 致以爱意与感激。她不仅以敏锐的眼力审读书稿，就内容提供了不少洞见，还在自己忙碌的生活之余，支持和鼓励着我。我感谢我的儿子和继子们，Cian、Alex、Calum、Nick 与 Lewis，感谢他们活力充沛，积极生活，证明了世界会因为关心体谅他人而变得更加美好。最后，我要感谢自己在谢菲尔德方法研究中心（Sheffield Methods Institute）的新同事，感谢米斯特拉环境战略研究基金会（Mistra Foundation for Strategic Environmental Research）的支持，后者使我们得以参与米斯特拉都市未来中心（Mistra Urban Futures Centre）和实现公正城市规划（Realising Just Cities programme）。还要感谢 Wiley Blackwell 出版社的编辑出版团队。

引论：精心打磨社会学之镜

本章我们打算来看看社会学之思这种观念，以及它对于理解 1
我们自身，理解彼此，理解我们与所居处的社会环境之间的关系，具有怎样的重要性。为此，我们要结合社会学在研究社会和社会关系时的一系列独有问题与方式，考察作为一种学科化实践的社会学这一观念。

一、社会学之思：区隔 / 特性（distinction）

社会学不仅包含为社会世界提供框架的种种方式，也包括形成理解和说明的诸般方法。历经学科发展，它积累起蔚为可观的一套知识。两千年来，哲学家和神学家的著述中，具有社会学性质的思考都清晰可见。这个术语在19世纪早期开始使用，而它随后的发展也有赖于这段宏大的历史，以研究社会秩序与变迁为宗旨。如今，图书馆里的书籍与期刊都展现出这门学科拥有丰厚的研究传统。它们为大众读者、学生，以及那些致力于成为职业社会学家的人，提供着知识。所有这些人都能就此拓展自己对于生活其间的这个世界的理解。在此过程中，我们找到了对于如下论题的系统研究：文化、经济、犯罪、组织、性相、政治、认同、时尚、管理、国家、环境、传媒、青年、老年学、健康、住房、生物技术，以及城乡生活。社会学就此成为这样一处场所，不懈致力于理解新现象，并基于经验和数据来检验既有的观念。与此同时，这门学科的形式与内容也伴随着社会转型而不断演变。

要想定位社会学，它在设置问题、阐释社会领域的实际做法，就必然有些独特的性质，有别于其他的学科。我们找出这些差异，就能够概括所谓社会学之思的特征。这里，我们不妨想想一些相关学科，例如历史学、人类学、政治科学、法学、社会政策、心理学、组织管理研究、经济学、教育学、犯罪学、信息科学、新闻学、哲学、建筑学、社会政策、[1]考古学、语言学、文
2 学和地理学。所有这些都关注人类世界，也就是说，关注人与其所属的环境之间的互动。那么，是什么使它们相互分离，它们又因何配得上不同的名目呢？

有一种回答简单明了：这些学科之间的差异只不过是反映了它们所考察的世界当中的分隔。彼此相异的正是人的行动，或者人的行动的某些方面，而学科只是考虑了这一事实。每门学科都叙述着自身的过去，叙述着自身关注焦点的独特性，构成着自身的探究领域。历史学关注着发生在过去的行动，而社会学则集中考察当代的社会。人类学研究的是处在不同发展阶段的人类社会；政治科学聚焦于与权力、国家和政府相关的行动及制度；经济学认为人会“理性”地行动，以使个体的效用最大化，并从这个角度出发来谈稀缺资源的配置；法学和犯罪学感兴趣的是如何解释并应用调控人的行为的那些法律和规范，以及如何表述这些规范，使之成为义务，如何贯彻推行，又有何种后果。尽管如此，一旦我们开始用这种方式来证明学科之间边界的正当性，这

[1] 原文如此，显系衍文。

个议题就暴露出了问题。究其根本，我们是在假定，人类世界本身体现出齐整划一的分隔，由此成为进行探究的专业门类。这里我们遇到了一个重要议题：这些边界就像绝大多数显得不言自明的信念，只要我们不去检视支撑它们的那些假设，就总是显而易见的。

至此，我们得出一个观念，人的互动可以划分为某些特定范畴，然后在明晰的学科边界之内各自表征。接下来，有一组“专家”，有认知能力，值得信任，宣称享有排他性的权利来研究社会世界与物质世界的方方面面，并用他们研究及思考的结果来装备我们。话说回来，从我们的体验的角度看来，我们能把社会分隔为经济学、地理学、政治学、历史学或社会政策吗？我们并不是生活在以政治科学或经济学为特征区分的领域里，也不会在从北半球的区域旅行到南半球，就从社会学转到了人类学，或是在长了一岁之后，就从历史学转到了社会学！

如果我们能够在自身的体验中分离这些活动领域，并因此将我们的行动归类为某一刻属于政治范畴，另一刻又属于经济范畴，那是否是因为我们首先已经被教会做出如此区隔？因此，我们之所知并非世界本身，但我们在世上之所为，乃是基于我们的实践如何受到有关该世界的某种意象的引导。我们的认知方式就是我们调用来把握世界的框架，是在语言与经验之间的关系中锻造出来的。因此，人类世界中不存在任何自然的划分，反映在不同的学术门类中。我们所发现的是考察世界的学人之间的某种分工，而学科边界使实际从业者知道什么属于其专长领域，巩固了这种分工。

我们在找寻“足以造成差异的差异”（difference that makes the

difference）的时候，这些研究门类的具体实践是如何彼此分别的呢？它们选择研究对象的方式有其相似之处。毕竟，在处理各自
3 的对象时，它们都宣称遵从同样的行为规则。各门类都力图通过一些研究方法，搜集相关事实，确保其有效性，并反复核查这些事实，以求得到可以信赖的有关信息。此外，它们还都试图将各自针对这些事实形成的命题表达为特定的形式，以求得到清晰明确的理解，并经受证据的检验。为此，它们力图预防或清除命题之间的张力或矛盾，以免出现任何两个不同的命题同时为真的情况。简言之，它们都力求达到有关系统性学科的某种理念，以负责任的方式呈现各自的发现。

现在我们可以说，对于学者的任务，以及作为学者标志的学术诚信与学术责任，具体如何理解和贯彻，其实不存在任何差异。那些自称是专家的人，在搜集和处理其得到的事实时，所采取的策略似乎颇为相似：他们观察人的行动的方方面面，或是利用历史证据，力求遵从能够领会那些行动的分析模式，做出解释。如此看来，我们找到要找的差异的最后一线希望，似乎就在于推动各个学科的问题的类别，正是这些问题的类别，框定着不同学科从怎样的观看之点（认知视角）出发，对行动做出观察、探究、描述、理解和说明。

现在来看引导经济学家研究的那些框架。考虑的重点将转向人的行动的成本与收益之间的关系。可以从对于稀缺资源的管理与配置的角度出发，来看待人的行动，看如何运用这些资源来实现利益最大化。人与人之间的互动会被视为反映了物品与服务的生产和交换的某些方面，都受到市场供求关系的调控，受到行动者基于某种模型追求其个体偏好的欲望的调控，在该模型中，行

动受制于先前对于手段与目的的理性计算。然后，这些发现会被组织成一套有关过程的数学模型，通过这一过程，资源被创造、获取和配置。另一方面，政治科学更有可能关注人的行动当中的另一些方面，即从权力和影响的角度，改变了其他行动者的实际行为或预期行为，或被这些行为所改变。因此，可以把行动看作是权力与影响方面的不对称。有些人会从互动中脱颖而出，其看法会比其他互动方更为显著地改变互动。通过这种方式，政治学可以围绕权力、支配、国家、权威和选举学(psephology，即对投票行为的研究)之类的概念来组织其发现。

对于社会学来说，经济学与政治科学的关注绝不是格格不入的。社会学中有许多研究的作者，或许自认是经济学家、历史学家、政治科学家、人类学家或地理学家，或是致力于组织管理研究，从他们的著述中就很容易看到这一点。不过，社会学也和其他研究门类一样，自有其独特的认知视角，引发一系列探询人的行动的问题，以及其自有的解释原则。由此观之，我们不妨说，社会学的独特之处，就在于将人的行动视作更广泛的一些型构(figurations)的要素，所谓型构，即行动者在一个相互依赖的网络中关联一体的非随机组合(在这种依赖状况下，行动有多少可能实施，有多少机会取得成功，要看其他行动者是谁，做什么， 4
或者可能做什么)。社会学家们问的是，对于人类行动者，对于我们要结成的关系，以及我们所从属的那些社会，这种互赖状况会产生什么后果。进而，这种问题又塑造了社会学研究的对象，因此，种种型构，互赖网络，对于行动的交互调节，行动者自由的扩展或限制，就都成了社会学最显著的关注。

个体行动者进入社会学研究的视野，乃是作为互赖网络中的成员或伙伴。社会学肯定个体的价值，但蕴含在个体主义观念中的那种原子论 / 个体利益至上论（atomism），或是据说存在于我们之间的社会孤立，则是另外一回事。但并不是说，社会孤立可能并非社会失位（dislocation）的某种症候。社会学主要关注的是一种关系性视角：也就是说，我们诞生于一个先我们而存在的社会，成为该社会的成员。我们在这些关系中遭受锻造，我们的经验受到社会结构的影响，我们的观看之道也受到文化参照框架的影响。我们有赖于他人，我们对于自身的看法也以这些关系作为中介。因此，社会学探究的核心问题就在于：社会关系的各种类型，我们所居处的社会的各种类型，与我们如何看待彼此和自身、如何建构我们的知识、如何看待我们的环境，有着什么样的关联？又产生了哪些后果？这些类型的问题本身就属于具体现实的组成部分，引导着我们的日常生活。它们构成了社会学之思的意涵，把这门学科规定为社会科学中一股相对自主的门类。所谓社会学之思，集中体现了一种理解世界的关系性方式，也开启了以不同方式思考这个世界的可能性。

二、社会学与常识

社会学之思与人们常说的“常识”有某种特别的关系。社会学由于其研究主题的缘故，与常识相互缠绕，给社会学的立场和实践都带来了一些后果。也正是这样的关系，导致社会学切中时势，富于洞见，有时还聚讼不已。说到底，自然科学似乎就不会操心如何去阐明自身与常识之间的关系。自然科学的研究实践无疑也有其社会要素，从科学家可能对现象做出推论而非观察的那些方式，到哪些科学会得到资助，科学的发现又是如何影响着我们怎样看待自身以及周遭世界。然而，人们往往会明确分离知识内容的直接效应与产生它们的那些社会背景。因此，与一套丰富多彩但往往缺乏组织、不成体系、有时难以明晰表达的知识之间，即与我们所称的常识之间，存在着边界。

对于物理学家或化学家关注的那些东西，常识似乎无从置喙。他们所处理的主题仿佛并不属于人们的日常经验。那些不具备知识与技能的人通常不会认为自己有能力就诸如此类的话题形成看法，除非得到聚焦于自己研究内容专属领域的科学家的协 5
助。说到底，自然科学所探究的对象似乎只是在非常特殊的情况下才能显现，比如通过大型粒子加速器或高倍显微镜的透镜观察到的效应。科学家观察或推论现象，用它们来做特定条件下的实验，然后在有确定边界的研究者共同体中证明自己的发现。他们占有着相关经验，始终控制着处理、分析和解释。结果必须经受在专业领域中接受训练的其他科学家的评审。他们由此产生的知识不用与常识相竞争，原因很简单，对于他们的研究主题，根本就不存在什么常识性的观点。[2]

对于这种分离的特征概括能像上述说法那么简单么？科学知识的生产包含着社会因素，引导着、塑造着科学的实践，而科学发现也有着社会、政治、经济等方面的连带意涵，在任何民主社会，都足够科学家们手忙脚乱去一一决定了。科学知识与背景

[2] 常识（common sense）的意思并非“常识”中理解的“普通”认识、“寻常”之见，而是“共同的”（common）认识和感受（sense），对于“专业”性更强的自然科学而言，“自然”不存在“常识性”的观点（也就是共同观看之点 [point of view]）。

知识或本地知识彼此互动：比如说，长久以来，人们不断积累知识，维持人居环境，以利于人类相对于动植物的生存，或是扩大医疗信息在整体人口中的可利用性，以质疑医生的专业技能。换言之，我们没法轻易区分科学研究的手段与其可能用于的目的，区分科学的实践知识或地方性知识与科学知识本身。研究的资助方式，资金来源，或许都会影响研究的结果，这些利益都有可能扭曲结果。公众关注我们吃的食品的质量、我们个人使用互联网的数据存储、我们所依赖并居处其中的环境的保护、基因工程的角色、遗传信息的专利化，只是单凭科学无法决定的诸多问题中的寥寥数例。这些关注并不只是某个专家群体中对于科学知识的有限证明，而是其他形式的证明，也涉及科学知识的应用，以及它对于我们的生活和未来所产生的后果。说到底，我们在谈论的是我们对于自己生活的控制，是我们的社会正在趋向何方。

这些话题为社会学的研究提供了素材。我们所有人都生活在与他人的共处之中，都会彼此发生互动。在这个过程中，我们展现出数量惊人的默含知识（tacit knowledge），这些知识使我们有能力应对日常生活中的事务。我们每个人都是富于技能的行动者。不过，我们能得到什么，我们是什么，还要看其他人。毕竟，我们绝大多数人都有过和伴侣、朋友或陌生人之间沟通失败的痛苦经历。我们都体验过不同程度的社会失位、驱逐、共在与归属。社会学的研究主题根植于我们的日常生活，要是这一事实不存在，我们就没有能力在与他人的共处中过日子。不过，尽管我们深陷于各自的例行活动，也通晓针对我们进行互动时所处的社会场景的实践知识，但一般不会系统地思考，我们完成的这些事情有什么意义，或是它为何会发生，也不会拿自己的私人体验与他人的命运相比较；或许有一个例外，就是观看对于在电视和社交媒体上炫示消费的那些公共议题的私人回应。无论如何，在这里，社会议题的私人化往往得到了巩固，从而使我们减轻了压 6
力，可以在被视为个人回应而不是更一般性的文化表述的内容中，理解社会关系的动态机制及其后果。

社会学之思把我们带入一种关系性的理解。它看的是个体，但将其定位在某种社会环境之中。作为一种探究模式，它会问这样的问题：“我们的个人生平是怎样与我们和其他人共享的历史相互交织的？”或者，“我们的文化如何塑造我们之所见所闻？”社会学家本身也属于这种经验的组成部分，因此，无论他们多么努力地与其研究的对象保持距离，即把生活经验 / 生命体验（life experiences）看作是“在那儿”的客体对象，也无法与其致力把握的知识彻底撇清关系。话说回来，他们采用各种研究方法，从各社会内部和诸社会之间进行整体比较的外延式方法，到深入社会群体理解其动态机制的内涵式体验，力求由此把握经验 / 体验，同时拥有内在的和外在的观察，就此而言，倒也可能是一种优势。这样就产生了有关人的境况的一大批充满洞见的丰硕研究成果，基于实践理性的框架来看，其产生理解的基础有的相互邻近，有的相距遥远。

说到对人的境况的研究，社会学需要理解人的行动、人造制品以及环境被赋予的意义，然后才能通过调查问卷、访谈、视觉材料或观察来展开他们的考察。家庭、组织、亲属网络、邻里住区、城市与村庄、民族和教会，以及其他种种由常规的人类互动维系一体的群体组合方式，都已经被相关行动者赋予了内在意义和外在意涵。其结果，社会学研究的现象已经承载了意义，因此深陷于塑造实践理性的现实当中。这些知识形式之间的边界流变不居，它们各自的界限也随之变移。就像遗传科学家成果的应用，以及对于社会生活造成的连带后果，社会学相对于社会知识而言的自主性也会接受思考、得到巩固甚至陷入争讼。这并非社会学所独有，对于整体上的社会科学和自然科学也都有针对性，但我们仍然能以如下方式来考虑社会学与常识之间的关联。

首先，社会学要依据其证明模式，遵从负责任的沟通的规则，即一些被广泛接受的制度化方式，构成基于证据的理解与说明。这是处在一个共有的研究者共同体当中的科学的一项属性，使一门学科有别于其他知识形式和证明方式。人们期待社会学家非常注意区分哪些是得到可以利用的证据证明的陈述，哪些是只能属于未经检验的临时观念的命题。负责任的言谈的规则要求，必须开放导向最终洞见的整套程序以供审察。负责任的言谈还应当参考有关其话题的其他研究，以据说能增进其理解的方式结合其他研究。通过这种方式，就会大大增进信度和适用性。事实上，科学的合法性乃是基于我们的信念，坚信科学从业者会遵守
7 负责任的言谈的规则，而那些科学家本身又能够依据生产过程的严格性，宣称他们生产出的知识具备效度和信度。

其次，社会学之思可以提取材料的领域是有一定规模的。对于我们绝大多数人来说，我们的领域仅限于自己的生活世界，也就是说，限于我们所做的事情，所遇见的人，所追求的事情，以及我们如常展开互动所处的时间和场所。我们还发现自己经由互联网、电视、报纸、书籍和社交媒体之类中介，面对他人的经历与观点。就此而言，我们经历的视域获得了拓展。不过，这可能是选择性的，有赖于特定的观点，它们无非是既有生活世界的进

一步放大，其间的差异会转化为怀疑和责骂的对象，而不是理解的对象。因此，纵然这世上的境况和经验是如此丰富多姿，它们都只是某种特定的视角，可能有失全面，甚或充满偏见。只有当我们把从形形色色的生活世界中得来的经验合在一起加以比较，才能考察这些议题。只有到那时，才会揭示出个体经验的只是有限的现实，才会揭示出这些个体所卷入的相互依赖、相互关联的复杂网络，这种网络远远超出了单个人生平的视角可能触及的领域。有鉴于此，社会学家对于这种更为广泛的视角的探求大有差异，不仅大大增加了知识的数量，而且大大改善了知识的质量，改进了知识的用途。社会学知识能够提供某些重要的东西，是常识本身所无法提供的，无论这种常识有多么丰富，多么深刻。

这些知识形式还有第三种方式的差异：就其对于各种事件和情势的理解与说明而言，每种知识形式领会人类现实的方式是不一样的。我们基于自己的经验得知，我们是自身行动的“作者”；我们知道，我们之所为乃是出自我们的意图或感情，哪怕其结局或许出乎意外。我们的作为通常是为了实现某种事态，无论是为了拥有某个客体对象，为了得到赞扬，还是为了避免我们不喜欢的什么东西，或是为了帮助朋友。我们仿效考虑自身行动的方式，去领会其他人的行动，这也是很自然的事情。有鉴于此，我们唯一能够领会周遭属人世界的方式，就是仅仅从各自的生活世界中提取我们的说明工具。我们往往会将整个世界上发生的一切都看作是某人有意图的行动的某种结局。我们寻找一些人来为已经发生的事情负责，一旦找到这些人，就相信我们的探究大功告成。我们假定，在我们乐观其成的那些事件背后，必然蕴涵着善心；而在我们不愿见到的那些事件背后，则肯定掩藏着恶意。大体说来，人们觉得很难接受说有这么一种情境，并非某个可以认定的人的有意图行动的效果。

那些在公共领域中宣称谈论的是现实的人，从政客、记者到市场研究者、商业推销员，就符合上述倾向，谈论什么“国家需要”或“经济需求”。说得好像会根据具有特定需要或需求的个体的标准来建设国家、打造经济。与此类似，我们每天读到和听到的那些有关民族、国家、经济体系的复杂问题，都被说成是一批经过选择的个体的所思所为而产生的效应，这些个体不仅有名有
8 姓，更可以刻画形貌、进行访谈。同样，政府及其发言人也常常把矛头指向那些自己无法控制的事情，或是借助焦点小组[3]和民意投票，大谈什么“公共要求”，以此豁免自己的责任。

社会学与这些观点各自带有的特殊性存在张力，有时甚至截然相对，后者仿佛能够轻易转译成一种信念，相信自己表述着某种一般事态。社会学并不想当然地接受某些理解方式，仿佛它们构成了某种自然而然的说明事件的方式，能够与历史变迁径直分离，或者与这些表述所源自的社会位置明确区分。由于社会学的调查乃是基于型构（依赖网络），而不是个体行动者或个别的行动，也就证明，如果将各自孤立、受动机促动的个体这一寻常比喻作为关键，来理解人类世界，包括我们自己全然属于个体性、私人性的所思所为，并不是一种理解我们自身和他人的合适方式。所谓社会学之思，就是通过分析人类互赖的多重网络，来领会人的境况。为了说明我们的动机，以及这些动机被促动后所产

---

[3] “focus group”，经过选择的一组被访对象，通过专题调查会或调查问卷，以搜集其对于某些公共问题的意见。

生的效应，我们就需要诉诸这种多重网络，它就是最现实的一类现实（toughest of realities）。

我们还应当指出，常识的力量具有双重性质。一方面，它使我们能够寻路觅向，通行世界，故而有赖于不言自明的性质，也就是说，不会质疑其蕴涵的规定，在实践中具有自我确认的性质。因此，它会很容易诉诸日常生活的那种习惯成自然的例行性质，这种性质既引导了我们的常识，也受着常识的引导。我们需要这种性质，以顺利应对我们的生活。只要重复得足够多，事情就往往会令人备感熟悉，而熟悉的东西就会变得自带说明。它使我们能够寻路觅向，通行世界，不会显现出任何问题，所以也不会激起多少好奇。如果人们满足于“一切正常”（things are as they are），就不会提出问题。至于为何说“一切正常”，是无须省察的。就算受到质疑，也很容易紧跟着对于这类干扰的抗拒。宿命论在这里也可能发挥了作用，因为人们坚信，对于我们行事所处的状况，人力基本不能有所改变，这就使我们免除了变化所带来的负担。

就此而言，熟视无睹与刨根问底之间或许存在张力。令人熟视无睹的世界有力量确认既有的信念，而使得社会学被看作是个刺儿头，其信度就此遭到质疑。通过省察被视为想当然的东西，检视生活世界赖以构成并维持的基础，它有潜力扰乱令人舒适的确定性，无论是将世界视为自身考察的一项论题，还是把世界看作赖以得出洞见的一种资源。随着生活的日常方式及其发生时所处的社会状况受到省察，它们就成了应对我们生活、组织彼此关系的诸多已实现方式之一，但不一定是**唯一**的方式。话说回来，例行常规以及我们构成彼此之间理解的那些方式，在这里自有其位置。说到底，它们使我们做事情时不必持续反思我们的行动，后者很容易导致不确定性。这里我们不妨想想吉卜林笔下的蜈蚣。蜈蚣行走时虽然百足齐动，也是轻松自如，直到一个溜须拍马的廷臣开始奉承她记忆力精细如发。靠着这种记忆力，她从来不会先迈第八十五只脚再迈第三十七只脚，或是先迈第五十二只
9 脚再迈第十九只脚。可怜的蜈蚣自从有了这种自觉意识，就再也不会走路了。但同样可以说，**去熟悉化**（defamiliarization）也自有其好处。它为度过生活开启了此前不曾预料的新的可能，并且具备了更多的知识，或许也带来更多的自由和控制，从而产生了更多的自我觉知，更能理解他人，也更能把握我们周遭的环境。

有些人力求理解所处环境，理解环境对于我们自身及我们的行动的影响，理解我们如何共同居处、如何组织自身，通过这些方面的理解，以更加自觉的方式度过生活，对他们来说，社会学之思就是一种值得欢迎的导引。社会学讨论、启迪或挑战我们的共享知识，刺激我们、鼓励我们去重新评估我们的经验，发现新的可能，最终变得更加开放，不那么容易顺从于认为，无论是对于我们自身的了解，还是彼此的了解，都有某个终点可言，而不是一种令人兴奋的动态过程，其目的就在于更好地理解我们所居处的环境中人的境况。与我们特定的经验所在的领域保持一定距离，并不有损于社会学洞见的意义，要想证明后者的正当性，并不能只是基于实践理性的领域。

社会学之思就是一场挑战，其过程能使我们对于差异和多元更加敏感、更加宽容。它能使我们感觉锐利，眼光灵活，看到超出我们直接经验的相关视域，以便我们能够做出探索与说明。一旦我们能够更好地理解，我们的生活中那些看似自然而然、不可

避免、难以变易、持恒存在的方面，其实是如何通过人力和资源的运作而形成的，社会学之思就成了一种自在的力量，开启了一个充满可能性的世界。它拓展了我们不同程度拥有的自由的范围，增进了它的实践效力，从而有可能使我们不那么受制于操纵，甚至会在面临压迫和控制时更具弹性。作为一种思维方式，它能使我们成为更具效力的社会行动者，看清性格、行动与背景之间的关联，洞悉那些凭借其固定性而宣称难以变易的东西是如何可以接受转化的。

还有些东西是超出作为个体的我们的，要求我们后退一步，进入分析的层面。我们的研究尽管定位于社会关系网络中，但可以将我们带入一个宽广的考察领域，通过生成并运用不同形式的资料，探讨作为整体的社会中的诸般运动与变迁。这一点很重要，但并不是说就应当让关注的话题消散在不带情感的无所偏倚之中。社会学倡扬的是个体，但不是个体主义。所谓社会学之思，就意味着更充分地理解人们的价值、希望、欲求、忧虑与关切。这样一来，我们就可以更好地识别并尊重不同的文化，以及人们如何依照特定的价值观来践行其生活。因此，社会学之思也有潜力增进我们彼此之间的团结，这种团结的基础就在于相互理解，彼此尊重，患难与共，同仇敌忾。回到我们刚才说的那一点，即看似难以变易的东西也具有流变的特性。社会学能够深刻洞察与我们自身生命形式不同的其他生命形式的内在逻辑和意义，从而大大有助于我们重新思考自身与他人之间已被勾勒出来的边界。我们彼此之间的共同之处，或许多过与力图分离我们的 10
那些力量之间的契合。归根结底，如果实现了这一点，自由的事业就会被提升为共同的事业，从而得到大大的推进。

分析并表述社会学的发现，能提请人关注到，个体自由与集体自由在何等程度上受到促动，也受到约束。这会使既存的权力关系或所谓“社会秩序”趋向不稳定。企业、政府及通行社会秩序的权力持有者往往指控社会学“政治上离心离德”，或是质疑其作为一门学科的地位。有些人企图如其名目地看待现实，或是宣称既存事态在某种角度上属于自然如此，他们当中就能非常明显地看出上述这点。当我们见证了这样一类反应，被揭示的东西往往会成为争议主题，而社会学就是将其带入公共领域的手段。正是在这里，可以辩论社会学的含意，可以确定社会学的行动；但这也可以揭示，在多大程度上，只能听到某些声音。

社会学可以成为组织手上一种强大有力的工具，而其观念也可以被用来加强控制，而不是促进自由。没有任何学科能够防止这种状况发生，但社会学可以提请人们关注这种状况的存在及其效应。没有任何东西可以确保说，社会学之思能够缓解生活的“严酷现实”，使它不再那么强大，因为这等于要让社会学的实践过度延伸，进入大大超出其预期范围的思考与行动领域。原因很简单，理解的力量或许完全无法对抗种种强制的力量，或是通过归咎于特定人口群体这一修辞来动员民众的力量，这样的修辞给出了看似容易的解决办法，以消除通行政治经济状况所引发的疏离感。话说回来，如果没有这样的理解，集体经营共享生活状况的机会就会更加渺茫。往往只有那些不能想当然接受这种思维方式的人，才会珍视它的价值。至于那些可以想当然接受这种思维方式的人，它的价值就很容易被低估。

三、《社会学之思》的内容

本书的写作旨在遵循上述精神，帮助人们理解自己与他人打交道的经验，理解从他人那里获得的经验。我们力图展示，如何可以从新颖的、不同的角度，来解读那些看似熟视无睹的东西。各章探讨的话题都属于我们的日常生活，或是引导着我们的生活，哪怕在我们的日常理解中并不凸显。它们涉及我们惯常遇到的各式观看之道及议题，只是我们往往没有多少时间或机会详加思索。我们的宗旨在于促进社会学之思，而不是去“矫正”知识。我们希望扩展理解的视域，而不是用某种不可置疑的“真理”，来取代有关错误的不正确想法。我们希望以此鼓励一种积极究问的态度，基于这样的态度，对于他人的理解使我们能够更好地理解在世上与他人共处的我们自己。为了协助这一过程，我们在书末专设一节，开列我们已经借鉴以启迪我们旅程的那些研究，以及将会有助于延续这一社会学理解道路的研究。

本书从社会学的角度评述了一些直接引导我们的生活与体验的 11
话题。它被分成几编和几章，但始终牢记这种关切。基于这一方针，我们的叙事将不会以线性的方式展开，因为有些话题我们将在全书反复探讨。比如说，关于社会认同的议题，就会以许多不同的面貌出现在各章，因为这正是理解的努力在实践中的运作方式。我们还将探讨对我们生活其间的环境的照看，我们的未来都有赖于它，继我们而起的那些人也有赖于它。不管怎么说，当我们考察新的话题时，就会揭示出新的问题，从而显露此前我们不曾考虑的一些议题。诚如上文所言，这属于一个漫长的过程，我们将不断地获得更好的理解，这是一项没有终点的任务，令人兴奋，也回报丰厚。

第一编　日常生活中的行动与理解

第一章　与他人一起并通过他人来理解自身

我们会感受到孤立，孤独，似乎没有能力与外界交往。但我 15
们并不单纯是彼此孤立。我们会讨厌被我们觉得自己毫无控制的周遭环境所约束，也会为了确定自己能够自由而拒绝遵从他人的期待。我们会因为缺乏移动设备上的即时娱乐而表现出沮丧，也会花时间去阅读、消化、讨论与思考。我们需要他人的认可，但如果不能应求索得，或是以期待的方式被给予，就可能导致失望乃至怨恨。根据具体的周遭环境，同时具有相互冲突的情感，或是表现出不同的行动，在我们的经验中皆属寻常。人的境况似乎会产生令人困惑的多种状态，既能激发想象与创新，也会导致挫败。

我们的行动会被我们自己以及他人如何看待，都是在这些关系中构成的。行动、自我，以及社会认同和理解，都是密切关联的。这些因素受到有关何以为人的通行观念的引导。比如说，我们自由地做出选择，并且基于这些选择行事，以求达成我们的目标。你可以现在站起身来，泡杯咖啡，或是倒杯水，然后再接着读这一章。你也可以选择放弃社会学之思这一计划，着手另一项研习，或是整个儿放弃研习的念头。如果你继续读下去，就是在眼下自己可以采取的几种可替换的行动路线中，做出了一种选择。你以这种方式做出自觉决定的能力，可以说就是在践行你的自由。

一、与他人共同生活的自由

我们周遭环绕的，是个体的特定观念，以及由此生发的他们的行动、选择和不同程度的责任。各式各样的广告就是针对人的渴望，它关联着人在世界上想要得到什么，而这又关联着对于物品的占有。我们被这些说服技术包围，其中充斥着海量的资源，那我们是否还能说，自己的选择是自觉决定的产物，我们以明确而理性的方式加以梳理，然后再决定付诸行动？我们的行动中有许多属于发乎习惯，因此并不受制于有意的、开放的选择。不
16 过，别人也可能提醒我们说，我们一旦做了决定，就得为其后果负责。如此一来你就会听到人说：“没人强迫你这么做，你只能怪自己！”如果我们破坏了旨在指导人们行为举止的规则，就有可能遭到惩罚。惩罚可以是非正式的约制，也可以是正式的约制。比如说，破坏某个群体的规范，可能导致我们被嘲笑或暂时被受到排斥，或是由于违法而被关进监狱，剥夺了我们的自由权。惩罚之举相当于某种确认，认为我们为自己的行动负责。在这个意义上，规则所引导的并非我们的行动，而是协调与他人之间的互动，从而可以预见我们与他人可能如何行事。这样的定向如果不能就位，日常生活中的沟通与理解就是不可思议的。

如果我们是自己命运的缔造者，我们就有力量通过行事来控制我们的生活。我们既有能力监管自己的行动，又有能力决定行动的结局。可是，对于绝大多数人来说，生活真的是这样运行的吗？比如，或许可以宣称失业纯属有关个人的错，如果这些人足够努力，获取合适的知识与技能，是能够自力谋生的。人们当然可以接受再培训，寻找工作，但如果他们生活的地区失业率很

高，自己又没钱搬迁，或者有亲友需要照看，那么即使积极寻找就业机会，也没有任何岗位可以提供，或是由于受扶养人的牵累而流动性受限。在许多情形下，我们的行事自由受到我们缺乏控制甚至毫无控制的局面的限制。有能力改变或调整我们的技能是一回事儿，而有能力实现我们的目标则完全是另一回事儿。我们不妨来更详细地谈谈这一点。

以稀缺状况为例。在这类状况下，就像在我们受到他人评判的时候，我们的能力都受到限制。人们或许寻求同样的目标，但不是所有人都会如愿，因为达到他们所寻求的东西的渠道是有限的。在这种情况下，我们可能彼此展开竞争，其结果可能只是在一定程度上依赖于我们自己的努力。我们可能想上大学，但却发现每一个空位有 20 位候选人在竞争，其中绝大多数人都能够满足所要求的资格条件。不仅如此，大学还往往要照顾具有某些特定社会背景的候选人，以及与此前上过该校的人沾亲带故的候选人。我们的行动有赖于其他一些我们可能控制力有限的人的评判，但也牵涉到我们的社交网络，牵涉到这些因素如何促动或约束着我们的渴望。制定游戏规则的是别人，充当裁判的也是别人。所以，他们所属的制度 / 机构行使裁量权，决定了他们的位置，而在这样做的时候，也就给其他人的自由划出了边界。诸如此类的因素深深影响着我们努力的结果。就此而言，我们之所以变得有赖于别人，就因为正是他们对我们是否足够努力作出判决，并考虑我们是否展示出了适当的特性和背景，以证明我们被接受入学的理据。

物质因素也影响着我们实现自己目标的能力。自决固然非常重要，但如果我们缺乏手段，又当如何？我们可能会移居可以提供更多岗位的地方去找工作，但却发现房价或房租远远超出我们的财力。与此类似，我们可能会希望摆脱人群密集、污染严重的居住环境，移居更利于健康的地方，却发现有钱人早就这么做
17 了，因此那些地方根本就住不起，或是那些有钱人新搞出一些封闭，住在高楼大厦中，确保环境与周遭相分离。在这个过程中，房价上升，房租走高，工作岗位的薪酬又不足以谋得住处。对于教育和健康，我们也同样可以这么说。有些地方的学校和医院的设备更为完善，但是离家太远，而我们的社会又不具备一套普遍的公立卫生体系，私人健康保险亦非我们的收入之所能及。这就表明，可以自由地做出选择，并不能确保就可以自由地基于这些选择行事，也无法保障自由地实现我们意想中的目标。要有能力自由地行事，我们需要的可不仅仅是某种**自由意志**的观念。

我们老是会觉得手头的钱不够花，但我们也会提及符号资源。在这方面，我们的自由可以不取决于我们做了什么，而是取决于在别人的眼光和评价中我们是什么。我们已经举了上大学这个例子，不过我们也可能会被拒绝加入某个社团或录用，就因为别人评判我们的资格特性的方式：例如，基于我们的阶级、种族、性取向、年龄、族属或身心障碍[1]。换种方式，被某个社团接纳也可能看的是过去的成就，比如习得的技能、获取的资格、服务的年限，我们认识的人和将会资助我们的人，或是我们从小养成的待人接物、举止谈吐。这些都是过去的一系列选择所形成的长期结果，日积月累，沉淀在更为持久的社会结构中，会对个体的行动产生某种效应。因此，过去的环境，积累的经验，以及

[1] “disability”，旧译残障。

他人赋予这些的价值，都会影响着当下的行事自由。

我们如何通过这些方式获得定位，与我们如何去感受自己进入的社会情境并展开行事，会产生相互作用。回到我们举的上大学这个例子。我们可能会发现，有某种言谈方式和特定腔调是在面试时更受期待的，但却是我们不熟悉的。我们如果出身工人阶级家庭，置身中产阶级同学之间，就会觉得不自在。或者，我们的性取向不被评判为属于“正常”，这样我们就会体验到某种孤立感，别人不会认为我们的选择是恰当可取的。如果作为一名恪守正统的天主教徒，我们可能无法接受离婚和堕胎之类属于别人有权做出的选择。

这里我们就碰到了一种可能性：我们在里面感觉最自在的那些群体，其实可能限制了我们能够持有的意见的范围，从而限制了我们的自由。非正式群体与正式群体之所以能构成，常常是基于它们对其成员的期待，这样就会排除掉那些被认为达不到这些要求或生活方式的人。一旦出现群体之间理解上的鸿沟，往往就会有刻板印象的假定（stereotypical assumptions）来填补。这些假定充满偏见，有失准确，却能促成“我们”与“他们”之间的某种分离。所以，我们固然能够根据所属群体内部的行动条件做出调整，但这一事实可以说限制了我们的自由，因为它使我们无法探察该群体之外的那些经验。我们被自己所属群体的方式方法调教出来，去践行我们的自由，但也付出了代价，就是限制与其他想法和实践打交道。

在自由的日常践行中，我们既被赋予能力，又会受到约束。一方面，我们被教导说，在一个群体内部，有些类型的欲望是可以接受的，也是能够实现的。以合宜的方式言谈举止，穿着打

18 扮，就能提供某种定向，让我们应对在所属群体中的生活。我们根据那些期待来评判自身，我们的自尊也直接通过这些方式受到引导。群体促成了一些边界，这些边界通过共同利益 / 兴趣（interests），以及 / 或是借助邻近关系，为我们提供定向。不过，一旦我们从一个群体跨越到另一个群体，发现自己处在提倡不同生存方式、不同评价形式的环境中，这些便利也可能会变成问题。在新的环境下，可能会有别样的举止方式被视为合宜得体，而别人的行为与其意向之间的关联也不为我们所熟悉，显得很隔膜。法国社会学家皮埃尔·布尔迪厄把这种鸿沟，即我们的性情倾向与我们所处的社会背景之间的脱节，称为“堂吉诃德”效应。

我们如果与他人有物理性的共同在场，亲耳听到他们说些什么，亲眼目睹他们如何行事，通过这种方式，我们能获得对于行为举止何以合宜得体的某种感受。然而，如果你接触到网络社区的种种反应，可能就没有任何办法看到他人长期以来的行动，他们的表述可能都是匿名的。其结果，他们的行动不会受到处在物理相邻的人们评判后果的约束。当我们从一种场景移向另一种场景，无论是虚拟空间还是真实空间，使我们得以寻路觅向并归属于一个群体的那种背景理解就可能表现为某种局限。当我们的期待、经验与行动之间出现了脱节，可能是因为意向性行动的意外后果。换句话说，尽管是意向明确地追求某种结果，但由于周遭环境以我们并无预见的方式逐步推展，或是有一些因素我们并不知晓，也毫无控制力，就会出现另一种结果。

至于说到引导我们性情倾向或是存在于世的方式的那些因素，我们所属的参照群体并不是我们出于自由选择而筛出来的。理由很简单，我们之所以能够成为某个群体的成员，只是因为我们生而如此。有一个群体规定了我们的属性，引导着我们的行动，却可能不是我们自觉选择的。我们当初加入该群体，或是被他人视为属于该群体，并非发乎自由之举，恰恰证明有所依赖。做一名法国人、加勒比人、白人、工人阶级或是中产阶级，这些都不是我们决定如此的。我们可以泰然自若或默然隐忍地接受这种看似注定的宿命（fate），也可以热情接受群体的特性 / 身份 / 认同（identity）及其意涵，即对我们是什么深感自豪，对由此置于我们的期待引以为傲，从而把它转变成我们的命运（destiny）。话说回来，如果我们希望转变自身，就要求我们付出大量的努力，对抗周遭那些人想当然地置于我们的期待。我们不再对群体的价值和规范一味遵从，取而代之的是自我牺牲、果敢明断、坚忍不拔。一个是顺势而为，一个是逆势而动，对比鲜明。我们就是这样依赖于他人，尽管不是始终自觉意识到这一点。即使我们有可能逆势而动，我们行动的导向也是受着熟悉群体内外的人的期待或行动的指引或影响。我们所属的群体的期待影响着我们如何行事，如何看待自身。这一点有几种表现方式。

首先，我们赋予一些**目的**或目标特定的意涵，因此值得追求。它们会随着阶级、族属、年龄和性别之类的因素而各有变
化。比如说，照看别人的活儿常常是——但也不都是——由女性 19
来干的，因此女性明显向某些为照看别人提供报酬的行业集中，比如教师、护士和社会工作。这种说法是基于有关分工的预设，根据的是男性与女性各自被期待展现出的特征类型。这些都是有着文化变异性的趋向，而不是单纯的决定机制。但这些趋向不仅限制着什么会被视为可接受的，而且塑造着提供给不同行业及从业人员的认可与报酬。

其次，人们期待我们如何实现这些目的，是受群体期待的另一方面表现影响的，那就是被接受可以用来追求目的的手段。这里我们关注的是日常生活中被视为合宜得体的行为形式。我们如何穿衣打扮，言谈举止，表露热情，甚至如何进食，都属于群体对我们追求目的时的行为的影响方式。为了达成目的，哪些是可以接受的手段，哪些是不可接受的手段，或许都渗透着个体置身人们希望所属的情境中而对行动后果的关注，或是对于对抗通行秩序的后果的担忧。事实上，实施不可接受的手段的人或许不会得到正面的约制，但只要他们成功实现了目的，就会被忽略不计。这些正当化形式能够将行动正常化（normalize），可以肯定，导致 2007 至 2008 年全球金融危机的银行业文化中，显然就有这样的形式。

第三，群体也力求通过某些特定的行为来识别自身，这样的行为能使其有别于处在群体的正式与非正式关系网络之外的那些人。由此导致的现象被称为相关性标准（criteria of relevance）。在这方面，我们被教导说要区分，在各种对象或人当中，哪些对于我们所贯彻的生活规划是相关的，哪些又是不相关的。对于对象的铭刻有何意义，不同群体可能有不同理解，端赖于在一个文化中，是如何赋予那些对象以意涵和相关性的。识别谁是盟友，谁是敌人，谁是对手，谁经得起考验，谁需要认真倾听，谁可以晾到一旁，这些都属于这个过程。就这样，我们所追求的目的，在追求过程中所使用的手段，如何区分在这个过程中谁可能协助我们，谁不可能协助我们，这些都来自我们所属的群体。

二、社会学之镜：与他人一起看待自身

我们通过归属于群体，获得了大量的实践知识，要是没有这些知识，我们将没法儿进行各自的日常活动，为自身定向，并赋予我们的行动以意义和价值。在绝大多数情形下，这种知识都是“默含”的，也就是说，它在引导我们的行为时，是借助已确立的意义，借助已确立的事物、人员、地点之间的关联，并不一定需要我们能够明确表达它，或是它如何以特定的方式运作，又为何如此运作。比如说，如果别人问我们，我们用什么形式的符码（codes）来与他人沟通，我们如何解读他人的行动，如何赋予对象以意义，我们有可能连这个问题是什么意思都不理解。对于使沟通成为可能的那些语法规则，如果我们必须视之为理所当然，展现出沟通的资格能力（competency），我们又如何说明这些规则？但我们又需要这种知识来履行我们的任务和实践技能。有 20
一门社会学分支，叫作常人方法学（ethnomethodology），就是致力于考察日常互动的细枝末节，就我们想当然接受的那些东西提出了富有意趣的洞见，比如说对话中的话语轮次；我们怎样开始说一句话，又怎么收尾；我们如何根据人们日常例行姿势中展现出来的穿衣打扮，举手投足，赋予这些人特性。

我们要从社会学的角度理解个体与社会之间的关系，不妨先从引导实践推理和行动的背景知识入手。由此产生的研究就成了社会生活中一些特别的领域，我们在其中可能会对自己的行动感到放心，它们也会影响着社会秩序的再生产，我们就是依赖着它们的例行常规，展开自己在这世上的旅程。而这种再生产本身有赖于我们忘记如此有力地笼罩着我们的那些方式的由来，或者只

是视之为理所当然。它以自然态度(natural attitude)的形式出现，被微观社会学家转换为自己考察的对象。由此产生一批有关社会知识和日常生活的研究，使我们能够更多地了解彼此之间的互动，也了解我们的理解在时空当中的基础。

关于我们的自我及社会认同，提出许多洞见的核心人物之一就是乔治·赫伯特·米德。我们是谁，即我们的“自我”，并非我们与生俱来的某种属性，而是通过与他人之间的互动，历经长久而获得的。为了理解这一发生过程，不妨把我们对于自我的认识区分为两个部分：一为“主我”(I)，一为“客我”(Me)。米德主张，我们的心智会力求与我们所处的世界之间结成一种“调适性关系”(adjustive relationship)。不过，这并不意味着我们只是在反映群体的期待，因为我们也具有反应能力，能够对世界有所作用，在新的社会背景中有所习得。为此我们会通过符号沟通，经由他人而了解自身。我们不仅通过语言这一媒介开口言说，也经由它倾听自身，并依照他人的反应来评估我们的行动和表达。沟通本身就在生成我们的主体性，它并不只是在描述一个外在于我们的世界，而是构成着这个世界的意义与理解。所谓“主我”，就是一种“内在的”对话，语言作为一种媒介，使我们能够将自身视为一个“整体”。另一方面，“客我”则指的是我们如何在自己的行动中将来自他人的各种期待组织起来。因此，我们在对他人做出反应时，根据的是自己如何看待自己，并依照我们居处其间并展开行事的不同的社会场景，不断做出调整。

上述过程的发生经历三个发展阶段。首先是预备阶段(preparatory stage)。在这个阶段，我们对于自我的认识是消极被动的，因为它是由他人对我们展示的行动与表达所构成的。然后，自觉意识逐渐积累，我们用群体的符号来对他人做出反应，使我们能够从适合场景的方面来界定自身的行为。通过这种方式，通过他人的反应，对自身的自觉意识不断增长。在这个阶段，我们无法直接地体验自身，而只是通过他人，但这是能够判断我们在与他人互动中表现的过程的起点。

然后，我们作为孩子，通过角色来演出不同的“他人”，以此进入**玩耍阶段**(play stage)。不过，这些角色并非相互关联，缺乏整体组织。我们也应当指出，有些孩子可能被置于某些特别的背景，“玩耍”本身都不可能，甚至不被视为值得欲求。这个阶段的核心任务就是习得语言，将感情赋予特定的角色。所以，要 21
理解什么是“合适的”玩耍，对于玩耍表现的反应十分重要。通过第三个阶段即**游戏阶段**(game stage)，对于群体各种态度的组织开始巩固成型。角色是结合彼此之间的关系而习得的。尽管可以扮演的“戏份”五花八门，主导游戏的规则却变得更为凸显。我们的反思性格就此打造坚实，靠的是将自身作为我们自己行动的对象，因为我们正是通过他人对于我们表达与行动的反应来理解自身的。

社会自我的形成并不是一个消极被动的过程。互动的各方都彰显着积极主动的活动。说到底，一个孩子最初习得的技能之一，就是区辨和挑选，而要获得这样的技能，就必须有能力抵抗并承受压力，换句话说，有能力坚持立场，对抗外力。由于来自各色重要他人(significant others)的信号相互矛盾，“主我”不得不站到一旁，保持距离，看着“客我”将外来压力**内化**。“主我”越强，孩子的性格就越自主。“主我”的力量会表现在一个人有多少能力、有多么愿意，将内化到“客我”的种种社会压力交付检验，核查它们真正的力量和局限，从而发出挑战，并承受后果。在这种获得的过程中，我们会问出一些关于自身的问题，而根据法国哲学家保罗·利科的说法，关于自我的第一个反思性追问，就是“我是谁”。在这里，我们将自由与依赖这一矛盾体验为一种内部冲突：一方是我们所欲求的，另一方是我们觉得由于重要他人的在场，由于对于我们的期待，我们有义务如此的。随着我们反思性地考虑我们之“所是”与“所为”，关于可接受行为的意象和意义就成为我们“内在”对话的组成部分。

在这一点上，我们遇到了生物范畴与社会范畴之间的互动。世人耗费着大量金钱，试图确定人类行为的不同特性的遗传基础。而神经科学也容易沦为在脑部的结构与功能中寻找社会范畴的基础。比如说，我们的自然天性究竟是竞争还是合作，受达尔文进化论影响的那些学者提出的解释各见分歧。同时我们又知道，不同的文化有不同的行动，对于行动的评估也不同。按照遗传学家斯蒂夫·琼斯的说法，遗传学中最成问题的词就是“代表”，好像说找到了一种基因，就意味着它能代表某种特定形式的行为。但是，纵然有海量资金投入遗传研究，在治疗疾病方面产生了潜在的收益，对于我们所有人来说，对那种知识的控制，以及这么做的原因，依然是至关重要的议题。

说到根据生物性驱力或本能来说明社会，精神分析的创建者西格蒙德·弗洛伊德就曾提出，自我发展的整个过程，以及人类群体的社会组织，都可以解释成为遏制性本能和侵犯本能而必须满足的需要和必须付出的实际努力。不过，弗洛伊德认为，这些本能从未被驯服，而只是被“抑制”，驱赶到我们的无意识当中。它们就此被“超我”（superego）约束在被遗忘的地方，而所谓超我，就是被觉察到的群体要求和压力的内化。有鉴于此，弗洛伊德把超我说成是“留在被占领城市中的守备队”。因此，自我本身始终在两大强力之间摇摆：一方是本能，虽然已经被驱赶到无意识当中，却依然保有潜力，伺机反叛；另一方是超我，迫使自我将驱力保持在无意识状态，预防它们摆脱束缚。

美国女性主义社会学家和精神分析学者南希·乔多萝利用客 22
体关系（object relations）理论，对这类洞见做了调整。她考察了情绪依恋中的性别化差异，认为儿子会对其母亲表现出某种“原初之爱”，但这种欲望会遭到抑制。其结果，他摆脱了这种关系，进入了一块新的领域，在这块领域中，与母亲之间的纽带被斩断，爱也就此遭到抑制。儿子就此成为“它者”，其自主性是通过对欲望的抑制而实现的。相反，女儿则体验到某种结盟，因此她对于自我的感受并不是通过与其母亲相分别的过程而形成的，而是一种关系性的依恋。美国心理学家卡罗尔·吉利根把这种性别化的对于同情的强调，以及女性当中不怎么关注要使自己有别于所属的世界，概括为某种“照看伦理”（ethic of care）。

还有一些社会学家也遵循了弗洛伊德的假设。诺贝特·埃利亚斯将这些洞见融入全面的历史研究，认为我们所拥有的自我体验乃是源于我们都会面临的双重压力。我们对于自我的态度是暧昧立场所导致的，其中有本能和遵从这两种压力以对立的方向发挥着作用。所有社会都引导着其成员的禀性，这是无可置疑的事实。话说回来，并没有什么盖棺论定的证据表明，人生来具有侵犯性，因此必须严加约束，力求驯服。那些往往被解释为侵犯天性爆发的表现，还不如说是出于冷漠或厌憎。借用厄内斯托·拉克劳的术语，我们不妨把这些看作是源于某些特定情境，其中的等同（equivalence）逻辑（我们享有广泛的相似性）与差异逻辑（我们的群体从属关系强调差异）倾向于极端观点：我们是一致的，我们是有根本差异的。这两种观点都可以追溯到其社会起源，而不是遗传起源。因此，尽管群体的确引导着其成员的行为举止，但并不一定等于说，它们会使这类行为更显人性，更讲道德。它只是意味着，行为举止会更好地遵从某个群体中被认为可接受的那些模式。

如果我们将自主与遵从之间的斗争归入被称为"想象界"的领域，即引导特定社会结构的那些意义，那就可以调用精神分析来服务于强化的自我批判，作为一项前提条件，让我们的自主性显现于特定的情境中，其中的自觉意识（即"自我"）逐渐取代了本能驱力（即"本我"）。科尔内留·卡斯托里亚迪就以这种方式考察了社会的想象性制度。不过，他并不是要说这些都是虚构，相反，它们是对于社会赖以运作的那些方式的理性化。这些意指形式促成了社会的再生产，引导了社会中的个体的心灵，但在个体的社会化与社会本身之间的形成过程从未完结。要进一步理解这一点，我们不妨来谈谈社会化过程。

社会化、意义与行动

我们的自我的形成过程，本能可能或不可能被抑制的过程，往往被称为**社会化**（socialization）。我们将一般而言源自社会、具体来说源自重要他人的那些规范与价值内化，由此被社会化，变
23 得能够在社会中生活。然而，和我们发生互动、以这种方式使我们社会化的那些重要的人又是谁？我们已经看到，在自我的发展中真正发挥作用的力量，就是孩童对于重要他人的意图与期待的

意象。从这些期待中做出选择时的自由并不彻底，因为在孩童的世界中，有些人会比其他人更有效地迫使自己的观点进入孩童的感知。但是，孩童也几乎不能避免选择，哪怕那些要求本身就相互矛盾。说到底，其中有些要求必须得到比其他要求更多的关注，因此也在我们的生活中被赋予更重要的意涵。

赋予他人各种期待的意义需要分出轻重缓急，这种需要并不限于孩童。面对家庭、朋友、同事，我们在各自的日常生活中，觉得这种需要实属例行常规。我们冒着让某些人不快的风险，只为了抚慰另一些人。无论我们什么时候表达政见，都会有一些人留意我们的言论并认真倾听，而另一些人则表示政治、宗教或钱财之类的话题不应当拿来讨论。无论是通过我们的表达还是行动来赋予意义，无疑意味着赋予其他观点的重要性较少，甚至使之毫不相关。这个过程的风险本身会逐渐积累，乃至于我们所居处的环境充满异质性，也就是说，鲜明地表现出各式各样的观点、价值与兴趣；但也可能充满同质性，经由不受质疑的个体效忠而实现的对于遵从的期待，通过群体监控和压力而得到了严格的推行。

在这方面，**参照群体**（reference groups）在我们的生活中扮演着重要角色。这个群体通过共同的利益 / 兴趣、价值和活动表现出来，使我们能够为我们的行动赋予意义，并提供标准供我们评判自身。我们在不同情境下如何穿着打扮，交往谈吐，所感所行，都受到这些方式的引导。加拿大出生的美国社会学家欧文·戈夫曼对日常生活的观察令人叹为观止，他的著述对我们的行动做了引人入胜的深入分析，指出了“面子功夫”（face work）的重要性。所谓“面子”，指的是人基于所展示出的属性而赋予其行动的价值。进而，他们力求取得认同的那些人会重视这些属性的价值。在好的职业表演的情形下，一个人的自尊和在其所属群体中的位置可能会有所提高，借助的就是阿克塞尔·霍耐特所概括的我们的“为承认而斗争”。

我们在谈沟通的时候已经指出，我们的意向与实际发生的事情可能不相符合，会导致挫败和误解。而群体也可能对我们为了仿效其行为模式而付出的努力浑然不觉，甚至可能奚落那些试图那么做的人。有些群体属于规范性的参照群体，因为它们设定了我们行为的规范，但并非在每一次互动中都呈现出来，或者并不具备物理性的在场，比如网络社群。这里面家庭、朋友、教师以及雇主和管理者的作用尤其显著。不过，即使是在这些人处在回应我们行动的位置上的时候，也不等于说他们就此成为参照群体。只有当我们赋予其重要意涵，他们才成为参照群体。而当我们对管理者向我们施加的规范性压力不予重视，却选择其他标准去遵行，就可能发生职场不服从的情况。如果群体其实要求有深切的投入和情感，我们也可能会“冷处理”。

24 超出我们行动的直接背景的另一种影响是比较性参照群体。这些群体是我们所不属于的，因为我们不在其势力范围之内，或者它们非我们力所能及。因此，我们“看着”这些群体，却不被它们所看，同时又密切追随它们的活动。在这种情况下，重要意涵的赋予是单方面的。由于我们与它们之间存在距离，它们无法评估我们的行动，因此无法矫正我们的偏差，也不能赞扬我们的成功。晚近我们越来越趋向这样一类情境，越来越多的知识是经由各式各样的传媒，通过描述来获得的，而不是通过结识他人。寻求影响力的群体耗费大量时间与资源，施展各种手段，来影响我们的参照框架、开支模式以及信念。其结果，这些力量对于塑造我们的自我认识所扮演的角色就更为凸显了。

小结

社会化永不终结。它承载着自由观念与依赖观念之间各种变动不居的复杂互动形式。我们在不同的空间与场所之间移动，并且携带着我们的历史：比如说，那些在小型乡村社区中成长起来的人，会发现自己迷失在陌生的城市中，陌生人之间的那种冷漠让人感到孤零无助，而车流不息、人潮汹涌、楼宇林立，更加剧了这种感觉。同样，也有一些人在城市中自在如家，其匿名性使得他们能够在不同文化之中轻松迁移，成为其普世主义认同的源泉。因此，我们的风险感和信任感以不同比例混融在一起。还有一些情境是我们可能根本无法控制的。经济骤衰，失业潮起，旱涝饥荒，以及战争爆发，不胜枚举。这些变化都有可能使我们怀疑自己社会化的模式，要求彻底重构我们视为理所当然的东西。

即使没有这类重大动荡，我们每个人也都会面临一些日常的问题，要求对我们的生存模式或期待进行反思性的检视甚或质疑。当我们转学或跳槽，上大学，毕业，开始一段新恋情，找到一处居所，当上爹妈，或是经历亲朋好友的离世，都属于这种情况。因此，自由的体验与依赖的体验之间的关系并没有最终的终点，而是属于一个包含变化、习得、抵抗和协商的过程，始于呱呱落地，终于告别人世。我们的自由也永远不会完全实现，而是一场我们例行投入的战斗，会界定我们的性质。现在的行动受到过去行动的影响，而在我们的表现中，也都孕育着对于未来的萌芽认知。

对于某些人而言的自由，或许就是以其他人更加陷于依赖为
代价的。我们已经讨论过，要使选择成为有竞争力、切实可行的
提议，物质性资源和符号性资源都扮演了重要角色，但不是所有
25 人都享有获取这些资源的渠道，以实现其目的。尽管人都是自由
的，并注定要为自己之所为承担责任，但是，有些人比别人更自
由。这种状况的后果之一，就是可能限制别人的机会范围。我们
不妨说，自由与依赖之间的比重反映出一个人或整类人在社会上
占据的相对位置。仔细想来，我们所说的特权，似乎就是自由度
比较高，而依赖度比较低。因此，社会和群体都会寻求一些正当
化辩护，以使这些后果合法化。下一章的主题就是在这些过程
中，我们如何看待他人。

第二章　维持我们的生活

我们已经讨论了社会认同与群体归属的有关话题，以及这些 27
话题如何关联到我们在与他人的互动中对于自身的观念。这些群体如何影响我们的行为举止，我们与他人如何互动，以及由此导致的我们归属什么群体，被什么群体所排斥，这些都属于日常生活的一部分。这一过程的结果无论是否合乎人们意向，都为标志着我们社会的那些社会关系尽了一份力。本章我们将继续我们的理解之旅，进一步详细地考察这些话题，考察这些过程给社会关系带来怎样的后果。

一、互动、理解与社会距离

都有哪些人以其行动影响着我们的日常生活？我们喝的咖啡是谁冲的？我们依靠的水电和食品是谁供应的？同时，投入全球金融衍生品市场的大约650万亿到1200万亿美元，又是谁在决定它们流出流入的具体方式、去向与时机？谁决定采用技术，运用机器人制造的前沿进展，用于制造业，也用于我们购买食品和获取商品的地方？谁在我们的食物中加入了添加剂？出于什么目的？是我们想要的吗？是有利于我们的健康还是为了牟利？我们有多大能力维持自身、找到工作、过上健康而充实的生活，受到无数不知名姓的人的影响，以上这些人只是其中一部分。还有一些人一心只想着自己的目的，制造污浊的空气，过度消费有限的资源，制造废料，给我们的健康、环境乃至整个野生动植物界都带来了广泛后果。

把这些人和你曾经遇到、结识乃至叫得出名字的人相比较。现在来看看，在所有那些影响你怎么过生活、能够和不能够做什么选择的人当中，你真正知晓的人其实只占整体中的很小一部分。事实上，他们呈现给我们的样子，或许不同于他们在自己生活的其他方面所履行的角色。有些人我们很熟悉，彼此交谈，分享理解，讨论一些共同感兴趣的话题。另外有些人只是偶然结识，或只有一面之缘。在有些地方，我们会在欧文·戈夫曼所
28 说的“互动秩序”（interaction order）下相遇。也就是说，那些“空间”并非所谓“个人”的空间，而是我们与他人发生互动的区域与社会情境。在这些地方发生的互动的内容可能是功能性的，比如说从银行取钱，看病，或是去店里买吃的。这里发生的关系是由我们的宗旨所驱动的，我们对遇到的人往往不感兴趣，只在意他们执行这些功能的能力如何。在这类场合中，套近乎是不合时宜的，往往会被认为未经许可而侵犯了被我们视为私密的范围。一旦发生这种侵犯，我们可能会予以抵制，视之为破坏了对关系的无须书面明言的期待，说到底，这种关系只涉及服务的交换。当然，随着时间的推移，这些关系可能会发生变化，我们逐渐积累理解，逐渐熟悉，导致那些场所呈现出别样的意义，关系也变得更具表现性。

相邻性会影响互动，纵然已是全球时代，也还包括那些被界定为经济性的、维系于社会关系之中的互动。利用网络研究中的数据分析，测量经济输出或互动数量，能够帮助我们了解促成有选择广告投放的数字化自我，包括接触网络的渠道，以及使用的

频率。不过，这并不能让我们了解体验性自我，即参与者当中的质量。有些人会宣称，他们的“网友”，也就是通过互联网沟通的人，与他们有着物理接触的人相比，是他们同样程度上的朋友。阿尔弗雷德·舒茨曾经提出，基于个人的观点来看，可以把人类其他所有成员都按照某种想象中的线索来安排，也就是一个根据社会距离来衡量的连续系列，社会距离越远，社会交往的量会逐渐减少，质也趋于稀薄。这条线索涵盖广泛，从人身化的认知，到仅限于能够指出人属于什么类型的认知，比如富人、足球流氓、大兵、官僚、恐怖分子、政客、记者等。与我们的距离越远，我们对于他们的意识和反应就可能越带有刻板印象。

除了那些属于我们同时代人的人，还有些人是作为我们的前辈和后人落入我们的心智地图的。我们与他们的沟通可能是单边性的，不完整的，但仍有助于解决当前的认同面临的张力。我们可以在回忆的行为中看到这一点。在这方面，典礼就是力图保存历史记忆，甚至恪守有关过去行为的特定解释，以便在当下世代复制。至于后人，情况有所不同，因为我们将自己存在的烙印留给他们，但并不期待他们做出回应。我们可能会将想象的未来投射到当下的行动中，就像以满足当下需求为基础来考虑可持续性，但不损害未来世代的需求。尽管我们无法提前知晓这类事情，不过，人们也不是不曾听闻，今日的科学家们受到科幻小说这种体裁的激励，以及对未来抱持特定的看法，凭借想象中的可能性来资助技术前沿。那些管理组织的人们对组织进行“再设计”，就是将某种富于效率、经济和效力的未来投射到与之相对的既存现实之中，在此过程中会诉诸某种机器类比的力量，仿佛组织具有机器一般的属性，其每一位成员都是机器上的部件。

这些联结当下与未来的做法有可能使其创作者解脱了责任，因为他们决策的效果只在于想象中的未来。同样，可持续性那个
29 例子也是在说根据当代的伦理来维持未来世代的生活。不过，无论在当下说的是过去的影响，还是想象可能的未来，随着时间的流逝，它们都不是固定不变的。人们会变换所处位置，更改所属类别，趋近或远离连续系列上的某个点，从同时代人变成前辈。在这个过程中，我们的移情能力，也就是换位思考的能力和愿望，也会发生改变。因此，我们的自我认同有赖于我们向他人，向自己日常存在中遭遇到的那些人，描绘的那些社会认同，也有赖于我们互动的场所，以及过去—当下—未来的关系的动态机制。

“他人”中的“我们”

我们在这个世界上做出区隔和划界的能力，也包括区分“我们”与“他们”。一方代表我们觉得自己所从属并能理解的群体；另一方代表我们不能够进入、不认为自己理解或不愿意归属的群体。我们对于后者的看法往往比较模糊，也很零碎，由于没什么把握，会感到陌生，甚至害怕，不过也不总是这样。不仅如此，我们还疑心“他们”对“我们”也同样心存保留，感到焦虑，从而更加巩固了我们的信念与情感。这就导致理解上出现鸿沟，并带来各式各样的后果，从好奇、困惑、妒羡，直到偏见与敌视。

“我们”与“他们”之间的区隔有时候体现为内群体（in-group）与外群体（out-group）之分。但这些对立彼此不可分割，因为任何一方都不能脱离另一方而存在。它们就像是在我们脑中世界地图的两极之间的对立关系，这种预设中的固定性使得两个群

体对于其各自成员来说成了“实在”的东西，并且提供了这些成员被认为应当拥有的内在的统合一体性。因为我们的身份 / 认同与我们所属的群体密切维系，有些学者，尤其是米歇尔·福柯和雅克·德里达，就认为我们之所以拥有某种有关我们为何的“本质”，只是通过排斥了构成我们身份 / 认同的成分中的一应否定成分，而在这里，就是假定中的“他们”的特性。因此，正是靠着我们从所处环境中提取的资源，才促成了自我认同，我们的身份 / 认同中并无任何固定不变的“内核”。这样一来，二元对立就成了工具，我们可以用来图绘世界，寻路觅向。类似的例子还有不少，比如“应得救济的”穷人和“不应得救济的”穷人，“正派守法的”公民和藐视规则、以讨厌任何秩序为特征的“暴民”。我们各自的特性，以及情感的投入，都很可能源于这种相互对立的关系。

有鉴于此，我们可以得出下述结论：所谓外群体，就是内群体为了获得自我认同、统合一体、内部团结和情感安全，需要想象出来的对立。要准备好与群体范围内的人合作，首先就要求拒绝与对手一方合作甚至加入对方。就好像我们为了感到秩序的安全，先需要害怕离群。要维持这一点，就要有一些理念，包括团结、互信，以及可以按照埃米尔·涂尔干的说法，所谓的“共在性”或“共同纽带”。人们正是如此期待一个理想家庭中的成员之间，以及亲子之间，彼此照看。

如果我们听听那些希望在听众中间激发出相互忠诚的人的论 30
调，往往会听到“姐妹情”、“兄弟情”、“家国情”（nationhood）、大伙儿是一“家”之类的类比。有关国族团结、准备为更高的善牺牲自己之类的表述中，也老是把国家民族说成是“我们的母亲”或“祖国”，[1] 并往往伴随着某个共同的敌人，它从我们充满胜利与确定性的往昔时光中抢夺了什么东西。与怀旧相混融的，是保护，是诉求那些共享信念的人的集体认同。内群体生活的想象性规则使我们从这种背景中的关系里体会到情感上的安全，满怀相互同情，可能激发出忠诚，并养成捍卫利益对抗破坏者所需要的坚定勇毅。共同体的情感变得至高无上，让人待在这个场所里感到愉快，并且先于任何对话与思考。在共同体里，时势或许艰难，但最终总会找到解决办法。人们或许会显得苛刻，有时也会自私，但一旦需要，通过诉诸共同利益，还是可以指望帮上忙的。最重要的是，你可以理解他们，并且更自信会得到理解。

我们要想激发出这些情感，积极投入将我们与所认同的那些人维系起来的活动和信念，并不一定得和那些人有物理性的共同在场。我们关联的群体可以是面对面性质的，可以是网络社群性质的，也可以规模庞大，分布广泛。阶级、性别和民族就是第二类内群体的典型范例。尽管在我们的脑海中，它们往往就像是我们所熟悉的小型亲密群体，但它们都属于想象的共同体。虽说人们常常认为，它们的典型特征就是语言类似、习俗相仿，但也会因信仰和惯例的不同而产生内部的分隔。不过，这些裂痕并不深，靠某种诉诸统合一体感的“我们”意象就可以弥补。实际上，民族主义领袖们的言说差不多都会提到，埋葬或根除差异，高扬共同精神，迈向集体所持的理念和目标。

[1] 这里的“国家民族”就是“nation”，下文第八章中会更明确区分“nation”与“state”，我们在下文中分别译作“民族”与“国家”，有关这种译法区别并未完全解决的词义暧昧的问题，详参第八章第 218 页的译者注。

要使阶级、性别、族属、性相、民族等成为内群体，它们自己需要做不少工作，因为缺少我们在日常互动中十分熟悉的群体内的社会粘合剂。这一过程可能产生的后果之一，就是面对有悖于其理想意象的证据，刻意打压或是弃之一旁，视之为不符事实或毫不相干。这种净化过程就要求有一群富有纪律和资源的积极分子，其实际活动能够使想象中的各种利益和信念的统合一体更为可信。事实上，那些寻求影响、权力和控制的调动欲望的技术专家能够在民众中动员起强烈的反应，给那些作为偏见受害者的人带来灾难性的后果。但尽管为这一过程付出了大量努力，实在感的维持基础依然是脆弱的，原因何在？因为它缺乏能够从整个网络的日常互动中提取出来的实质，因此，如果不伴之以推行针对某个外群体的憎恶，或是针对那些被确定为逾越群体规则、规范与价值观念的靶子的人，无论怎么努力在大型群体中激发忠诚，都没有机会成功。

有些群体积极寻求保护自身的边界，对抗那些不持有己方信念的人的威胁，对它们来说，警惕也就成了必需。所谓偏见，就是拒绝承认外人可能具备的任何优点，并且往往对他们的缺陷大肆渲染，再加上内部统合与团结的运作，使人无法认为，对方的意向也可能是诚实的。偏见也会暴露出道德上的双重标准。内群 31
体的成员认为属于自己应得权利的东西，要是给了外群体的人，就成了体谅人，发善心。而你即使残暴对待外群体成员，似乎也不违背道德良知，而外人做出的事情即使温和得多，也会被要求给予严厉谴责。因此，偏见会促使人们赞成用作推动自身事业的手段，而这种手段往往伴随着对于“他人”的贬损。如果这些手段是外群体追求其宗旨时所使用的，就不会获得类似的正当性。

偏见的性情倾向分布并不是千篇一律的。它们可以表现为种族主义的态度和行动，也可以更一般地表现为恐外症（xenophobia），就是憎恶一切“外来”的东西。有些人偏见程度较高，要求某种不受质疑的权威，不太能够忍受对于严格行为规则的任何偏差，因此更愿意赞成强制手段，让人“按部就班”。西奥多·阿多诺概括了这类人的特点，说他们具有“权威主义人格”（authoritarian personalities）。这些人格反应其实涉及习惯状况剧变所导致的不安全感的表现。在乌尔里希·贝克所称的“风险社会”中，人们已经习得的那些有效应对日常生活的方式，骤然间变得不那么值得信赖。其结果，人们觉得丧失了对所处情境的控制，并伴随着怨恨与抵制。

这些转型所导致的结果，或许是需要捍卫或是回归“老规矩”。靶子转向表现出新的生存方式的新来者或是不坚信老规矩的人，在追寻怀旧诉求中蕴含的一体性的旅程上，后者因此无法成为同路人。皮埃尔·布尔迪厄研究了人们如何追求“正统”或“异端”的策略，从这个角度切入，讨论他所谓社会关系的“场域”（fields）中发生的这一过程。既定的关系是要维护还是得颠覆，这成了相关人员争夺的要害。借用诺贝特·埃利亚斯的术语，“外来者”/“局外人”（the outsiders）的流入挑战了“定居者”/“局内人”（the established）的生活方式，不管新来者和老住户之间有着什么客观的差异。总得要腾出空间，也总得要认识新来者，因此就孕育出张力。由此导致的焦虑逐渐变成厌憎之情，但定居的居民往往拥有更好的资源，基于其偏见行事。他们还能诉求单凭其居住时间较长就获得的权利，“这是我们祖先的土地”之类的措辞就集中体现了这一点。

从历史的角度来回顾宽容，就能捕捉到谁有权力宽容他人、如何宽容、为何宽容之类问题的双边性。是否必然有某种“他人”有待“我们”给予宽容但并不赋予同等权利？或是因为承认“我们”对“他们”所持的世界观确有局限，而有充分理由接受这类宽容？这两种观点所造成的后果截然不同。前者有赖于施行善意，会导致二等公民权，而后者为某个外群体指派了同等权利，由此使他们具备平等地位。我们可以在一些历史例证中看到这些差异，比如法国的胡格诺派教徒，在一个基本上属于天主教的国度里，由于《南特敕令》，而被授予一定的权利。莱纳·福斯特研究了宽容与正当化，揭示出这些人如何依然是二等公民，只能在 32
特定的场所践行其宗教信仰，只能担当某些公职，也只能进入特定的学校和大学学习。

要理解这类变化，需要结合其社会经济背景。19 世纪的欧洲之所以诞生现代反犹主义，它之所以被广为接受，不妨理解成一系列因素的叠合所致：在一个迅速工业化的社会里发生了剧变，适逢犹太人获得了解放，从“隔都”（ghetto）或者说作为封闭社区的犹太人隔离居住区中冒出来，与城市中的非犹太人人口混融，并进入“寻常”行业。在“二战”之后的英国，工业领域的景象大变，孕生了广泛的焦虑，这些焦虑随后汇聚到来自加勒比诸国或巴基斯坦的新来者身上；而男性对于女性的就业平权主张的抵抗也依然是政治景观里的一大特点。

格雷戈里·贝特森提出了“分裂演化”（schismogenesis）的术语，来描述上述过程之后的一系列行动与反应。每一个行动都会招来更强烈的反应，人们逐渐丧失了对情境的控制。他区分了两类分裂演化。其一，是“对等式分裂演化”（symmetrical schismogenesis），每一方都对敌手展示强力的迹象做出更强烈的反应。“来犯必报”或“一定要让侵略者明白，侵略不会有好下场”之类的口号就是明证。第二类是“互补式分裂演化”（complementary schismogenesis）。它是从截然相反的假设中发展出来的，但却导致了同样的结果。如果一方看到对方似乎显得软弱，更加坚定了决心，而另一方看到对方的力量似乎不断增强，也淡化了自己的抵抗，此时的分裂演化式的行动后果就是互补性的。一般来说，在支配性的一方与更为顺从的一方之间的互动就有这种倾向。关系一方显露出胆怯和顺从，更助长了另一方的自信与专断。

我们不妨设想，一个黑帮团伙霸占了整个住区，要让其因恐惧而顺从，然后，由于没遇到什么抵抗，就相信自己无所不能，索求也变本加厉，乃至于超出了受害者的支付能力。受害者就此陷入绝望，要么奋起反抗，要么被迫迁走。另一个极端案例，不妨拿庇护人与受护人的关系来说。占据支配地位的（民族、种族、文化或宗教上的）多数群体可能会接受有某个少数群体存在，只要后者特意表明，接受支配群体的价值观念，并且非常乐意按照支配群体的规则生活。少数群体会一心迎合，但也许只是发现，这些必要的退让往往会使支配群体更加自信膨胀。少数群体要么避入属于自己的地盘，要么改变策略，转而仿效对等式分裂演化。无论做何选择，可能出现的结局对于关系来说就是负面的。

回到我们有关宽容的观点，还有另一种方式：互惠（reciprocity）。它融合了对等式分裂演化与互补式分裂演化的特性，但中和了这两种类型的自我破坏倾向。在互惠关系中，任何单一互动都是不对等的，但随着时间的推移，各方的行动会相互平衡，因为

它们各自都会提供对方所需的某种东西。比如说，遭受怨恨和歧
视的少数群体可能拥有整体人口中缺乏的某些技能。不妨说，绝 33
大多数互动框架都是以某种互惠形式为典型特征的，而全球人口变迁也可能导致承认需要这类技能。话说回来，如果富国只是从穷国那里吸收劳动力，却没有充分的投资，或者大型企业只是利用现成的廉价劳动力牟利，却不对其所依靠的社会基础结构进行投资，就会出现更具负面意味的关系。

二、边界与外来者

我们在此探讨的是认同之间的边界。边界是社会生活的一项重要特性，对于社会学研究来说也是如此。它们并不只是界定差异，还创造差异。换句话说，它们的运作能够创造出“我们”与“他们”之间的负面情感。我们可以把这些边界划分成米歇尔·拉蒙与维拉格·莫尔纳所称的符号边界与社会边界。前一类边界指人们将物体、事件及其他东西分类的方式，后一类指资源获取渠道不平等的方式，并体现在向群体开放的机会不平等上。随之产生了社会中各个系列的分隔，但有一个群体难以被轻易分类：“陌生人”。他们反对的正是对立本身，也就是说，反对基于防范他们的边界，以及这些做法所导致的社会世界的明晰性，来做出任何区隔。陌生人以其存在本身，也就是不能很好地融入任何既定范畴 / 定居人群（established categories），就是在否认已被认可的对立的有效性。他们揭示了这些边界表面看来的“自然”性，因此也暴露了它们的脆弱性。无论我们希不希望如此，这些人都牢固地进入了我们占据的世界，并且没有丝毫要走的迹象。我们

之所以注意到他们的存在，是因为它根本无法被忽视，也正因为如此，我们发现很难领会他们的意义。他们似乎不远不近，我们并不确知该对他们以及我们自己有怎样的期待。

尽可能严格、精准、明确地建构边界，就成了人造世界的核心特征。事实上，明确标注的边界发送给我们指示，告诉我们在特定的背景中该期待什么，又该如何行事。否则的话，我们获得的所有技能与知识都会显出其可质疑、无效果、有伤害甚至是毁灭性的一面。不过，处在这些边界另一边的人，与我们之间的差异其实并没有那么大，足以使我们避免错误归类。有鉴于此，人们始终需要努力维持这些分隔，但在现实当中，它们根本不存在不会搞错的明确轮廓。当符号边界、社会边界与国家推行的边界相互混融，群体会发现自身受制于伊莫根·泰勒所称的“遗弃”（abjection）状态。在这种状态下，焦虑与恐惧在人口中弥漫强化，少数群体发现自身受制于负面的归类与控制，导致对这些污名化过程的抵抗。

在人的种种关注当中，让人造的秩序“持韧有效”这一永无止境的任务扮演着核心角色。按照玛丽·道格拉斯在其《洁净与危险》一书中的说法，边界并不只是否定性的，还是肯定性的，因为仪式会实施某些形式的社会关系，让人们能够了解自身所处的社会。要达成这一结果，就需要克服使边界趋于模糊的那些含
34 混之处。不妨举些这一过程的实例。是什么使有些植物成了“杂草”，我们要力求控制与清除？就是它们倾向于质疑由绿化带与知名植物组成的精心修葺的花园与放任自流的野地之间的边界。关于“脏东西”，以及企业如何为卫生间和厨房推销类似的清洁产品，也不妨采取类似的讲法。通过广告营销，放大对于纯净与

清除的关注，很容易汇入致力于对总体清洁的不懈需求的执迷行为。结果之一或许就是我们的免疫系统抗御感染的能力降低。因此，要让世界在意味着无序的那些东西的威胁面前保持有序，这种欲望不仅会使得威胁和谐观念的那些东西付出代价，也很容易导致我们自身付出代价。

一个群体的边界所遭受的威胁，既可能来自外部，也可能源于内部。在群体内部，其成员方面的暧昧性质可能被表述出来，导致这些成员被标示为被遗弃的人，诋毁价值观的人，破坏统一的人。群体也可能遭到来自外部的攻击乃至最终被攻破，攻击者要求得到一视同仁的待遇，迁移到不那么容易分辨群体内外的空间。在有些背景中，价值观念被认为是同质的，变化会引发焦虑与不确定性，产生蔑视，“新入会的”（“neophyte”，皈依我们的信仰的人）、“暴发户”（“nouveau riche”，昨天还是穷光蛋，一夜暴富，今天就加入了有钱人的行列）、“新贵”（“upstart”，社会地位低的人骤然升至权势位置）只是其中几例变化。他们的存在本身就引发了一些问题，我们不知道如何回答，因为我们过去根本不曾遇到类似的场合，毫无理由问自己：“你为什么要这样做？有意义么？试过换一种做法么？”我们过日子的方式，让我们觉得安全舒适的那种生活，现在都遇到了我们眼中的某种挑战，我们被要求做出说明，为自己的行动提供正当化理据。这或许有利于外来的观察者揭示某种社会场景的动态机制，但却可能在群体中的人内部引发冲突，他们宁愿业已确立的特权不受质疑。就算新来者忍住不问令人困窘的问题，他们日常谋生的方式依然会引发话题。那些人从别处迁来，又决心待下来，会愿意学习生活方式，如法仿效，尝试变成“像我们一样”。但无论他们多么努力模仿，一开始总难免会犯错，因为生活方式所依据的那些假定并非一朝一夕可以习得。

由于新来者的出现，群体的成员被迫检视自己的预设、习惯和期待。尽管这些东西从未遭受明确追问，但他们的安适已经被扰乱，并将引发抵制，要么就是忽视或贬损新来者。至于对这类情形可能的反应，首先就是力求恢复现状。边界也要求回归明晰状况。可以把新来的送回他们据说来自的地方，哪怕这样的地方可能并不存在！因此，对于他们来说，生活变得令人不适，因为幽默演变成了嘲笑，赋予群体既有成员的那些权利也不会给他们，就此而言，他们没能获得承认。话说回来，就算新来的离开，只要群体是在这样脆弱的基础上建立起来的，要想维持群体，还需要挖掘出新的靶子。

35 在民族的层面上，这种过程的形式会有所变化，人们或许尝试强制他们迁移，藏匿，或者使他们的生活变得异常艰辛，让他们自己觉得，两害相权取其轻，出埃及般的全族外迁也可以接受了。如果这类举措遭到抵制，争夺的利害就会升级，接踵而来的就可能是种族灭绝。所以说，如果物理移除的尝试未能实现，那接下来的任务就是残酷的物理消灭了。当然，在“恢复秩序”的手段中，种族灭绝只是最极端、最可憎的一种。可以选择不那么可恶、不那么激进的解决方法，隔离就是最常见的方法之一。可以是地域隔离，可以是精神隔离，也可以是两者的某种融合。地域形式的隔离可体现为隔离居住区或族群保留地，也就是说，把城市中的某些部分，或者一国中的某些区域，专门留给人口中更具强势的部分拒绝与之混居的那些人居住。有时候，在被分配的土地周遭，会筑起墙垒，以及/或者法律强制执行的禁令。另有些情况下，进出这些空间并不会受到惩罚，名义上是自由的，但实际上，住在里面的居民并不能或不愿逃离其禁闭区，因为“外面”的条件对于他们来说已经变得无法忍受，或者是因为他们自己往往属于被遗弃的禁闭区成了他们唯一负担得起生活水准的地方。晚近有关难民及迁移权的研究证明，在被视为内部与外部的范畴之间存在某种动态机制。瑞思·琼斯在其所著《暴力的边境》一书中记录道，对于国家作为一项制度的再生产来说，本国人与外国人之间的区隔“不可或缺”，因为移民被视为对于既有的文化、经济和政治体制的威胁。

如果地域隔离不够彻底，或者变得完全无法付诸实施，群体之间的互动被减少到仅限于严格意义上的生意往来，社交接触则要避免。无论是否自觉，人们会想方设法预防或减少物理上的相邻成为尴尬的源泉，或是产生对于差异的承认与理解。在这类预防努力中，最明显的就是心怀怨恨乃至公开敌对。人们可能筑起偏见的壁垒，其效力证明远胜于那些存在本身意味着分离与压迫的高墙。担心被那些“提供服务”但不像“我们”的人玷污，这样的情绪会始终刺激人们积极地回避接触。怨恨满溢，殃及一切可以和陌生人扯上关系的事情：他们的言谈举止、穿着打扮、日常礼仪、家庭生活组织方式，甚至是他们喜欢做的食物的味道。这一切还嫌不够，他们似乎还拒绝介入社会关系的自然秩序，因此不能像“我们”必须做的那样，为自己的行动承担责任。要质疑的不是导致这种事态的秩序，而是以那些未能奉行其不受质疑的正当性理据的人为靶子。

三、城市中的隔离与运动

我们已经讨论了群体之间的边界，它们促成了有关认同与群体归属的特定观念。但这些不能脱离更为广泛的社会变迁力量，是后者的效应创造出边界内部及边界之间的暧昧与含混。边界存在隔离，尽管我们也曾指出，在这些壁垒周围，也存在着暧昧含混之处。社会、经济、文化与政治等方面的这些力量，与我们日常生活的空间要素和时间要素相互混融。我们大多数人生活在都
36 市社会中，也就是说，人们以巨大的密度聚居，不停地旅行，即使是寻常过生活，他们也会进入各色人等居住的多种地区。在绝大多数情况下，我们都无法确定，我们所遇到的人会奉行我们的标准。我们眼之所见，耳之所闻，几乎一刻不停地被新的体验所震动，是我们无法充分领会的，或许令人遗憾的是，也几乎不曾有时间停下来，细加反思，真心实意地尝试理解这些人，这些地方。我们生活在陌生人当中，而在他们当中，我们自己也成了陌生人。他们是不能用禁闭起来或避而远之等方式简单打发的，而是变成存在其他生活方式的一种提示。

在城市里，尽管有这些互动，但通过区域分划，通过穿戴醒目的标志以表明群体成员身份，**隔离**的做法依然在发生。法律可能会强制推行这类群体先赋性外观，这样一来，“假冒他人”将受到惩罚。不过，往往不一定需要诉诸法律强制就能实现这一点。有些人拥有的可支配收入比别人多，负担得起精心打扮，这样的服饰就成了给人归类的符码，看他们的外表是光鲜亮丽还是稀奇古怪。话说回来，那些让人艳羡、受人赞许的时尚，如今满大街都是比较廉价的复制品，使得这类区隔不再清晰可辨。其结

果，它们可能掩盖而不是揭示了所有者及穿戴者的文化出身和流动性质。这并不意味着外表不能区分穿戴者，因为它们等于是公开表达穿戴者选择了什么样的参照群体。同样，我们也可以改变我们的穿衣打扮，掩盖我们的出身来源，以便颠覆或破坏社会的认同分类形式。整体的效果就是破坏或消减了不同群体在互动中所使用的评价。

如果说外表成为认同分类的一种手段，通过空间进行隔离还不是这样，只是随着时间的积累会形成特定的背景，然后展现出历史与当前的某种混融。在苏珊娜·霍尔对于伦敦日常生活的研究中，要成为“本地人”，就是要能看出两种性情倾向：世界主义的和地方主义的。在此，人们展现出才华，但也表露出对某个地点的归属感上的脆弱。她揭示道，在城市周边，土地和租金与阶级和迁移之类因素相混融，自营商铺店主的来源呈现出惊人的多样性，但其背景依然是对于城市穷人的控制。划分特定地域、与外界相隔绝的操作与房租彼此配合，产生出某种城市景观，边界纵横交错，却也能有助于遏制人口。就这样，共享的城市空间被分割成不同的区域，各自更有可能找到某一类型的人。但也有一些人所拥有的资源使他们能够跨越这些区域流动。

被隔离的区域为日常行为提供了某种定向，通过排斥的做法，也就是有选择、有限制的准入，引导着期待。排它性住区由私人安保公司保障治安，只是这种现象的一个实例，被那些财力殷实的人排斥在外的，自然是其收入和财富不能提供这样的能力的人。话说回来，尽管守卫排它性住区大门的保安人员清楚可见，但还有那些流连于大型购物区的人，在那些地方我们的时间会在消费行为上轻易流失，而那里找不到时钟，也有力地助长了

这一点。还有各种售票处和接待员，每一处所采用的选择标准各
37 有不同。拿售票处来说，钱就是最重要的标准，虽说如果有人不符合其他某种标准，比如衣着或肤色，依然有可能被拒绝入场。准入考试就是设下了一种特殊的情境，只要还是整体而言的陌生人，都会被拒绝进入。经过这些仪式性的界认之举，面目不清的陌生人，即身份不明、难以分辨的范畴的成员，转化为“具体的人”，被认可有权进入。如果有什么“搞不清楚是谁”的人在场，就会让人感到不确定，但现在，对于和这类场所取得认同的人来说，这种不确定感已经削弱，尽管只是局部这样，暂时如此。

要想确保某种相对的同质性，就要施展拒绝进入某个场所或活动的权力，因此也是施展根据进入者被接受的特征来划分边界的权力。这些做法的目的，就是要在这个人口高度密集、众生名姓难辨的都市生活世界中，在经过选择的空间里，力求减少暧昧的状况。只要我们很想控制那些被界定为私人的空间，就会在较小的规模上实施这种权力。不过，我们也相信，如果我们老是在那些封闭区域之间穿梭，别人同样会在更大的规模上，用他们的权力对我们做同样的事情。整体而言，我们总想尽可能减少花在中间过渡区域的时间，比如说，从一个守卫严密的空间移到另一个守卫严密的空间。一方面抱怨道路堵塞愈益严重，另一方面又躲进密封严实的私人轿车里孤零旅行，即为明证。

我们在这些区域中穿行，经受着有可能破坏我们自我认同的陌生人的目光注视。在这类情形下，我们充其量只能努力保持不扎眼，避免引人注目。欧文·戈夫曼发现，在使置身城市陌生人中的生活成为可能的那些技术中，这种**有礼貌的不关注**（civil inattention）可谓首屈一指。有礼貌的不关注已经成了例行常规，它

的典型特征，就是对于我们周遭的人正在做什么事情，通过精心伪装，或者说摆出一副姿态，表明我们并没有在看、在听，甚至毫不关心。避免眼神接触就体现了这一点，从文化的角度来说，眼神的接触等于是邀请对方开启陌生人之间的一场对话。因此，人们假定，即便是最普通的姿势，也可以表示要放弃匿名性。不过，要做到彻底的避免是不可能的，因为在人潮拥挤的区域里，仅仅是穿行而过，也需要一定程度的监管，以避免撞到别人。因此，我们必须保持关注，同时又得假装我们不在看或被看。

不习惯都市背景的新来者常常会被这种例行常规所震动。看着汹涌的人潮乘着火车通勤，从这个站挪到那个站，彼此之间甚少或者毫无言语互动，可能意味着人群中弥漫着某种特别的麻木不仁、冷酷无情。人们在物理意义上被欲拒还迎地凑在一起，但其实彼此相隔遥远。迷失在人群之中，遭到遗弃、放任自流的感觉油然而生，这又导致了孤零自处的感怀。因此，要想保持私密，孤零自处似乎就成了代价。与陌生人共处成了一种艺术，其价值与陌生人本身一样暧昧含混。不过，这种体验还有其另外一面。

匿名性也可以意味着解放，摆脱了来自他人的那些令人厌恶、让人烦心的监控与干预。而在更为人身化的较小的背景下，他人会觉得有权对我们的生活表现出好奇并加以干涉，而我们宁愿保持私密。城市提供了可能，即使置身公共场合，也可以保持 38
自己的私密性不受触动。通过运用有礼貌的不关注，就促成了不可见性，这为自由提供了空间，而如果在不同的条件下，这样的自由空间是无法想象的。这成了理智发展的沃土，格奥尔格·齐美尔指出，都市生活与抽象思维两相和谐，并肩发展。毕竟，都市体验丰富异常，令人生畏，无法完全把握其多样性质，从而助长了抽象思想；而基于一般概念和范畴运作的能力也是一种必要的技能，否则，要在都市环境下维持生存是难以想象的。其结果，为了在一种一般化的都市环境中维持我们的特殊之处，我们会夸大自己的独特性，以便强化自我认同。

如此看来，这种体验有其两面性，似乎有得必有所失。他人的好奇固然烦人，但没了这种好奇，同情之心、助人之意也可能随之而去。都市生活熙来攘往，生机活跃，与此同时，种种物品和服务交换往来，带起了许多互动，进而助长了人的冷漠。在这个过程中，丧失的是人际关系的伦理性质。如今可能有一大堆人际交往属于空洞无聊，琐屑不堪，因为有太多的例行行为似乎已经不再由某种道德标准来进行评判。说到底，当我们中间兴起一种对“他人”的幸福安康的责任感，人际关系也就具备了道德性。这并非出于担心受到惩罚，也不是因为基于个人收益角度上的某种计算，甚至不是因为在我们业已签署并在法律上要求履行的契约中包含某种义务。这种责任感也不是要看别人做了什么，或者看他们可能属于哪一种人。我们的责任要彻底无私，不讲条件，它才具有道德性。我们之所以要为别人负责，只因为他们也是人，因此要求我们承担责任。我们的责任之所以具备道德性，也是因为我们认为该我们独力承担。因此，它不能传递给别的人。对别人的责任之所以产生，就因为他们也是人，除此之外，由此导致的提供帮助的道德冲动不需要任何论证、合法化或证据。

如前所述，物理意义上的邻近所具备的道德特性有可能被清除。人们即使比邻而居，各自的处境和幸福会相互影响，也很可能体验不到道德意义上的亲近。如此一来，他们就不会留意自己行动的道德意涵。进而，人们就可能会回避由道德义务引发的行动，而投入预先避免了道德义务的那些行动。幸亏有了关于有礼貌的不关注的规则，陌生人不再被视为敌人，绝大多数时间都能摆脱沦为敌人的命运，不再成为敌对和侵犯的目标。不过，（我们在某一时候都会成为的）陌生人被剥夺了道德意义上的亲近所能提供的保护，这一点和作为敌人的处境并无不同。因此，从有礼貌的不关注到道德冷漠，麻木不仁，甚至无视他人需求，其实只有一步之遥。

小结

基本可以肯定，对满足、快乐、安康与意义的追寻，不仅 39
引导着人类历史上的精神探寻，而且也成为一项宏大事业。威廉·戴维斯在其有关幸福产业的研究中记叙道，将神经科学与心理学和行为监控相混融，导致了一种信念，认为我们可以预测人的行动，从而成为某种自证预言 / 自我实现预言（self-fulfilling prophecy）。不过，有大把被拥戴为洞彻人类境况的导师的人聚焦于内在化（interiorization），即越来越多的满足是在我们自身内部被给予的，而不是与他人一起并通过他人获得。在力度非凡的抽象中，关系性维度逐渐挥发，从而只剩下孤立自处的个体。而在此过程中，参照群体、文化、社会背景和社会也都逐渐挥发。它们对于我们是谁、我们如何看待自身的影响并未衰微，只是被否认或忽略。

我们已经讨论了社会距离、边界和空间在我们的日常生活中的重要性。这些边界既是符号意义上的，也是物理意义上的，但会以复杂的方式相互作用。我们都深系于种种例行常规、决定及其后果，它们所提供的知识和条件，不仅使我们能够监管自己的行动，而且使我们拥有了行为能力。人们追求各自的目的是需要手段的，但获取这些手段的机会显然存在差异，尽管如此，我们也都被卷入本章所描述的这些过程之中，只是层面各异，效果不一。它们提供给我们的有我们的社会认同，自我认同，以及看待他人的方式。在下一章，我们将继续这一探究，更细致地考察共同体、群体和组织在我们的生活中所扮演的角色。

第三章　社会纽带：谈论"你们"与"我们"

本章我们将考察，作为个体性的主体，我们每个人都是经历 41
哪些过程，在包含各种人与物的更大型构中融合一体。这是如何发生的？在什么情形下发生？又会产生什么效应？我们打算考察的话题有很多，以上只是其中一部分。这类议题经由"我们大家""我们要求""我们都会同意"之类的措辞，就像诉诸"我们"与"他们"一样，每天都引起我们的关注。它们写在博客上，推特上，书本里，还有其他各式各样的传媒，商人和宗教领袖都会表达这些东西，政客也会诉诸这些东西，以寻求某些人的选票，他们希望通过诉诸作为异在的"他者"来吸引这些人，据说"他者"的存在有损于业已确立的同质性的生活方式。我们在日常生活中与他人发生互动，并能够区分自身与他们，即"我"与"你(们)"。那么，这个"我们"是谁？又是如何构成的？

一、共同体：共识与冲突中的远与近

如果有一群人，虽然没有明确的界定或限定，但一致同意被其他人所拒弃的东西，并赋予那些信念以某种权威或价值，那就可以称之为**共同体**/**社群**/**社区**(community)。要界定它，可以从物理邻近的空间角度，或是通过某种共同利益/兴趣，就像网络社群的例子。我们发现有某种“共在”感，彼此的接触可以介于在场与缺席之间，但都展现出一定程度的历时持续性。个体或许希望将自身与其他群体相区分，以维持某种社会认同，但要达成这一效果，他们需要以特定的方式行事，以便得到重要他人的承认，并成为某个更一般性的社会群体的组成部分。这些文化上可资利用的辞汇库 / 剧目（repertoires）寻求通过归属感，甚或是某种超越个体的一体性的观念，对共同体中的位置做出定位、辩护或说明。这一点要是不能就位，可能就没有任何共同体。支撑共同体的据说就是共识，至少是承认，是有关这类归属的行为或仪式。发挥统合作用的因素相比于有可能分割共同体的因素，就会被视为更加强大、更为重要；而成员之间的差异相比于其相似性，也就成了次要的了。

42 随着传统的共同体归属纽带趋于松弛，人们在概括当代的特征时，往往说它是碎片化的。比如说，经由社交媒体实现的远距互动的力量就侵蚀了我们彼此之间无中介的熟悉。然而，我们也不应低估社会纽带依然葆有的力量。在它们的作用下，人们不再需要彼此说明和说服他们是“谁”，并能够将共享的观点建构成真理，值得坚信，值得敬重。面对一个可能显得异在的复调的世界，单一音调的空间或许充满魅力，因为人有欲望缓解焦虑，增进认同感与归属感。我们甚至可以说，当我们相信，我们之所以属于某个共同体，并非特意选择，而它之所以存在，也绝非我们之所为，因此也不能通过我们的行动去改变它，这种情况下的共同体归属就最为牢固、最有保障。为了追求效力，有关共同体的种种意象和假设，就像“我们都会同意”之类的措辞所意味的那样，从未被详细给出，或被纳入追问；它们可能从未以书面形式落实为正规法典，或转化为自觉努力的对象，旨在划界和维护。当它们静默不言，作为理所当然的秩序，并因此不遭受挑战，它们的基础就会更加牢固。如果有那么一群人，生老病死寻常过生活，总是置身同一群伙伴，也从未大胆造访异地，也没被其他群体的成员造访过或渗透过，那么发挥统合作用的纽带就可能达到了极致。如果处在这样的状况之下，反思自身的做法和手段、看看是否需要给出正当化辩护的场合就会减少。

但这样的情形几乎不存在，不过也并不意味着什么充满共识、缺乏冲突的和谐状态。相反，共同体并不是什么现实，而只是一种假设，一种欲望的表达，一种动员基层群众、使之更趋紧密的吁求。威尔士文论家、小说家雷蒙·威廉斯曾有名言："关于共同体，令人瞩目的是，它始终已经存在。"不过，即便假定它过去已经存在，它也不再存在了，它的时代已经逝去。但是，当人们面临创造统合的实际任务，还是常常诉诸"自然"统合体难以撼动的力量，或者通过自觉努力拯救其理念，事实上，这种理念或许不过是面对当下的诸般不确定性，那栋行将倾圮的属于往昔的大厦。这类力量汇聚起来，往往气势高昂。正如本尼迪克特·安德森在谈民族主义时所言，创造出纽带的并不是共同语言与特定地域之间的某种关联，而是关注语言多样性的一种宿命感，伴之以资本主义生产方面的变迁以及技术进步，由此导致一些有关往昔的观念，能够引导"想象的共同体"。可能有大量的努力付诸对于这类意象的动员。因此，通过社交媒体传递的表征与叙事对于这类尝试绝不陌生。

只要在共同体的理念下诉诸某种自然状态，本身就有助于使统合的诉求更增效力。如果被认定非人的解释和控制之所能及，意指“血脉相通”、共享遗传特征和与“土地”之间的永恒关联，就最为有力。这些说法将人维系在一个共同的过去，甚至是一种命运感，是他们不太能够或根本不能控制的。极端情况下，还会通过有关保护其免遭外来玷污的纯洁的观念，创造出排斥做法。而更寻常的情形则是，从客观“实情”的角度出发，诉诸共同的
43 宗教和国族的统一，将对于事件、过程和特征的抉择与解释中那些筛选和武断的成分，置于日常考虑的背景之中。这类东西会成为被诉诸的“我们”的力量所在，如果有人质疑这类解释，会被视为其行为暴露了“本质”。他们会变成叛徒，拒绝接受现实，犯下了不忠诚的行径。

如果诉诸超出我们控制的那些东西，往往伴随着一种欲望，想要更加控制我们的命运。比如说，为了创造统合而谈论遗传相似性，并不能让说话的人在转译时卸掉选择的重担。为什么？因为且不论意见上的分歧，就说对于基因与人类行为之间关联的理解，任何据称的必然关联都很成问题。在这个基因工程已成现实的时代，海量资金被投入研究以求技术进展，经由对于科学确定性的信念，追寻基因决定解决方案的努力始终延续。不过，按照女性主义心理学家和社会理论家琳内·西格尔的说法，我们仍然面临选择。我们可以回顾历史，看看“我们的基因遗产的哪些约束决定了我们的命运”。或者，我们可以展望未来，寄望于“新的基因之神”，寄望于可能通过使我们的自然本性“无限可塑”而获得的那些自由。

面对诸如此类的可能，就不能再随意诉诸基因决定论的统合力量了。相反，要想创造出一个信仰共同体或信念共同体，可以另辟蹊径，让人们转向（皈依）新的观念。这里的目标就是创造

出一个信众共同体，人们统合一体，追随同一项事业，而向他们揭示这一点的，是某一位圣者般的创始人，或是眼光犀利、富有远见的精神领袖和 / 或政治领袖。在这种手段里，所使用的语言并非什么神圣传统或历史命运，而是某种佳音，谈的是什么“重获新生”，最重要的是，要根据**唯一**的真理去生活。所提出的诉求说的并不是人们毫无选择的情境，相反是一种高贵的行为：通过拒绝怀疑，投入真正的信仰。表面上看就是加入，但被视为解放之举，意味着揭启新生。这并不是命运在起作用，而是自由意志的表现，被解读为新发现的自由的第一次真正展现。不过，这一次也有东西被掩盖，那就是会有种种压力施加在皈依者身上，让他们始终顺从于新近开始接受的信仰，进而将自身的自由交付给事业可能提出的要求。因此，施加于奉行信仰的人的要求，相比于诉诸历史传统或遗传倾向来证明自己做法合法的人所面临的要求，或许并没有少半分。就这样，社会学家带着这些问题，考察人们所称的“新兴宗教运动”（New Religious Movements）。与“洗脑”的观念相混融的，有自由选择的行动进程，也有给予提供技术来对抗此类进程的人以酬报。

信仰共同体不能仅限于宣讲旨在统合未来信众的新信条。虔敬之心不会永葆无虞，除非得到仪式的支持，也就是一系列的例行活动和聚会，比如庆典、集会、礼拜、论坛之类。信众被要求参加，以便重新确认其共同的成员身份，巩固其虔心。不过，对于成员的要求的严格程度和数量大小也各有差异。有些政党拿各自的成员当作战士，索求忠诚与服从。除了上述重要的例外，绝大多数政党所争取的思想统一，仅限于在特定的时刻，确保定期 44
选举时的投票支持。选举过后，志愿者大军或许就被遗忘，直至再次需要他们的时候——当然，会有那么一天。换句话说，对于政党成员私人生活的关注不会表现为想要控制他们整个儿的日常生存。

而宗教教派对于其成员的行为往往会有更多的期待。它们之所以不太会规定参加定期的崇拜仪式，是因为其成员的全部生活都属于其教派再生产的关注范围。这是因为，根据定义，教派就是少数群体，因此会面临来自外部信仰的重重压力，而这些信仰被认为对于教派维持构成了问题。记住这一点，你就会看到教派索求的奉献达到如此程度，其他人或许会认为是缺乏理据的干涉隐私。整个生活被打造成某种信仰职业，种种言行皆成为忠诚的证明。教派共同体将力求确保其成员立场坚定，对抗怀疑主义或所处环境的公开敌对，并可能为此动员可观的资源。在极端情形下，教派共同体会尝试完全切断与“正常的 / 普通的”（ordinary）社会生活流动之间的关联，谴责“正常的 / 规范的”（normal）社会充满邪恶或诱惑，其间的民众错失累累，无法救赎。

为了维持内部边界而被拿来说事儿的源于“外界”的污染可能会有很多，就看共同体希望倡导什么样的生活。共同体会请求其成员逃离令人厌憎的世俗生活，避往孤零自处的生存；或者嘱咐他们选择退出“无谓的疯狂竞争”（rat race），进入新型的关系，完全基于相互亲近、彼此真诚、互相信任。成员们还可能被要求拒绝消费主义的诱引，适应节制乃至严苛的生活，或者只和同一共同体现有成员进行社交，受雇于他们。有些共同体常常被描绘成公社（communes），其成员面临的任务是归属，而无须法律强制执行的契约性义务。话说回来，如果敌意或缺乏共识威胁到公社的生存，也可能会诉诸这些义务。这样我们就会看到，行为在何等程度上被视为构成了威胁，要求其成员在多大程度上做到整齐划一，也是各见差异。不管怎么说，在绝大多数情况下，规定往往是笼统总括，难以明确界说，也无法事先确定。只有当外人献身的重要环节变得明显，共同体的边界才变得明显。那些倡导统合的人，即使宣布在成员生活中非关精神的方面保持中立，也依然主张尊崇自己所倡导的信念。长远来看，这类主张可能会导致对此前被视为中立的问题横加干涉，只要这些问题随后与共享信条之间似乎有所抵触。

二、构成并组织“我们”

远近之间的关系影响着我们的反思能力，也就是说，不仅思考我们进入哪些关系，而且思考这些关系如何通过我们被看待的方式，生存于世的方式，构成我们与他人。我们对手机及其他设备的使用都留下了交流与偏好的每一丝痕迹。凯茜·奥尼尔 45
在《算法霸权》[1] 中指出，三分之二的美国成年人拥有脸书个人主页，每天花在该站上 39 分钟，估计只比平均每天花在面对面互动上的时间少 4 分钟。她记述了脸书如何找到渠道进入了一间巨大的人类实验室，在那里面，有可能使用各式各样的更新来影响人的行动。如此一来，在从直接与人结识中获取的知识里，就混合了通过出于特定目的生产的数据来源中介的描述而获得的对于

[1] 英文原名为 Weapons of Math Destruction，副标题是“How Big Data Increases Inequality and Threatens Democracy”，此处采用中信出版社 2018 年马青玲译本的书名，其副标题作“数学杀伤性武器的威胁”。

他人的知识。通过控制信息，形成了有关我们是谁的数字化版本。诸如此类的表征形式将个体行为组织成集体资源，其结果，当公共世界与私人世界的边界开始模糊，有关隐私的议题变得至关重要，也影响到我们如何互动，我们对于彼此、对于周遭世界拥有怎样的了解。为了广告营销的目的，大量金钱耗在这类信息的买卖上。从中凸显的“我们”就是一群消费者，在市场上交换着货品和服务。

在组织一群“我们”的过程中，边界变得模糊，个体与群体之间的简单区分受到了质疑。说到教派，我们看到它们要求其成员遵循某种程度的纪律，从外人的角度来看，这样的纪律等于根除了个体，巩固了群体与“他人”之间的边界，为此所做的一切，在群体之外的人看来往往属于对自由和隐私的令人无法接受的侵犯。离开其背景来看，后果会更明显。不过，贴近来看，我们会发现自己身处一些共同体，将人们聚在一起，以便追求明确的任务。从个体的角度来看，这类群体的目的是有限的，因此，对于他们的时间，对于他们存在于世的方式，群体的相关诉求也不会漫无边际。这类群体的取向都很明晰，就其整体宗旨而言，就是在期待有纪律和投入的地方，能看到特定的表现。就此而言，我们可以说它们是**组织**，其显著性质就在于审慎考虑后公开宣称的自我限制，而不是对其成员日常生活的控制。

组织都制订明文规章，详述成员必须遵行的**规则**。这类规则使得组织成员能够搞清楚对于自己行动的期待，引导自己践行被视为合宜的行为，甚至应对不确定的情况。对于组织的不同部分，规则也可能存在差别。而如果某人属于新人，需要时间来理解自身，找到方向，其越界行为或许会得到宽容。成员的生活或许不是所有方面都被规则所覆盖，就此而言，它们依然免于遭到组织的控制。如果认为共同体与组织之间的主要分别并不在于信念是否达成共识，而在于是否呈现出自我限制，那么前文所讨论的某些共同体也应当算作组织，与它们自称的恰好相反。

遵循同样规则形成的有关个体的观念，促成了某种“我们”，其中每一个人都遵照共同规定的方式行事。至于规则可以运作的背景，只要行为受到这些规则的引导，个体并不一定对它们有自觉的意识。因此，组织的生命超出其具体成员，有可能长期再生产自身。也可能存在自觉意识，能为行动定向，甚至在有要求的时候，为这些行动的发生提供正当性辩护。如果我们发现有人只 46
是部分地参与组织活动，可以从扮演不同角色的角度来看。“角色”这个词源于戏剧语言。事实上，欧文·戈夫曼的著述因为非常重视表演在互动中的意涵，被概括为具有“拟剧论”色彩（dramaturgical）。舞台演剧的情节是事先决定好的，写成了剧本，为剧组中的每一位演员分派了不同的戏份和台词，从而促成了某种模式，让组织可以循此顺利运转。我们可以从另一个方面把戏剧看成原型：舞台上的演员并不会在被指派的角色中“浑然忘我”，他们固然“入”了被指定人物的“戏”，但只是在演戏时如此，并能在戏演完后把角色抛在脑后。

组织会根据其所执行的任务而展示出专门化，并伴之以组织人员相关的培训、知识、技能与地位，比照组织的目标来衡量人们所具备的素质，循此招募组织成员。我们发现存在专门化的分工，其中每个成员的角色都不仅与同一组织中履行的其他角色彼此分别，而且也相互关联。**协调**与**沟通**问题就成了至关重要的事情。不过，这些技能与素质也不同于我们在其他背景下扮演的角色所要求的技能与素质。比如说，作为父母、朋友、照看者，也可能作为志愿成员，属于某个慈善团体、某个政党的基层支部，或为反对被视为对当地特色有负面影响的发展建设而设立的特别委员会。当我们履行这些角色时，其他人对我们在其他背景下扮演的其他角色或许不会有兴趣，事实上，我们对彼此的了解都是通过对这些"表演"的观察、在这些"表演"中的互动而获得的。因此，理解并不来自观察孤零自处的人，而是来自他们所占据的角色，所履行的表演。就此而言，我们不妨认为，专业（professions）的特点并不在于它们所承担的角色，而在于它们所具备的知识与技能。这样的话，专业机构就可以通过相关的培训期与教育期来控制边界，这些期限被视为要能进入特定专业等级需要有的合法时长。

我们不妨重申一下：组织与边界封闭的共同体不同，我们认为共同体的成员对于这种群体的从属是（或应当是）"全身心的"，而组织却似乎只是吸纳有关人员的部分身心。与某个组织有关的人，在进入组织、为组织工作的时候所担负的期待，只是奉行其角色，以便专心致志地表演 / 做事（performance）。与此同时，还期待他们保持（角色）距离，以便他们不仅能够反思自己的表演 / 做事表现，谋求改进，而且不会将与特定角色相关的那些权利与义务，与属于其他活动或场合的权利与义务相混淆。就此而言，组织的角色还必须保持相对的稳定性，以便人们识别针对这些角色的期待。不仅如此，担任角色的人可能来来去去，但角色本身却始终如一。加入组织，离开组织，受雇于组织，被组织解聘，蒙组织接纳，遭组织开除，人员流水般进出，组织却延续如初。人员可以相互替换，重要的并不是作为整个人来说的他们，而只是他们所具备的特定技能，是他们的表演 / 做事的效力。

这里我们看到，组织这方面关注的是追求正式目标时的可计算性和可预见性。德国社会学家马克斯·韦伯认为，当代社会中的组织大量繁生，表明日常生活正不断趋于理性化。理性行动不 47
同于传统性行动和情感性行动，后两者分别是由风俗习惯和一时之情绪触发的，而没有考虑各种后果；而前者则以明确界定的目标为取向。因此，要求行动者集中思想和精力，考虑如何针对那些目标，选择切实有效、事半功倍的手段。在韦伯看来，组织的特征，或者更具体地讲，他所谓“科层制”的特征，就体现出对理性行动的要求的完美调适。在此，我们看到了追求目标的最为有效的手段。韦伯具体开列出一系列原则，一个组织要能成为理性的工具，成员的行动以及成员之间的关系就必须遵守这些原则。

有鉴于此，有一点很重要：组织内部的所有成员在行事的时候，都必须只基于与他们履行的角色相维系的规则所赋予的“职能”（official capacity）。至于他们的社会身份 / 认同的其他方面，比如亲朋好友、生意利益、私人好恶，都不应当影响到他们做什么，怎么做，以及别人如何评判其行动。要落实这一点，真正讲求理性的组织就必须把任务分割为简单的、基本的活动，让这项共同努力中的每一个参与者都成为自己那份工作的专家。此外，每个人都必须各自负责整体任务的某一个组成部分，要做到没有任何一个部分无人照看。这就意味着权威结构清晰明了，每个人都知道谁在管事，也确保能力的运用都是为了共同的目标。暧昧含混会偏离对于目标的理性追求，因此应当避免。

科层制除了上述特性，韦伯还补充了好几点。职员们在实际履行各自角色的时候，应当受抽象规则的引导，以求不掺入个人特殊考虑。职员本身应由任命委派，在升职或降职的时候，应当只根据选贤以能的标准，看他们的技能和素质是否与职位所要求的那些相“符合”。在此判断标准之外的任何考虑，比如出身贵贱、政治信念、宗教信仰、种族、性取向等，都不能妨碍这项政策。因此，个体角色承担者有能力根据明确的角色和期待来指引自己的行动，让自己的能力与技能配得上所在位置被指派的任务。另一方面，组织在甄选人员的时候也必须遵行一套理性规则，并受到他们在那些位置上做出的先例，也就是过去以组织名义做出的决定的制约，哪怕这些人员已经离职或转任组织内部其他角色。组织的历史就在于惯例做法，其记录储存于它的各种文件案宗，显然独立于个人的记忆或某一个尽忠职守的职员。

要确保活动的理性协调，就必须将各种角色安排在一套等级序列里，对应于旨在追求组织的整体目标的内部分工。越是趋向等级序列的低端，任务就越趋于专门化、限于局部、焦点明确。而越是趋向高端，视野就越是广泛，就有更多部分的整体目的进入眼帘。要实现这种情形，信息就必须沿等级序列逐级上传，而命令则顺着同一序列逐级下达，并且变得越来越专门具体、简单
48 明确。来自上层的控制需要得到下层的纪律的相互配合；因此，权力作为影响组织范围内的行为的能力，也具有**等级性**。就这样，策略规划与运作事务之间有着可以预见的明确差异。

回到我们关于群体统合性的主题。这方面的关键因素在于假定，每个人的决定和行为选择都必须服从组织的整体目标。作为整体的组织应当在周边深筑高墙，只留下两道门开放进出：一道叫作“输入”，组织的目标，以及为了追求这些目标，组织随后必须执行的任务，都由此流入；另一道叫作“输出”，供应组织处

理的结果。一端是任务的输入，另一端是物品和／或服务等结果的产出，两端之间，应当阻止一切外部影响妨害组织规则的严格施行，选择切实有效、事半功倍、经济合用的手段，追求明确宣示的目标。

韦伯纵然总结出了理性组织的这些特性，但并不等于说所有组织在现实中都是如此。他所提出的是某种“理念型”（ideal-types），在其中，我们的生活有越来越多的方面受制于各式各样的规则和程序，旨在通过例行化（routinization），达成可计算性和可预见性。这个过程正是美国社会学家乔治·瑞泽尔所说的社会的“麦当劳化”（McDonaldization）。在韦伯的著述中，我们发现，那些受绝对价值观念引导的行动，即并不怎么从这些方面来考虑成功的可能性的行动，随着历史的展开，在我们的生活中占据的份额越来越小。这一切导致韦伯著书阐述，伴随着现代性的推进，伴随着现代性的计算涉及我们私人生活越来越多的成分，也愈益趋向“祛魅”（disenchantment）。

尽管有些组织近似于韦伯笔下的理念型，并且对其雇员和客户也造成了相应的效果，但总体来看，这种理念型尚未完全实现。问题在于，它有可能实现么？一个人被化约为仅仅以一种角色为取向，或仅仅以一项任务为取向，不受其他关注的干扰，这是在虚构，不符合任何现实。当然，这并不等于说，对于切实有效、事半功倍、经济合用等理念的推崇不会影响组织的管理策略，因为组织力求控制其雇员的日常运作目标。实际上，我们完全有理由把管理的措施概括为通过不懈努力，融合组织生活中正式的维度和非正式的维度，共同追求必须遵行的组织任务。这样一来，管理措施就开始顺应趋势，寻求对于这个整体问题的解决之道，并且得到了大批组织顾问和所谓管理“大师”（gurus）的有力协助。在这个过程中，我们看到人们接连创造出新鲜的观念，来解决让个体成员的行动以集体目标为取向的问题，比如说“全面质量管理”、“企业流程再造”（business process re-engineering）、“人力资源管理”、“目标”管理，以及注意在组织中树立“正确的文化”。

至于组织的非正式维度，与构成正式维度的那些规则和程序相反，组织的成员们除了关注重要他人的幸福，也会发乎自然地关注自己，而某些形式的决策可能蕴含风险，对这些方面的关注
49 有不利影响。因此才会出现一种倾向，对于那些存在疑点和/或争议的问题，人们往往会避免做决定。比如说，所谓的“烫手山芋”（hot potato）就是一种很流行的说法，指的是将一份紧急文件或待决议题转到别人办公桌上，从而回避责任。这样一来，把这个负担卸掉，它就成了别人要处理的问题。组织的成员也可能会发现，来自上级的某项命令与自己的道德信念有所抵触，从而必须在遵从组织规则和恪守道德原则之间做出抉择。还有成员或许认为，上级要求他们保守秘密，可能会危及公共福祉或其他某项事业，并且认为后面这些事情与组织的效率同样站得住脚，甚至更为重要。在这种情况下，我们会看到有人“告密”。组织中有一个或一群人向公众放风，希望引起关注，或许能阻止他们所认为的可疑的组织行为。

抵抗管理命令的原因也可能在于与等级结构相伴随的权力的失衡。在米歇尔·福柯看来，由于权力总是针对自由的人而实施的，所以必然会导致抵抗。因此，我们可以说，旨在推行组织政策的管理意图并不总是符合对于实践所造成的实际效应。不仅如

此，我们也可能注意到，在工作中，组织成员会掺进自己在日常生活中所持有的偏见。比如说，男人可能会发现，很难接受来自女性的命令。尽管一般都会否认，在组织中存在什么“玻璃天花板”[2]，女性在管理岗位上依然是人数过低，不成比例，并且往往干着类似的工作，拿的薪酬却更低。由此观之，组织中有关“选贤以能”的观念通常会反映出整个社会都存在的那些偏见并受其影响。

基于最后这点，我们可以质疑，组织与其环境之间的边界真的是固定的么？其实，这些边界是流变不居的，是被建构出来的，不仅取决于掌权者所采取的策略，而且取决于来自其他某些位置的压力和影响，这些位置表面上与组织的任务无关，因此在组织决策过程中并不享有权威。比如说，可能会富于远见地关注公共形象，从而限制了只从技术角度计算行动路线，或者导致过度保密，从而限制了沟通流。这些考虑涉及的话题可能会引起公众关注乃至愤怒，或者牵涉到预防对手掌握尚待专利保护和商业开发的新技术发展。

组织的模型在实践中会有许多局限，以上只是其中一些。不过，我们不妨假定，具体落实的条件已经成熟。这里我们发现，被卷入组织中的任务分工的人们，已经化约为自己被指派的角色，而作为整体的组织也已被有效地隔离，屏蔽了一切与其明示的目标不相干的关切和影响。无论这些条件可能如何难以落实，即使它们付诸实践，就真能确保组织活动的理性吗？如果一个组

[2] “glass ceiling”，指视若无形而实际存在的针对女性、少数族群等在职业岗位上升迁的极限。

织充分符合理念型，行事就能像韦伯说的那样讲求理性吗？有一
50 些有力的论点认为不会如此，因为这种理念中的办法会产生许多障碍，不利于实现这种形式的理性。

开始的时候，按照模型的设想，职位本身的权威和相关技能的权威享有同等权重。但这两种基础不同的权威会两相契合并保持和谐吗？事实上，更可能出现的情况是两者往往会相互冲撞，至少会存在张力。比如说，你可能会把一个受过专业培训的人，像一名医生，放到特定的位置上，人们期待这种位置上的人在做决策的时候，最先考虑的是成本问题。那么，如果他们碰上的患者病情很严重，有药可用，花上一些钱，就可以治好病，该怎么办？[3] 在作为一名医生的伦理责任和考虑预算的责任能力之间，显然出现了冲突。在这种模型中，还会出现一种张力，就是依照任务计算，做出细致的分工。这个因素据说会刺激效率，但其实往往会导致某种“培训过的无能”。在迅速有效地执行划界严格的任务的过程中，成员们一方面习得了专长，但也会让人慢慢无视其工作在更宽泛范围内的衍生后果。因此，他们会看不到自己的活动逐渐变成机械的例行常规后，无论对于其整体的表现，对于合作的同事，还是对于整体上的组织目标，都会产生负面的后果（负责管理策略的人往往就这么批评其负责实际运作的对应伙伴，而后者又常常指责前者不能理解其工作的技术细节）。

由于掌握的技能比较狭窄，成员们也不能很好地准备调整自己的例行常规，能够足够灵活快捷地应对环境的变化，应对不熟悉的情境。换句话说，作为整体的组织反而不能顺利地追求完美

[3] 这里说的是治疗过程中发生的费用（这里是用药）由（公立）医院承担。

理性。它会趋于刻板僵化，其工作方法不能足够迅速地做出调整，以应对环境的变化。它迟早会变成一座越来越不讲求理性决策的工厂。站在内部角度来看，理念型也会遇到**目标替代**（goal displacement）的情况。为了讲求效力，所有的组织都应当再生产出其行事能力。换言之，不管发生什么事情，组织都必须时刻准备做出决策，采取行动。要实现这种再生产，就需要建立有效的自我维续机制，不受外界干预。问题在于，目标本身可能也属于这些外界干预。模型中并没有任何东西可以防止机制比组织最初被要求履行的任务本身更长命。恰恰相反，一切都表明，对自我维续的关注有可能促使组织的活动及其权威范围无尽扩张，甚至使这种可能性变得颇为可取。实际上，有可能出现这样的情况：最初被视为创建组织的理由的那项任务，由于组织一心追求自我维续、自我扩张，倒被贬为次要之事。组织的维持生存就此成了宗旨本身，人们往往要根据这一新的目标，来衡量组织的工作表现 / 表演的理性程度。

从上述趋势中，我们还可以分辨出一种趋势。我们已经从角色期待和角色扮演的角度谈了组织的局部性要求。这就预设了社会认同和自我认同在某种意义上与组织中的生存相分离。而在倾
向于全身心投入的情境下，组织会表现出我们称为具有宗教起源 51
的那类共同体的特征，也就是说，它们要求其成员在生活的方方面面都表现出效忠。由于组织要对愈益迅速的变化做出回应，所以，如果志得意满、不愿改变，就会被视为缺乏积极竞争的优点。因此，雇员们应当灵活应变、动力十足、敢于创新，这被视为至关重要的要求。组织就此变得更加关注整个人，关注他的性情、素质、性格、技能、知识和动机。一系列准科学的做法，以

及对此前被视为与组织没什么关系的领域的关注，如今都成了组织日常留意的对象。随着智能卡门禁系统和电脑日志促成了对于活动的监控，技术扮演了它的角色；手机也可以被视为提供了持续不断的沟通手段，而不考虑个体的私人生活，这些个体又会将对自己时间的这类期待内化为“正常”。当这些做法越来越普遍，我们生活中的公共部分与私人部分之间的边界也会越来越模糊。组织对其成员的时间期待更多，甚至会负责替他们购物和为家人买礼品——如果你在等级阶序中位置足够高的话。

在这个过程中我们看到，人们开始质疑理念型，质疑这种模型将理性视为对我们生活的情感维度置括（bracketing）。现在，释放被称为“情商”的潜能，对候选人进行心理测试，关注办公室设计的美感，这些都可能成为组织的关注焦点。根据我们所谈论的领域，根据在组织中担任角色的性质，更加关注雇员生活中此前一向被视为私人维度的那些方面，也越来越常见了。属于意义和想象的领域也被利用来推动成长和机会，这被视为吕克·博尔坦斯基与埃瓦·卡佩罗所称的“新资本主义精神”的一部分。在知识管理、品牌营销、企业文化、企业家自我、社交媒体，以及人力资源与知识管理的实践中，都能看到这种精神。它还可能延伸到对于组织成员的例行监控，我们从中看到，情感与理性为了追求组织目标而相互融合。

大卫·莱昂在其有关监控社会（surveillance society）的研究中提到，组织如何利用电脑软件来监管电子邮件，如果有雇员违反了公司政策，就会通知组织；如何利用有源胸卡[4]，启动中央电

[4] “active badges”，一种红外感应室内定位系统，其个体化接收器一般佩戴于胸前。

脑，定位某人身处建筑物中的具体位置，从而能够“方便”地定位最近的电话和监控屏幕；如何实施例行药检，利用私人侦探，全方位地研究一个人的身份特性，以确保他们品行良好。在这个过程中，建构身份 / 认同的方式也在改变。当然，对时间和空间的例行监控，对可能被视为不适用工作事务的领域的强行干预，也会遭到抵制。我们发现，作为对这些趋势的回应，有越来越多的手段可以用来保护人的隐私，在其数字空间出场方面保持匿名了。

鉴于抵制施加到人身上的要求之类的事情，这两种人类聚合
模型就都显得有所欠缺了。无论是共同体的意象，还是组织的模 52
型，都不能充分描述人类互动的惯常做法。这两种模型被人为地分隔，成了两极化的行动模型，两者所拥有的动机和期待互不关联，往往还相互对立。而在实际情形下，实际的人类行动是讨厌这种彻底的划分的，因此，在依惯例置于人们行动的那些期待中，就存在某种张力。共同体与组织表征着各自的成员，并力图将这种表征强加于其成员，从而展现出内在固有的倾向，要让复杂纠缠的行动变得简明统一，便于处理。其后的反应或许是进一步寻求简化行动，但我们的互动会被这两种截然相反的引力来回撕扯。由于一方力求以自己的意象来塑造另一方的形貌，观念与物质现实相互冲突，出现了星星点点的抵抗，也出现了控制方面大大小小的缝隙。

我们的互动是混合型的。它们受制于种种张力，因而是**异质性**的。比如说，家庭往往并不符合许多人对它的理想化处理，就和人们力求相互理解与协作的其他任何群体一样，总有一些必须履行的任务。因此，它也展现出和组织相伴随的一些表现标准。

另一方面，在每个组织里，成员都很难避免与自己长期共事的人们发展出人性化的关联。非正式的互动模式迟早会出现，可能符合命令和服从之类正式关系构成的公务图式，但也可能不符合。社会学家早就认识到存在这些关系，认识到它们是如何发展起来的，如何与组织的正式要求两相契合或存在张力。

与理念型所意味的相反，实践中会发现，如果不把互动化约为专门化的角色，任务导向的工作表现或许会大有长进。公司企业开始努力将其雇员的更多关切与利益纳入组织的轨道，以期获取雇员更深的投入。掌管组织的人可能会利用组织的正式维度与非正式维度的这种融合。这个策略已经证明了管理学说中的“文化转向”，强调价值恪守、立场奉行、动机激发、团队协作和使命表达。比如说，组织现在也提供休闲娱乐设施、书报小组甚至住宿条件。这些额外的服务逻辑上都和组织的明确任务没啥关系，但它们合在一起，却被指望能孕育“共同体情感”，促进成员与企业取得认同。这类感情看似与组织精神格格不入，实则注定会激励成员们致力奉献于组织的目标，因此也能平衡理性标准所意味的纯粹非人性环境产生的负面效应。

共同体与组织在行事的时候，常常预设其成员享有自由，即使其实际做法并不符合自身的期待。当然，成员可以走人，或者以有悖于主导期待的方式行事。不过，有种情况下的组织会明确拒绝退出的自由，人是被强制留在其管辖下的。这些就是欧文·戈夫曼所说的“总体性机构”（total institutions）。总体性机构属于被强制实施的共同体，其成员生活的总体都受制于严格细致的
53 管控，他们的需要都由组织来规定和满足。因此，行动会明确受

到组织规则的约制[5]。寄宿学校、军营、监狱和精神病院都在不同程度上近似于总体性机构的范例。住在里面的人[6]都随时受到例行监控，乃至所有偏离规则的表现都很扎眼，因而受到预防或惩罚。用欧文·戈夫曼的话来说，人们被剥夺了自己正常的“行动体系”。要想得到值得鼓励的行为，确保成员愿意待在一起，齐心合作，既不能诉求精神上的奉献，也无法指望物质上的获益。因此，我们得出了总体性机构的另一项特性：在制定规则的人与受规则束缚的人之间，存在着严格的分隔。唯一拿来替代投入和计算的就是强制，但强制的效力取决于被分割的两方之间的鸿沟始终难以弥合。也就是说，在总体性机构内部确实会发展出人性化的关系，而这往往会跨越监管者与住在里面的人之间的鸿沟。

小结

曼纽埃尔·卡斯特在其《信息时代》中写道，我们正见证着越来越受到“理性期待”支配的网络、市场、组织的兴起。不过，即便说这能概括当代西方社会中的主导潮流，在我们对于发挥统合作用的那些纽带的考察中，最让人瞩目的还是人类聚合形式的多样性。在这些形式的人类互动中，群体要维持存在，都是靠着作为其成员之间相互依赖的行动组成的持续网络。所谓“有一所大学”，其实指的就是有那么一批人聚到一起，参加某种叫作讲课

[5] “sanction”，既包括汉语一般指抑制性的、负面的“制约”，也包括鼓励性的、正面的“鼓励”。

[6] “inmates”，包括寄宿学校的学童、兵营里的军人、精神病院里的收容病人、监狱里的囚犯等。

的例行活动，即沟通性的日常接触，其宗旨就是学习，在时间上和空间上有特定的安排，让一个人说话，其他人面朝着这个人，一边听，一边做笔记。在他们的互动中，引导群体成员的是这样一种意象：专就这一背景框架而言，什么是得体的行为举止。

我们也已看到，要构成“我们”，就要诉诸某种共同认同的感觉，某种基于往昔的归属感，或是提供某种想象性未来。我们可能通过直接结识来了解相关过程及其效果，但它们也可能在一定距离之外发生，我们并不一定有所觉察。电脑与移动设备录下了我们的数字自我的一丝一毫痕迹，可以用来巩固一种观念，即看似思维相仿的人们的数字化聚合，也可以用来有针对性地进行广告营销。选举期间，有可能用特定观念与意象向目标群体推送信息，以影响他们的投票行为。

就像在生活中一样，本章我们已经看到了延续性与不确定性之间的关系。前者由遵从一致和等级阶序的刻板所导致，而后者由社会变迁所导致，由此更导致暧昧含混，以及没有能力控制我们生活的方方面面，如果企图这样做，就会引起对于其效果的抵抗。性认同、宗教依附、种族、阶级和民族主义之类因素，都在这些动态机制中扮演着各自的角色，并在不同的时间点体现在不
54 同的场所。这些因素会产生被赋予同等承认的斗争，以及支配群体可能设定的那些权利。其结果，它们挑战了预先明确规定我们是谁的权力。我们诉诸某些框架来引导我们的存在，这些框架如今始终在经受着解释和重新解释，并提供了新的取向、新的期待。而我们的实践必然会反过来作用到这些意象和理念化结果，它们引导着对于集体认同的欲望，也相互引导，彼此转化。

第二编　选择、背景与挑战

第四章　价值、权力与选择

上一章中，我们看到，影响我们的不仅有我们与他人在社会 57
空间中的互动，而且有不同形式的共同体与组织，有信息的控制与生产，有被用来理解彼此也理解自身的那些符号资源。这些及其他动态机制只要发挥作用，我们的日常生活就永远不会缺少问题。这些类型的问题所牵涉的事情一般不会让我们长久专注，但也会影响到我们怎么看自己是谁，又如何领会周遭的世界。有时候，关于事件与过程为何发生，如何发生，这些探究还会引发更多的追问。一旦我们陷入这种思维，所依照的理据就和科学活动一样，即把事件说明成“某种原因的结果”。本章讨论的主题就是：这些话题如何关联并影响到我们的理解与行动。

一、决定：被选择、被影响、被导致

如果力求说明作为某种原因的结果，那么一旦我们得出结论，说事件是不可避免的，或者至少是相当有可能的，我们的好奇心也就基本得到满足了。路那边的房子为什么会起火？因为电线短路。为什么没人听到窃贼破窗而入？因为大家都在睡觉，而人们在睡梦中一般不会被声音吵醒。一旦我们发现，某种事件总是接着另一种事件发生，或者在绝大多数情况下都会带来另一种事件，那么我们对于说明的探寻即告完结。对于前者，我们可以说是“法则”，因为毫无例外；至于后者，我们探讨的是或然性，因为它发生在绝大多数情况中，但并非所有情况。但无论是哪一种情况，我们都不太会谈论选择，因为一种事件**必然**带来另一种事件。

这种形式的说明如果用于人类行为的领域，尤其耐人寻味。说到底，这些说明所关系的事件似乎是超出人的控制的那些原因的产物。行动是由人做出来的，而人被设定是能负责任的，因为他们在日常行为中都面临着选择。由于有可能存在不同的行事方式，就不能认为事件是不可避免的。有鉴于存在变异，就不能把
58 人的选择所影响的背景概括为具有某种程度的确定性或可预测性。当然，我们可以尝试以事后回顾的方式来领会这类事情。也就是说，凭借事后聪明，我们可以对行动进行解释，要么基于确定的规则，或者是那种背景下的性情倾向，即人们首先必须遵从这些东西来实施行动。尽管如此，似乎还是漏了什么东西，因为我们基于自身的经验了解到，人们是基于某种目的来行动的，它们被给予了意义。这样一来，就有“动机”去创造或回应某种情境，该情境出于这样那样的原因，导致特定的行动。其结果，我们赋予自身也赋予彼此一种能力，在多种行动进程之间做出选择。开车时遇红灯则停，看起来是一种司空见惯的行为形式，但这依然展现了某种理性影响下的所偏好的行动路线，在本例中，这种理性就是避免事故，不愿违法。

因此，我们是根据原因来说明人的行动，还是寻求理解那些影响着行动及其发生背景的意义？即便有着共享的动机，并且处在类似的条件下，人的行动也有可能各见差异。人们可能以不同方式来解释那些条件，并形成可供替代的多种结论作为结果。同样，他们的动机可能不被视为合法，如果涉及违法或是他人视为

越轨行动的情况，或是背景被视为与理解无关而被忽略，就尤其如此。如果我们希望了解为什么被选择的是这一种而不是那一种形式的行动，不妨转而关注个体对于情境的感知，以及这种感知如何关联着他们的决策过程。这样的解答纵然吸引人，但还不够充分，因为它假定在形成这类决策时，依据的是针对明确阐述的目标，感知与自觉选择之间的某种关联，却罔顾理解社会背景所扮演的角色的重要性。有鉴于此，我们要理解行动，就需要扣合以下三方之间的动态接触：个体，社会背景，以及影响它们的意义。

要考察这些关系及其效果，我们不妨先来看看**习惯性**行动。我们早上起床，刷牙洗脸，尽管半睡半醒，总归在做着早上的例行常规。事实上，我们可能并未做出自觉的决定，而是奉行常规，甚至可能边做这些边想其他事情。我们可能定点进食，养成各式习惯，成为我们行动的组成部分，而无需任何自觉计划。而当这类例行常规被出乎预料的干扰打断，我们就不得不做出决定，因为往常的习惯猛然间成了蹩脚的导引。因此，习惯行为体现着过去的经验或习得的积淀。幸亏有了定期的重复，我们的许多行动才不需要思考、计算和决定，只要我们遇到的环境还是以惯常的模式出现。我们的行动已经是习惯成自然，乃至于难以描述它们是如何发生的，我们又为何会去做。当事情出了问题，也就是说，当惯常性和秩序性被破坏，它们才会引起我们的注意。

我们的下一类行动的特点可以概括为一种强度，它源于强烈的情绪，能够在那个时刻将对我们之所为的反思性考虑置括。**情感性**行动的特点就是将那些影响据说是行动的宗旨与可能后果的理性计算暂时悬置。这类行动被视为出于冲动，受情绪驱动，对 59

理性之声充耳不闻。接续的行动会受到这种强度的影响，但随着时间的推移，激情或能冷却，审慎的思量会打断行为。这些形式的行动可能会伤害我们之所爱、之所珍视，不过，如果行为经过预先考虑，就不属于情感性的了，因为它是某种计算后的决定的结果，就是特意要伤害、威吓或让人沉默。现在我们可以说，一项行动只要保持未经反思、出于自发、并非预谋的性质，完全没有权衡行动的不同路线，思索诸般后果，就着手进行，那它就属于情感性的。

习惯性行动和情感性行动往往被概括成是“非理性的”。但这并不等于说它们是愚蠢的、无效的、错误的甚或是破坏性的。这也不意味着对行为效用的任何评估，毕竟，习惯成自然的例行活动可能很有效，也很有用，使得做这些活动的人不用同时自觉地监控自己的行动。实际上，它们不仅让我们能够完成构成我们日常生活的那些实际活动，而且使我们不用三思而后行，权衡我们各种行动路线的利弊得失。与此类似，骤然暴怒可能倒有助于让人们理解我们对某种事件、行动或话题的感受。由此观之，设定理性行动必然优于非理性行动是错误的。情绪是我们生活的一部分，使我们成其为人。即如克里斯托弗·拉什在《自恋主义文化》中所言，我们的情绪成熟与否，看的是认识到他人并非我们自己欲望的投射，而是独立于我们，有他们自己的欲望。

理性行动则不同。它的特点就是从几种可相互替换的旨在实现某项明确目标的行动路线中做出自觉选择。在这种“工具理性”的行动观中，会根据给定**目的**的要求来选择**手段**。还有一种形式的理性行动也必须根据目的来选择手段，只是在这种情况下，这些目的被视为比其他目的更具价值。因此，所谓“价值理性”行动的动机，就是由“我心珍视”、富有魅力、值得欲求、与当下之急需关系最密切之类的考虑所激发的。它们的共同点就是基于给定的目的来选择富有效率的手段，而这些要素之间的契合就是评判决定正确与否的最终标准。不仅如此，选择之举本身系出于自愿，因为行动者是在实施自由选择，没有受到唆使、拉力、推力、劝导或胁迫，也不是习惯成自然或一时兴起。

我们通过自觉、理性的思量来选择我们的行动路线，同时也对其可能的结果有所预期。这就使我们必须评估行动将在其中发生的背景，评估我们预期将会达成的结果所产生的效应。从这个角度来看待行动，我们会考虑两个要素：影响我们行为的价值观念，可以利用来实现我们目标的资源。说到这些资源，皮埃尔·布尔迪厄将我们行动中所使用的资本区分为以下形式：符号资本、文化资本和经济资本。符号资本指的是将意义赋予各种客体、属性和特征的权力，文化资本指的是我们所具备并能在行动中利用的技能与知识，而经济资本指的则是我们获取财富和物质资源的渠道。这些资源可以转化为许多用途，吸引力有大有小， 60
对于占据类似社会背景的他人产生魅力的缘由也是各有千秋，因此彼此相异。

符号资本赋予客体和属性以意义，因此会对什么是有价值的以及出于何种理由有价值给出某种评价。然后，如果我们拥有被认可的技能，就可以转而追求某些特定的东西，它们据说会非常有用。或者可能增加我们可处置的资源，从而增进我们选择的范围。归根结底，一笔额外的开销究竟是花在置办一部新的手机、外出度假，还是购买社会学书籍，主导我们做出决定的就是综合考虑我们的价值观念和可处置的资源。对我们所具有的各种资源和价值做一番评估，会告诉我们，自己所享有的自由程度如何，也就是说，我们可以做什么，能够如何追求我们的目标，而什么是完全不可能的。回到早前一章的主题，我们可以利用的可能性的关键要素之一，就是他人如何看待我们。就像伊莫根·泰勒业已指出的那样，恐惧和焦虑与历史积淀下来的信仰，以及有关特定“问题”人口的偏见，融合在一起。这些形式的对于人的贬损，眼中看不到这些人的正面属性，在他们追求愿望的道路上设下了符号性和物质性的壁垒。

权力与行动

我们当下所在之处，其种种背景都影响着我们的行事能力，与我们监管自身行动、梳理行动目标的能力一起，构成社会行动的两大维度。我们可能有能力监管自身的行动，但我们要想有能力投入以特定目标为导向的行动，所享有的自由范围分布是不平衡的。显然，不同的人享有不同程度的自由。人们的选择自由有大有小，这一事实点出了社会不平等，而更为晚出的一个术语应用的范围也更为广泛，那就是“社会排斥”（social exclusion）。在需要与对于资源的获取和使用之间，如果存在反比关系，即为明证。丹尼·多林在其有关不平等的细致研究（《不公不义：社会不平等为何依然延续》）中刻画道，我们发现，在以显著不平等为特征的富裕社会里，人们感到被剥夺了权利，体验到对自己的生活缺乏控制。我们发现，少数人由于能够获取更多的资源，也就享有更宽泛的选择范围。

我们可以从权力的角度来考察这些动态机制。述及权力会引发争议，因为它提请人们关注社会背景、结构与文化对于我们的理解的重要性。它拒绝脱离社会背景来孤立地看待个体，认为这等于是抽象个体主义的人格化。我们不妨把权力理解为追求选择的目的，并要求实现那些目的所必需的手段。所以说，权力是一种具有促动性的能力。人们拥有的权力越大，他们的选择范围就越宽，他们所能切实追求的结果范围也就越大。如果缺乏权力，就意味着比较缺乏这类选择。而拥有权力就等于有能力更自由地行事，这会对那些比较缺乏权力的人产生后果。如果要对资源提出要求，就意味着那些缺乏权力的人拥有多少选择自由，要受到那些有能力控制资源的人所做决定的限制。一个人施展自己的自 61
治性，就可能会导致另一个人体验到异治性。而在追求增进自由的过程中，可以通过下述方法实现对于别人自由的贬抑。

第一种方法是**强制**（coercion）。所谓强制，就是以特定的方式操纵行动，使得别人的资源不管在其他背景下可能显得多么庞大，在这种背景下也变得不够充分或不够有效。通过以特定的方式操纵情境，让操纵者就此赢得便利，创造出全新的游戏 / 博弈（game）：比如说，被绑票的不管是个腰缠万贯的银行家还是个位高权重的政客，他们各自所拥有的资源能够确保他们在其他背景下拥有相当宽泛的自由，但一旦在黑暗无人的街上被用刀抵着，或者就是面对一个袭击者纯粹的蛮力，他们的“促动性”能力也就丧失了。与此类似，如果强迫人们重新考虑一贯珍视的价值，可能会导致人们觉得，自己的做法现在更多地受到某些人的评价和质疑，而自己并不承认这些人所拥有的权威。这样一来，其他的价值就开始主导这种情境下的反应。比如说，在以暴力为特征的戒备森严的监狱这种极端状况中，自我维存的价值很可能盖过其他所有选择。在经历所有权转手、宗旨更易的组织中，从一种服务精神转向只关注不惜一切代价利益最大化，雇员们会发现自己不得不做出调整，以适应一种非常不同的文化，个人目标勾连着与表现挂钩的薪酬，即为明证。

第二种方法就是采取将别人的欲望收编到（enlisting）自己目的的策略。这种形式的特点就是以特定的方式操纵情境，使别人只有遵循把持权力的人制定的规则，才能获取自己追求的价值。如此便有了为英勇的战士颁发奖章，荣耀广为流传，提高其社会位置，他们奋勇杀敌的那一份热诚和效率就有了回报；工人只要工作更加专心，更加努力，毫无质疑地顺从管理规定，就有可能确保生活水准提高（加薪）。下级的价值就此成为其上级的资源。它们的价值并不在于作为目的本身，而在于作为实现权力更大的人制定的目的的手段。不过，对于那些受制于这类操纵的人来说，他们别无选择，只能交出自己可观的一部分自由。

我们所寻求的目的，以及我们对实现这些目的有多么切合实际的评估，都渗透着一些价值，但他人的行动会影响这些价值。我们把什么称作“切合实际”，又把什么称作“幻梦”，都是由我们与他人之间的关系和我们能够指望在行动中施用的资源给定的。话虽如此，这些价值最初又是从哪里来的呢？说到底，我们为什么会特别看重某些目的，而对其他目的不管不顾或看低三分呢？渗透着我们的取向的那些价值属于自由选择么？比如说，我们打算中学毕业后直接上大学。但我们的朋友却已经有不同的决定，大家争论着各自的选择。他们说服我们，与其再熬三年自己学习、举债度日，还不如马上就业更加快活。我们就此改了主意，开始找工作，为了立刻赚到钱，并且有那么一段日子，确实享受到了这个选择所带来的好处。然而，资方宣布他们打算重组

行政办公体系，裁撤冗员；不过我们的岗位还是有保障的，并且资方答应有晋升的盼头。作为工会的成员，我们的同事投票支持 62
罢工行动；而资方的反应则是宣布，一旦罢工，重要的订单就都跑了，结果就是大家都会成了冗员。不难理解，我们力图避免这种前景，但我们那些投票支持这类行动的同事，绝大多数却似乎把团结看得比保住自己的饭碗更加重要。仔细想想自己的处境，我们认识到，我们的利益是与我们的同事捆在一起的，所以，我们也投票支持罢工。现在的结果便是：饭碗有可能会丢，而收入使我们能够享有的那些自由也会随之而去。

这究竟是怎么回事儿？人们用来确定自己行动的取向、并为其行动提供正当化理据的那些价值，在不同背景下的社会互动过程中会发生转化。我们会以特定的方式受到影响，赋予特定价值的重要性的等级高低有所变换，更彰显某些价值。这就意味着他们或者是出于自觉，或者是不假思索，选择某些目的高于其他目的。但后果都是一样的：已经被优先考虑的目的，可以从令人满意、彰显尊严、道德升华、酬报可观等角度获得正当化理据。这样我们就养成了对于我们生活中何为妥当行为、何为不当行为的认识，而我们所居处的文化与社会背景也引导着这些判断。

文化领域和经济领域曾经被设定为各自分离的活动领域，晚近边界越来越模糊。我们已经看到了一场运动，从看得见的物质对象中呈现的技术进展，或严格遵循成本收益分析，转向知识和创造性文化的集聚。在吕克·博尔坦斯基与埃瓦·卡佩罗所称的“新资本主义精神”中，这种运动导致了意义与认同的领域与成长和机会的领域汇流一处。在品牌营销、企业文化、企业家自我、社交媒体的使用等方面的兴起之势中，我们都能看到这一趋向。事实上，随着私人关怀变得越来越公共，人们越来越关注生活安康，就是这些趋势的征候表现。人们已经设计出了一套算法，能够捕捉在 140 字的推特中表达了多少快乐，以此分析每天据估计的 5 亿条推特。我们都成为存在于我们个体行动中的活态实验室的组成部分，逐一清点着快乐，就像威廉·戴维斯在《快乐工业》中所刻画的那样，这些快乐勾连着对全体人口的全球经济管理。有了对人口中行为的这种愈益加剧的监控，以及各种形式的评估，价值观念注定会受到影响，甚至就此改变。

面临这些趋势，我们应当认识到，尽管价值会影响有关共识、冲突与强制的议题，但并不是所有的价值都源于自觉的选择。如前所述，我们的许多行动都只是习惯性的例行常规。只要行动还是习惯性的，我们就很少停下来追问它们服务于什么样的价值。只要我们不因为他人的探问或行事所处情势的骤变而不得不给出说法，我们的习惯性行动就不需要提供正当化理据。**关于**我们行动的这些话语证明也可能不知从何说起。实在迫不得已，我们可能会诉诸传统："事情一向都是这样做的"，或"就这么着吧"。这时我们其实就是在暗示，这些习惯已经沿袭日久，足以被赋予某种权威，通常不会成为被追问的对象。我们从过去的行
63 动中习得经验，并不加反思地将它们置入当下。只要行动不被要求为自身提供合法化说明，也就是说，不要求诉诸它据说要服务的那些价值和宗旨，那这种行动就始终是习惯性的。它会基本上基于同一模式，不断重复自身，只借重习惯的力量。引导这些行动的价值积淀在无意识的层面，只有当要经过审慎思量做出选择时，比如说，我们所遵从的这些价值遭到了挑战、藐视和质疑，被要求为自身提供合法化说明，我们才会意识到这些价值的影响。

那些占据优势位置可以对别人发号施令的人，也可以说是在实施权威，尽管那些位置受到各种规则的限制。显然，这对行为会有影响，但这种关联具体表现为怎样的形式，是由与上下级关系有关的规则所给定的。回到我们有关科层制的讨论，我们可以看到，与等级分工相关的这些规则是如何为科层制提供了权威。不过，要想被视为具有合法性从而被接受，不仅要求关系服从特定的规则，而且还要由某些信念来提供正当化理据，这些信念是属于这种关系的所有人所共享的，而且他们也会自愿赞同这种关系。如果规则、正当化理据和赞同这三项条件都符合，就意味着某些人服从了权威，也服从了支撑权威存在的那些价值。特别是有两个要素支撑着这类安排。首先，支配者与从属者之间的差异乃是基于自身位置不同导致的获取资源的渠道不同。其次，那些差异得到了正当化证明，靠的是从属的下级尽管获取资源的渠道不平等，仍能看到自己从这些安排中得到了一些好处。

人也好，组织也罢，要想成为我们眼中的权威，就必须基于第二个要素提出某种合法化论证，证明为什么应当承认并接受他们 / 它们的位置与决定。我们已经遇到的这种合法化说明的形式之一，是从早已确立、久经考验的角度来说的。历史对其后人具有约束力，它融合到一处的东西，不能再轻易分开。而述及往昔则是另一种路数。那些力求自己宣扬的价值赢得广泛接受的人，会花一番心思为他们的古老价值寻找真正的或推测的历史证据。历史的意象总是有所取舍的，人们将这种意象奉为圭臬，或许会被收编，服务于当前对于各种价值的竞争。一旦人们接受说某些特定的价值是共同的祖先所持有的，它们就不那么容易在当前遭到批评。每当时势剧变，显著表现出不安与焦虑，传统型合法化

(traditionalist legitimation) 就会特别吸引人，因为它在此时似乎能提供一些比较安全、不那么折磨人的选择，尽管也会对其他选择造成一些后果。

还有一种办法，就是在辩护时把新的价值说成是某种启示。与这种论证相维系的是**克里斯玛型合法化** (charismatic legitimation)。人们在研究教会对信众所施加的那些不受挑战的深切影响时，首先注意到了克里斯玛这种属性。因此，克里斯玛概念指的是信众坚信教会享有获取真理的特别渠道。话说回来，克里斯玛并不一定只限于宗教信念和机构 / 制度。如果说因为坚信宣讲某些价值的人被赋予特别的力量，而这些力量确保了他们的看法属于真理，他们的选择正当合宜，受到这样的信念的动机激发，我们才接受这些价值，只要属于这种情况，我们就可以说是克里斯玛。
64 因此，以寻常人等的理智，不具有任何手段来评判这些主张，所以也没有任何权利去怀疑这些人的感知力。领袖身上的克里斯玛越强，就越难以质疑他们的要求，人们在面临风险和不确定情境时追随他们的命令也就越是心安。

我们据说越来越生活在一个充满焦虑的时代，在这样的时代，信任与风险之间的关系变动不居。经过某种去传统化过程，传统社会所具有的那种对我们生活的控制，据说已经让位于外部的代理机构，其距离加剧了无力感。通过业经大众传媒过滤的科学发现，我们更多了解到人为的气候变化 (anthropogenic climate change) 所造成的效应，也就越清晰地意识到，当前的行动对未来造成了深远的后果。德国社会学家乌尔里希 · 贝克就以“风险社会”为主题，讨论了现代社会中的这些趋势。

乌尔里希 · 贝克讨论了我们对于自己知道些什么，是否可能有一定的确定性，是否有能力基于相关知识行事，并从这样的角度切入，捕捉权力与行动之间的动态机制。不过，我们越来越发现，自己接触到的信息与日俱增，而由专业群体限定的传统的知识领域如今也面临省察。不妨将医疗诊断放进搜索引擎，你就会发现海量的并且往往是相互矛盾的解释和经验。外面有那么多的信息，但我们拿它们究竟能做什么呢？它会缓解我们的关切，还是加剧我们的担忧？它会影响我们的行事能力，还是引发令人软弱的恐惧？尽管传统权威曾经得到信任，但我们会发现，科学家与学者之间存在解释上的差异，而政客与大众传媒也会摇摆不定，一会儿宣称风险小之又小，一会儿又重言渲染，以期动员支持，吸引受众，提升收视率与流通量。而知识的流通量愈益增长，随后又配合上有关如何行事的更为个体化的责任感，这又进一步加剧了不确定性。

我们或许注意到，在变迁迅疾、不确定性加剧的时代，人们会转向那些表面上承诺给出简明解答的人。因此，伴随着这种状况，可能会要求为这些变幻莫测的价值问题找到带有克里斯玛色彩的解决之道，有些政党和社会运动也会介入，代为效劳。然后就会出现对任何形式的有关知识的权威都抱有一种集体性的怀疑论。那些组织可能就此转变为克里斯玛型权威的集体性载体，在另一种基础上确立影响和对确定性的欲望。不过与此同时，在更为晚近的历史上，克里斯玛型权威的核心似乎已经移出了宗教领域和政治领域，只是这两个领域仍然存在强大的吸力，政治领袖会调用民族主义修辞，巩固自己的支持，而教派则会要求总体性的顺从。当然，在这个过程中，多种多样的传媒都扮演了某种角色。特定人物的大规模例行化出镜，就能在这股趋势中发挥强大影响力。然后，人们可能认为，这些高出镜率的公共人物要拿出办法，解决自己感受到的那些风险以及它们所产生的不确定性，这又增添了他们所处位置的权力与力量。

传统型和克里斯玛型这两类合法化有一点共同的倾向：它们
65 都意味着放弃我们做出价值选择的权利，也让人想到转让责任。其他人替我们做了选择，或者说我们将选择权力转让给了别人。不过，还有第三种合法化，我们已经提到过，即**法理型**（legal-rational）。它意味着有些组织，以及占据代表组织说话的位置的人，有权利告诉我们，什么样的行动是应当去做的，而无须进一步辩论就遵照去做、直面后果，则是我们的责任。如果真是这样，那么建议是否富于智慧、是否符合道德之类的问题本身就似乎无关紧要了。这里我们要应对的是两方之间的关系，一方是如果逾越就有明显负面后果的义务，另一方是人们觉得必须绝对投入的责任感。在这个范围里，建议的道德属性已经退出，现在它成了法律，并因此受制于某种命令，需要选择权威去决定行动。就这样，法理型合法化将行动与选择相分离，因此似乎使行动摆脱了价值。执行命令的人并不需要细致审查命令他们去履行的那种行动是否合乎道德，即使行动未能通过道德检验，也无需感到要负责任。对于回溯性地审察行动，有一种反应可能是“我不过是在执行收到的上级的命令”。

法理型合法化据说能将社会维系一体，不过，由于它倾向免除行动者承担选择的责任，所以它有可能孕育出恶果。第二次世界大战及其后的一系列战争，比如朝鲜战争、越南战争、刚果内战、波黑内战和海湾战争，期间的大规模杀戮和种族灭绝，就是这种后果最明显不过的例证，当然这绝不是独一无二的例外。那些犯下杀戮行径的人拒绝承担道德责任，而是推说法律决定他们要遵从命令。这样，他们就拒绝被指控说，他们说是决定服从，其实是自己的一种道德选择。

只需延伸命令的链条，使之超出行动实施者眼之所见，从而使行动者看不到行动所致力的价值，这就让行动表面看似价值无涉，免除了道德评判。行动者可以说就此免除了自由的负担，不用老是为自己的行动承担责任。如此一来，道德责任就与源于群体成员资格的自我维存欲望混在了一起，产生了张力。（如前所述）要达成这种群体认同，可能会给那些被界定为他人的人带来灾难性的后果。进而，根据我们所处的情境，根据被视为我们所要追求的价值，这些议题本身也会变化。尽管我们可以将非同寻常、明显悲剧性的战争后果作为我们的压力测试，但社会中的日常生活也可能导致中立化（adiaphorization），即摆脱了道德评价的领域。为了更深入地考虑这一点，我们现在就来谈谈竞争、排斥和所有权等问题。

二、需要与行动

我们的绝大多数行动，当然不是所有的行动，其动机都是受我们的需要激发的。我们有从维持生存的角度来谈的基本需要，另有一系列需要，关系到社会现实的蕴含意义的构成，这会带来一定程度的满足感，或是安德烈·高兹所称的“质性需要”，即构成一种蕴含意义的生活的需要，比如沟通和创造性之类的因素。66
我们已经说过，那些需要的实现与否，取决于我们的行动能否自主，而这不仅要看用以行事的资源多少和能力大小，也取决于我们监管、理解和反思我们行动的能力。经济学家阿玛蒂亚·森在《作为自由的发展》一书中问道：消除贫困是否应当优先于确保权利与自由？他提出，这个出发点是错误的，因为它们之间的相互关联是不可或缺的，而民主是实现这一关联的要害所在。

在消费社会，这些要素会变得彼此融合，界限模糊。不管怎么说，我们可以说某种东西我不“需要”它，但我“想要”它！但至关重要的是，这类表述是发生在表现出相对富裕的情境，还是相对贫穷的情境。在西方世界，生活方式现在似乎与消费能力分不开，至于消费的宗旨何在，很少被反思，就算被考虑，其正当化理据也可能是满足了尚未满足的需要。在这类表述中，价值、情感、认同诸领域，以及获取某物的能力，逐渐维系一处。当这些领域相互融合，我们就从满足一种明确表达的需要，转到一种缺失感，这会导致某种被剥夺状态，我们的生活在这种状态下将会是不完整的、有缺陷的，甚至是无法容忍的。

这样的融合将某个客体对象为生存或自保之所需的性质与某种文化欲望关联在一起，在获得一样“好东西”的愿望中，就明显呈现出这样的文化欲望。法国哲学家吉尔·德勒兹和精神分析学者费里克斯·瓜塔里曾经写道，一旦欲望与获取成了一回事儿，我们就会觉得，自己的生命中出现了重大的“匮乏”。而我们用来填补这一鸿沟的，正是获取什么东西的欲望，即可以用货币或举债来交换的商品。比如通过购置高层地产，远离都市生活喧嚣，获取夜里街道上的静谧；在受污染的城市里加筑穹顶，注满过滤后的空气。要想让我们的需要得到满足，除非我们能够获取想要的东西，要么是被允许使用它们，要么是成为它们的所有者。不过，这总是会牵涉到其他的人及其行动。无论我们的动机是多么只关注自己，我们为此也不得不与别人产生关系纽带，即使不承认，我们也会就此更加有赖于他人的行动，有赖于引导他们的动机。

乍看起来，这种情境并不是不言自明的。恰恰相反，人们普遍认为，从所有权的角度来持有物品实属“私人”之事。物（财产）似乎与其所有者之间存在某种看不见的关联。我们假定所有权的本质正在于这种关联。如果你是某样东西的所有者，那么同时也就有一种权利：其使用由其所有者的意志决定。当然，这种权利会受到某些方式的限制。所以说，如果我们花园里的树木属于养护法令的规定范围，未经官方许可，不能砍伐；我们要想一把火烧了自家的房子，也要冒被起诉的风险。不过，需要有特别的法律来禁止我们以特别的方式处置自家财产，这样的事实本身只不过是进一步支持了一条普遍原则：自决与财产之间是分不开的。有一种趋势是通过聚焦于个体化的快乐、消费与所有权，更为简便地讨论社会范畴；但我们讨论至此，出现了一些棘手的问题。

财产、劳动，以及使用权和处置权，都无法摆脱性别、族属 67
和阶级等方面的影响。我们很早就通过获取过程中付出的劳动来衡量对于我们财产的应得权利（entitlement）。这种思路在 17 世纪哲学家约翰·洛克的著述中就有明显表露。在此我们发现，财产权被赋予第一位利用这些财产的劳动者，然后可以世代传承，这一原则一直延续至今。洛克主张某种“社会契约”，让原本可能混乱无序的社会政治世界有了秩序。然后他的论证有了一步跃迁。由于女性被视为“流于情绪”，表现出对于男性的某种“自然依赖”，他就此提出，女性并不拥有这类权利。婚姻成了女性缔结的一种契约，让她们能够生产出继承财产的儿子。如此一来，婚姻契约就确保了财产权在社会中保持稳定，男人生养儿子，就是为了传宗接代。他不仅假定，个体的人 / 男人（individual man）在获得社会成员身份（如前所述，群体构筑了我们的社会身份 / 认同，相对于将人们从其所属的社会中分离出来的那种位置）之前，就具备内在的理性能力，而且，人类的另外一半还被拒绝赋予这种能力，理由就在于延续至今的一种偏见：女性流于情绪，男性讲求理性。其结果，女性被排斥出社会契约，并且还加上另一种观点：自由来自于无需依赖他人。

排斥女性，建构特定形式的被认定为可接受的性认同，这样的话题把我们带到了另一个值得追问的话题。有关财产关系的流行表述遗漏了关系实施的一个核心维度。它首先是一种排斥关系。一旦我们说“这是我的”，也就是在表示它不是别的什么人的。所有权不是一种私人属性，而是一桩社会事件，承载了某物及其所有者之间的特定关系，同时也承载了所有者与其他人之间的特定关系。占有某样东西就意味着拒绝别人对它有所有权。因此，从某种意义上说，所有权确立了一种相互依赖，但与其说它将我们与东西和别人相联系，不如说它将我们与其他人相分离。占有这一事实将拥有该物的人与不拥有该物的人相分离，置于相互对立的关系中。前者可以使用乃至滥用（除非受到法律的特别约束）有关的物，而后者则被拒绝拥有这种权利。这也会使人与人之间的关系失去平衡（回想我们关于权力的讨论）。也就是说，那些被拒绝获取所有权覆盖之物的人，如果需要或想要使用该物，就必须遵从所有者制定的条件。因此，他们的需要，以及他们想要满足该需要的愿望，使他们处在依赖所有者的位置上。

一切所有权都对人进行了分离和区隔。不过，只有当被排斥者的需要要求使用被占有之物时，所有权才会带来权力。比如说，占有劳动工具，占有有待人力处理的原材料，占有这类处理赖以发生的有关技术和场所，这些方面的所有权都会提供这种权力。所有者所消费的并不是对于物品的所有权。占有一辆轿车或洗碗机，可能会使我们的生活更为方便或惬意，甚至可能使我们更具声望，但它们并不一定会赋予我们对于别人的权力。当然，除非别人希望使用这些东西以求舒适或享受，在这种情况下，我 68
们可以制定使用条件，别人如果要使用，就必须遵守。我们所占有的绝大多数东西都不会提供权力，但是由于不再需要利用别人的所有物，这使我们独立于别人的权力。我们能够通过这种方式满足的需要比例越大，我们就越不必非得遵守别人制定的规则和条件。在这个意义上，所有权是一种促动性的条件，因为它可以扩展自主、行动与选择，所以人们常常认为，所有权与自由密切融合。

回到我们稍早前的讨论，一切所有权都蕴涵着一条原则：别人的权利是对我们自己权利的限制，因此，要增进我们的自由，其他人自由的行使就势必要受到约束。基于这一原则，财产的促动性条件总是会伴随着程度不一的约束。该原则假定，作为一种零和博弈，各方的利益总会存在难以修补的冲突。因此，人们不会假定任何东西可以通过共享和协作来获得。在行事能力取决于对资源的控制的情境下，要以合理的方式行事，就意味着遵循“人人为己”的训诫。置身个体主义的文化之中，我们就是这样看待自我维存的任务的。

皮埃尔·布尔迪厄指出，政治始于“对于确立信念的驳斥”

（denunciation of the established doxa）。他所称的“信念式接受”（doxic acceptance）蕴含了一种观念：有众多思维范畴，我们在理解的时候以例行常规的方式使用着，但在实践中很少加以反思。其中有一个范畴即使不是**最为**有力，也是非常有力，那就是基于竞争实现自我维存的观念。驱动竞争各方的是这样一种欲望，要排斥自己实际或潜在的对手，不让其使用自己实际控制、希望控制或梦想控制的资源。对手们所竞夺的东西被视为稀缺之物，据信，它们不足以满足所有人，必须迫使有些对手减少自己希望拥有的东西。有些欲望注定会受挫，所以输赢双方之间的关系也必然总是凸显出互憎或敌意，这是竞争的观念的题中应有之义，是竞争行动的基本假设。同理，人们会认为，如果不积极警觉地防备挑战和对抗，任何竞争所得都不会安全无虞。竞争斗争永不停息，其结果永无定局，皆可逆转。由此便产生了一系列后果。

首先，所有的竞争都蕴含着垄断的趋势。通过涉及巨额金钱的兼并，大型企业现在还在不断扩大。在这个过程中，处在胜势的一方往往会力求否认失势一方有权挑战自己的获益，以保其获益长久安全。悖谬的是，有可能出现这样的情况，据说未来的趋势并非所有权，而是开放性！计算机与计算机系统储存了海量信息，如前所见，这些信息被谷歌和脸书之类有权有势的大企业以例行常规的方式采集、分析和售卖。当弗朗西斯·培根说知识就是力量（power）时，如此规模的知识产权与信息交易是不可想象的。叶夫根尼·莫罗佐夫在《网络幻念》中描述的，是看似新颖的空间中往往还是旧式的不平等。竞争者的最终宗旨始终是一
69 致的：废除竞争本身，其结果，竞争关系具有自我灭绝的内在趋势。尽管有一些人非常乐观，兜售简单的技术解决之道来应对社

会问题，我们也能探察到同样的趋势：资源积聚到少数大企业手中。由此导致的资源分配两极化会使赢家有能力就一切后续互动的规则发号施令，而输家则根本无力对抗规则。用户使用其移动设备和电脑所导致的原子化也有力地推进了这一点。这种情况下的获益就会转化成垄断，并继续引来更多的获益，进一步加深两方之间的鸿沟。有鉴于此，经济学家约翰·肯尼斯·加尔布雷思写道，要预防经济体系的“自我毁灭趋势”，政府行动不可或缺。

其次，长远来看，垄断活动所引发的机会两极化趋势也往往会导致输赢两方所受待遇的差异。输赢两方迟早会固化为“持恒”范畴，我们所生活的数字世界也再生产出同样这些后果。赢家将输家的失败归于后者固有的劣等性，这样一来，输家就被宣布要对自己的不幸负责。这是一种特定的思维类型的胜利，相信社会问题能够从个体层面上、从其生平上找到解决之道。这些人就此被描述为愚蠢无能、素怀恶习、软弱易变、腐化堕落、缺乏远虑、道德败坏，如此等等，也就是说，缺乏被视为竞争之所必需的一切品质，是造成这种事态的首要原因。如此界定下来，输家的抱怨也就被拒绝享有合法性。穷人被指责说懒惰、邋遢、懈怠，与其说是遭到剥夺（deprived），不如说是自我放纵（depraved）。世人认定他们缺乏应有品质，逃避勤劳工作，易于违法犯罪，可以把他们看作是“选择”了自己的命运。无独有偶，在对于什么可被接受的特定观念所支配的社会里，认可的程度和价值观各有差异：比如说，女性受压制的处境被归咎于自身，而她们之所以受限于履行那些被视为声望较低、不值欲求的功能，只能用容易流于情绪或缺乏竞争精神来说明，而性相不符合特定范畴的那些人则会遭受到怀疑、驱逐和暴力回应。社会层面的社会秩序（Societal social orders）得到价值观的支撑，而这些价值观又会被社会成员的行动所生产和再生产。他们对行动的探求并未完满，那些寻求被评价、也对其他生存方式进行评价的人，可能发现自己处在冲突之中。

三、权宜与道德

理解这些动态机制的一部分内容，就在于考察道德与伦理在我们生活中的重要性。大卫·格雷伯在对于借债的历史研究中（《债：第一个五千年》），讨论了荣誉与贬毁的角色变化。在当代社会，贬毁竞争受害者的名声成了最有力的手段之一，用来使人类行为的另一种动机沉默不言，那就是道德义务。我们还发现，社交媒体为不同人口再生产价值观，这些人被认为“不那么重要”，至于这么评价的原因，这些人却没有什么控制，甚至毫无控制。友谊本身变成可以货币化的东西，与其他价值混在一起。
70 尽管难以研究脸书在这些关系中所扮演的角色，但贝弗·斯克格斯及她的同事运用他们的软件，力图考察在这些数字平台上有关价值与评价的这些关系是如何呈现的。这些新式的沟通与社会关系形态反映的却是一项旧的议题：各式各样的价值与道德动机如何与有关获益的那些价值与道德动机发生冲撞。说到底，道德行动要求的是团结，是无私帮助。团结就是承认与另一人有某种共同点，就是别人有需时无须被请求或不指望回报就乐意助人。它明显体现在体谅他人之需，这往往会导致自我约束，自愿放弃个人获益。

人们在描述伦理与道德之间的差异时，往往是说前者关注专业之类赋予的公认可接受的行为标准，而后者关注的是个体有关对错的认识。随着时间的推移，在不同力量的作用下，公共与私人之间的边界逐渐模糊。马克斯·韦伯注意到，生意与家庭的分离是现代社会最显著的特征之一。其总体效应就是将获益为主导的领域与道德义务为主导的领域明确分离。我们在做生意的时候，往往脱离了家庭纽带的网络，但也并非一概如此。换句话说，我们可能觉得摆脱了道德义务的压力。因此，对获益的考虑就可能成了生意做得成功所唯一需要的关注。另一方面，从理想状态来说，家庭生活，以及其模式遵循多种价值与义务的共同生活形式，则应该摆脱获益的影响。

我们也注意到，生意活动也不该受到道德情感所激发的动机的影响，所以通行的是工具理性行动。事半功倍、经济合用、切实有效，这些就是目标：也就是说，为了给定的输出所需的劳动或材料的数量；关注总体成本，根据生意的目标输送。我们已经指出，所谓组织，就是试图按照理想中理性的要求，调整人的行动。我们又一次看到，在这类尝试必须包含的步骤中，首先就是将每一项任务都化约为简单地选择遵从还是拒绝遵从某项命令，这样就使道德角度的考虑沉默不言了；任务还被化约成作为一个整体的组织所追求的整体宗旨中的一小部分，从而使得行动者不一定能看到行为在更广泛层面上的后果。组织将纪律安排到位，只要组织成员严守规则，敬奉上令，人就有了免于疑虑的自由。原本是道德上该受谴责的行动，在别的处境下无法想象，这里就突然成了切实的可能。

美国心理学家斯坦利·米尔格拉姆曾有一组实验引起巨大争议，以戏剧性的方式，展现了组织纪律有多大潜力使道德角度的保留意见归于沉默或被悬搁一旁。这些实验是在 20 世纪 60 年代完成的，指示一批自愿被试向伪装的“科研”对象发送致人疼痛的电击。绝大多数自愿被试信以为真，认为自己的残酷行为自有其高贵的科学宗旨，仰赖主掌研究规划的科学家们的专业技能与权威，因此老老实实地照指示办，即使他们的举动的受害者惨叫
71 不已，也不罢手。实验中揭示的这些倾向，二次大战及其后的种族灭绝行径已经在令人胆战心惊的程度上展示了。寥寥数千纳粹领袖与官员发起并监管的杀戮数百万犹太人的行为，就是一场庞大的科层运作，涉及数百万“普通”民众的通力协作。他们把运载受害者的那些火车发往毒气室，在生产毒气或焚化设备的工厂里工作。他们行动的后果如此远离他们每天满脑子想的那些简单任务，其间的关联可以逸出他们的关注，或是被挡在自觉意识之外。

即使一个复杂组织中的各种职能人员能够意识到，他们所参与的这种协同活动最终将会导致什么效果，这种效果也往往十分渺远，无须操心。这种渺远与其说是地理意义上的遥远，不如说是心智意义上的疏远。由于纵向分工和横向分工，任何一个人的行动照例都会有其他许多人的行动作为中介。到最后，我们自己的贡献褪为无关紧要，它对最终结果的影响似乎微乎其微，无须郑重其事，作为道德问题来考量。美国社会学家大卫·马扎称这些为“中立化技术”（techniques of neutralization），使干下坏事的人能够解脱自己行动的责任。毕竟，他们完全可能是做了些无辜无害的事情，比如画画草图、写写报告、填填文件、做做研究，或是按按混合两种化学成分的机器开关。

各种形式的组织，包括那些被界定为科层组织的组织，很容

易导致冷漠。单调繁琐与例行常规能够服务于并非意图的目的。就像迈克尔·赫兹菲尔德在《冷漠的社会生成》中所言，冷漠并不来自于枪杆子，而是那些轻而易举就习惯成自然的东西。我们受雇于非人性目的的事务，看到它的权力让道德方面的动机激发归于沉默，并且不仅限于其雇员，而且远远超出科层组织本身的边界。为了实现这一点，它诉诸自我维存的动机，甚至是受害者的协作，以及旁观者的道德冷漠。在许多情况下，可以说出现了这种预期的顺从，因为受害者们竭力取悦压迫者，预测他们的意图，然后满怀热诚去落实。就这样，种族灭绝的管理者们实现了他们的目的。

至于旁观者，只要表现出与受害者之间的一点儿团结，就会付出高昂的代价，这就确保了旁观者这一方的顺从，或者至少可以说他们的沉默不言，继而消极无为。如果选择道德上正确的行为，将意味着招致可怕的惩罚。一旦如此提升选择的利害，自我维存的利益就会将道德义务推到一旁，剩下来的就是理性化的技术和正当化的辩护，只管执行宗旨。回顾历史，有些科学家也为这类理性化思路推波助澜。他们在自己的研究中截然分离手段与目的，为主导意识形态提供科学证据，证明那些受到这么可怕的暴行残害的人就是低人一等。主体被转化为低人一等的“客体/物”，被呈现为非人，这样一来，对它们的操弄和毁灭就变得不算一种道德事务，只属于某种技术诀窍，而拥有诀窍的那些人，他们的权力能够减轻干坏事的人让其他人忍受伤害的任何责任；至于见证其暴行的那些人，也被消解了与受害者共情的力量。

种族灭绝是自我维存与道德义务之间对立的极端体现，但 72
说到难民问题，更接近的是说到对待那些表现出与被视为“正常的/规范的"之间差异的人的态度，我们所描述的这类过程依然伴随着我们。因此，这种对立在日常的人类境况中留下了烙印。说到底，以统计的方式来处理人的行动，或许有助于去除道德义务。属人对象/客体一旦被视为数字，就可能丧失其属性，也因此被剥夺作为人的权利与道德义务之载体的独立存在。如此一来，重要的就只是他们被指派的归类范畴。而分类体系本身又能够把焦点聚集到个体身上选择出来的某些共享属性，能够体现组织自身的利益/兴趣，并构筑起基础来评价作为整体的人口。这样的分类/范畴化（categorization）相当于核准忽略人身上其他所有属性，从而忽略那些使人成为道德主体的特性，那些使人成为独一无二、不可替代的人的特性。

在米歇尔·福柯看来，随着人口的增长，社会生活越来越复杂，对其民众的照看成为国家的核心关注。透过治理术，新的政制（regime）就此兴起，基于预测并控制人口的欲望，日常生活也成为干预的对象。而统计推理方面的发展也有力推动了这一切。根据追求这些目的时使用的策略，对人们实施调控和分类。在这些理性化运作中，劳动生产率都非常重要。昔日的禁闭所都变成了医院，那些出于体力或非体力原因而不能工作的人都成了医疗干预的对象。正是在这段时期，孕育出"精神治疗"的观念。不过，如果说采用了这类手段，那么又是出于什么宗旨，产生了什么后果？如今不仅是政府，还有大企业，包括市场营销和保险业，都对人口进行分类，以便搜集信息，产生收入。我们已经看到，生意之事与道德宗旨之间会存在张力。原因何在？因为人们被当作追求这些利益的手段，而不是因其本身而在的目的。

还有一种道德归于沉默的情境，那就是人群。早有人指出，

有时候人们会发现自己和素不相识的其他一大堆人一起，摩肩接
踵，置身于局促空间。这里所谓素不相识，也就是不曾在其他环
境下碰到过，从前没有互动过，但他们由于某种暂时的、偶然的
利益 / 兴趣，在这一刻“统合一体”。如果是这样，人们往往会
以“正常的”状况下不被视为可接受的方式行事。狂野无比的行
为可能会突然扩散到整个人群，只有森林大火、狂风吹袭或病毒
扩散才能与其风格相比。在一伙偶然聚集的人群中，比如说处在
市场或剧院中的惊慌失措的人群，被自我维存的欲望所吞噬，只
为了保住自己的一点呼吸空间，或是逃离危境，可能会踩踏自己
的同类，把别人推向火团。在人群中，人们有可能犯下任何单个
人在道德角度上都干不出来的事情。这种现象不仅发生在大众处
于物理意义上的相邻状况，也会出现在缺乏这种相邻的状况，比
如推特上爆发的道德谴责。如果说人群能够干出其个体成员会
厌恶的行径，那是因为它的“无面目性”；人们丧失了他们的个体
性，“消失”在匿名的人群聚集之中，缺乏让他们觉得需要为自 73
己行动负责任的重要他人。人群聚也匆匆，散也匆匆。它的集体
行动无论显得多么协调，也不会伴随着或孕育出任何持续的互
动。但恰恰是人群行动的这种一阵风（momentary）性质，使其个
体成员有可能做出纯粹情感所致的行为。转瞬即逝之间，禁令可
以不再，义务变成空文，规则悬搁一旁。

科层组织中的理性行为与人群愤怒时骤然爆发的骚乱，似乎是互不关联的两个极端。不过，它们都倾向于“去个人化”，因此可能在无面目的匿名性中，化减了道德行动的倾向。毕竟，只要人（people）还被承认是人（humans），也就是说，还有资格得到只留给人类同胞、被视为适于每一个人（human being）的待遇，

就依然是道德主体。这就设定了与我们发生互动的伙伴自有其独一无二的需要，这些需要与我们自己的需要一般有效，同样重要，因此应该得到关注与尊重。按照理查德·森内特在研究不平等时代的尊重问题时所指出的那样，社会结构与性格特征之间存在着复杂的互动。一旦出现某些特定的人或人群范畴被拒绝有权利享受我们的道德责任，我们对待他们就像“次要的人”“有缺陷的人”“不完满的人”，或者干脆径直视为“非人”（non-human）。为了避免出现这种状况，按照西蒙娜·德·波伏娃的说法，就一定不能把我们遇到的人视为某个阶级、民族或别的什么集合体的成员，而就是一个个体，以其自身为目的。

在道德义务的世界里，并不一定包含人类所有成员。许多“原始”部族给自己取的名称可是意味着“人类”，与此相应的是，拒绝接受陌生的部族及其成员同属于人类。这种态度一直延续到蓄奴的社会，那里的奴隶被指定为“会说话的工具”的地位，只是因为可以用来做可信赖的活计，才会进入人们的脑海。道德态度的本质要求，就是尊重另一个人的需要，首要的一点就是承认他们生命的健全 / 正直（integrity）与神圣，但对方如果只享有有限的人类的地位，在实践中就意味着，针对这种地位的承载者，上述本质要求不被视为具有约束力。历史看起来就在于人性这一观念逐步但却不懈的拓展趋势，并且伴随着一种明显的倾向：义务范围越来越具有包容性，到最后，与整个人类物种的外延相等。

这个过程并非一马平川。随着人类的边界拓展，把非人看作是实现我们目的的手段的倾向已经产生了后果。我们可以在**人类世**（anthropocene）看到这一点的例证，人类活动成为对环境的主导影响，所导致的气候变化很可能剥夺了未来世代的基本需要。

我们的过去散落着一些深具影响的世界观，不仅从我们环境中征用了关键而有限的资源，而且吁求要基于阶级、民族、种族、性相和宗教等理据，将整类整类的人口排斥出义务范围。这些力量并不会局限在过去，而是挥之不去。技术进步中蕴含着有关理性组织的世界的承诺，那些起而反对将这种承诺推向完美实现的人，不难遭到贬毁，认为其挡了进步与效率的道。但是谁的进 74
步？谁的效率观？对于我们如何生活产生了哪些后果？

小结

管理技术促成了对道德责任的悬搁，同时出现了一些世界观，做好准备、满心乐意施展上述可能性，两点因素融合起来，很容易沦为对义务范围的限制。而这又为多种后果开辟了道路，犹如某些政权社会中对敌对阶级成员及被归类为其同伙的人所实施的大众恐怖；有如某些在其他方面自诩人权纪录良好的国家对于少数种族和少数族群顽固实行歧视，其中有不少国家实行着公开的或隐秘的种族隔离体制；再如向某些国家销售武器，随后又谴责它们不讲道德，搞得有可能不得不开战，只好挨自己卖的武器打；又如数不胜数的种族灭绝事例，从土耳其对亚美尼亚人的大屠杀，到纳粹德国对数以百万计的犹太人、吉普赛人和斯拉夫人实施的灭绝政策，再到库尔德人遭到的毒杀，乃至柬埔寨、南斯拉夫和卢旺达等地发生的大屠杀。直至今日，义务范围的边界依然是个聚讼不已的话题。

而在义务范围之内，其他人的需要的权威地位得到了承认，行事也以之为据。应当尽可能地确保这些人的福利，扩展其生活机会，开拓其获取社会业已提供的生活便利的渠道。坐视他们陷于贫困，健康不良，在预期寿命、流动性和机会等方面都有差距，就是对一个社会中占据同一义务范围的其他所有成员构成挑战，发出警示。面对这样的挑战，我们自感有义务为自己开脱，要给出一个有说服力的讲法，说清楚为什么迄今为止基本没做什么事情，去缓解他们的沉痛命运，又为什么不是还可以去做很多的事情。我们还感到有义务去证明，一切可以做的事情都已经做了。但给出的说明并不一定必然属实。比如说，我们听到，为整体人口提供的卫生设施之所以无法改善，是因为“只有先赚钱，才能花钱”。然而，这样的说明很可能掩盖了一点：分类形式力求将差异自然化，但这些形式本身就是支配性社会力量的产物。因此，富裕病人所享用的私营医疗创造的利润会被归类为“赚的钱”，而为那些负担不起私人收费的人提供的服务就被算成“开销”。这样的说明让人看不到，其实是根据付费能力来决定对需要的区别待遇，社会契约变成了承认私人医疗供应的限制的结果。事实上，不管怎么说，人们觉得还需要给出说明，本身就证明了世人还是承认，那些健康需要遭到忽视的人依然在一定程度上处于义务范围之内。

自我维续与道德义务之间往往存在张力。两者都无法宣称比另一方更为“自然”，也就是说，更符合人类本性的固有倾向。
75 如果某人赢得了对于别人的支配地位，那么这种不平衡的起因通常可以追溯到互动的社会背景。是自我利益还是道德动机占据上风，取决于具体情境，但受这些思路引导的人对于这些情境的控制只是有限的。不过可以注意到，两个人如果面临同一情境，也可能有不同的行事方式。因此，社会环境的力量是显而易见的，为了理解我们自身和彼此，这种力量实属不可或缺。但它不一定能完全影响行为，后者本身受到过去、现在与未来的影响。所以，多种行动路线之间的选择始终是开放的，而我们的个体行动也是和我们所依赖的别人的行动分不开的。我们对于他人的行动中的那种道德倾向，也就成了我们自尊自重的前提条件。

第五章　馈赠、交换与亲密关系

我们在讨论权力与选择的时候，考察了一些贯穿我们日常生 77
活的话题，以及在与别人的互动中例行面对的一些决定。我们在投入日常活动时，能够觉察到其中一些，而另外一些则是在塑造我们生活的那些结构中锻造成型的。无论哪种情况，它们都受到多种环境和力量的影响，包括馈赠和交换，赋予我们的生活以形式和内容。本章我们将继续我们的探索，考察这些话题，以及涉及亲密性和对他人的照看的话题。

一、馈赠、交换与期待

乔弗里·英格汉姆在《金钱的性质》中提出，我们称为资本主义的那种经济体系，其独特之处就在于国家、银行与企业之间的关系中能找到的那些结构关联，以及私人债务是如何被“货币化”的。说到底，金钱就是借贷双方之间的社会关系，包含某种“偿还承诺”。它还确定了基于债务的全球经济的结构。就像安·佩蒂弗在其研究《金钱的生产》中所记述的那样，国内生产总值（GDP），大致界定为特定时间范围内某个经济体生产出的物品与服务的测量值，其全球总额在 2015 年达到 77 万亿美元，而债务负担则是这个数值的 286%。

在人际层面上，债务可能是间或的访客，也可能是每日的牵挂，导致莫大的焦虑感与无力感。有些人想找到弥补办法，并不一定需要过分改变构成自己生活方式的那些常规与例外的物质特性和符号特性。而在另一些人看来，债务必须日日记挂，以履行对妻儿老小、亲朋好友的义务。它不是间或的访客，而是长久的住户，要求给予持续的关注乃至实际的作为，以求缓解其不良的效应。它似乎是要满足某种需要，会产生多种后果，取决于借款是来自银行，还是有着超高利率的借贷机构，抑或是外在于调控而展开运作的人。

来自债主的催还单如雪片般飞入我们住的地方。这里我们没
78 有使用“家”这个词，因为它意味着某种持久性和安全感。而就像马修·戴斯蒙德对于美国贫困家庭的研究《扫地出门》中所显示的那样，这一点从来不是可以想当然拥有的。单单一家公用事业公司，一年内就切断了大约 5 万户的能源供应。我们对这些欠单分类筛选，尽可能分出轻重缓急。到最后，总有一些十分紧急，因为债主威胁要搬走某样值钱的家具或财产，乃至我们的住处，以其冲抵一部分债务。怎么办？我们可以求助某位亲朋好友，如果他们有能力帮助我们，就向他们借钱。然后，我们可以说明处境，答应一旦局面改善，立刻还钱。他们或许有钱不借，或许会略有抱怨，提醒我们一堆美德，所谓人无远虑必有近忧，要谨慎节制，精打细算，量入为出。不过，如果他们有财力，或许已经开始摸腰包了。其他来自手头宽裕的家庭的人，就其不时得到的财政支持的水平来说，可能更为幸运，礼物的馈赠或许从重大的事件变成如常的期待，甚至累积成应得的权利。

但我们还有另一种选择。我们可以去找银行或信贷机构。可是它们会对我们的处境让我们遭受的痛苦感兴趣吗？它们会在意吗？它们唯一可能问的问题就是可以提供什么样的担保，以确保

贷款能够还上。他们会打听收支状况，以便确认连本带息都能收回。还会要求提供相关证明文件，如果一一符合，我们就不是什么高风险客户，贷款很可能如期偿还，当然还包括一定的利率，确保获得丰厚利润。然后，我们就可以借到钱了。因此，我们在解决自己的财务问题的时候，根据我们向谁求助，到什么地方求助，预料会得到两种不同的对待。我们的亲朋好友不太会打听还债能力方面的问题，因为借钱与否并不在于做的这笔生意是赚钱还是赔本。重要的是，我们有需要，因此提出了诉求要得到帮助。另一方面，有些人代表着信贷机构，并不被要求去操心这类事情，他们只需要知道，这笔借款是否可能是一笔合乎理智、可以赢利的生意往来。把钱借给我们根本算不上一种义务，无论是道德角度还是法律角度。

我们在这个例子中看到，影响人的互动（interaction）的有两项原则：对等的交换（exchange）与馈赠（gift）。就前者而言，自我利益主导一切。尽管需要借钱的人可能被承认是一个自主的人，有合法的需要和权利，但这些都从属于潜在可能的借款方自己利益的满足，或是从属于它们所代表的组织的满足。关键在于，引导借款方的关注是提供借贷会有哪些风险，能还回多少，能从交易中得到什么物质利益。对于这些问题，以及类似的一些问题，在考虑预期可能的行动时都是会提出的，以便评估该行动是否可取，确立可替换选择之间的偏好次序。参与这些互动的各方将就什么叫作对等讨价还价，施展手头一切资源，以便尽可能获得最好的交易方案，从而使交易趋向有利于己方。它是基于特定的人类行动观，其中预设的主导原则是计算，是自我利益最大化。它从获取的角度来对待并界定我们所从事的行为，并就此淹没了其他可供替代的价值观。

79 而礼物 / 馈赠的观念则是另一回事，这正是 20 世纪 20 年代法国人类学家马塞尔 · 莫斯的认识。经济人类学方面的研究使人们越来越关注到，有一些形式的行动是不能从上述角度来描述的，或者说不能被化约为竞争性的本能。我们看到在实际运作的更多的是一种互惠型经济（reciprocal economy），这是一项义务，从他人的需要和权利的角度，促动了礼物的交换。对于互动各方所属的群体来说，这些礼物具有符号价值，馈赠发生在倡导互惠性的信念体系内。[1] 因此，在给予的行为中，我们也是在给予一部分的自我，相比于工具性计算，这更受到推崇。而在工具性计算所引导的那种交换关系体系中，以通过债务抽取利润为基础的抽象体系发挥了主导作用。后面这类酬报并不是计算馈赠行动是否可取时的考虑因素。之所以把东西给出去，同时延伸了服务，只是因为别人需要它们，他们作为所是的那种人，有权使自己的需要得到尊重。

“馈赠”的观念只是一个共有的名目，涵括了多种多样的行为，其纯粹性各有差异。“纯粹”馈赠就像一种阈限概念（liminal concept），所有的实例都以其为衡量的基准。这些实例与理想的状况有不同程度的偏离。就其最纯粹的形式而言，馈赠应该完全不带有利益的考虑，提供的时候不考虑接受方的资格条件。不关注利益就意味着缺乏任何面目或形式的酬报。按照通常的占有与交换的标准判断，纯粹的馈赠就等于纯粹的损失。说到底，这是

[1] 本章中“gift”侧重赠品时译作“礼物”，泛指赠送行为及互动关系类型时译作“馈赠”。

一种纯粹道德意义上的获益，构筑起一种特殊的行动，其逻辑难以被认识到。礼物的价值并不是根据所提供的物品或服务的市场价格来衡量的，而恰恰是基于它们对捐献者所造成的主观损失。提供礼物时唯一考虑的资格条件就是接受方属于有需要人群中的一员。有鉴于此，我们前文所讨论的那种对自己的同宗同族或亲朋好友慷慨乐施，其实并不符合纯粹馈赠的要求，因为它分离出作为特殊人群的接受者，挑选这些人给予特殊对待。接受者作为特殊的人，有权期待得到特定他人的慷慨乐施，因为他们与这些人都被维系在一个特殊关系的网络中，如果缺乏这类慷慨乐施，就会遭遇非难。就其纯粹形式而言，礼物之所以被提供给有可能需要它的任何人，原因很简单，也只有一个，那就是他们需要它。因此，纯粹的馈赠就是在承认他人的人性，而对互惠性没有任何期待。

还有一些人提出，生意的未来就是“免费”出让东西。克里斯·安德森在其所著《免费：商业的未来》[2]中的立场就属于他们中的一员，在他们看来，数字时代显然是一个开放时代。他们认为数字时代会更廉价，因为它并不涉及使用原材料的生产成本。不妨把那些搞出开源软件的开发者的特征概括为生活在一种特定的文化中，馈赠的观念是其动机激发的核心。虽说这或许只是这类生产的理由的一部分，但馈赠提供给捐献者一种道德上的满足作为回报，尽管难以明言，但却让人有深层的满足。因为这样的给予行为同时也是给予了一部分的自我，也就是说，能够体验到

[2] 原书名为《免费：激进定价的未来》，此处取该书2012年中信出版社的中译书名。

无私，体验到为了另一个人而做出自我牺牲。这种道德上的满足与交换或追逐获益的情形截然不同，自我牺牲越是痛苦，所导致的损失程度越大，也就越能获得满足。比如说，哲学家、社会评
80 论家、社会政策分析家理查德·蒂特马斯就曾以英国为背景，讨论向国民保健服务制度（National Health Service）这一体系无偿献血的行为，认为这纯粹是被**利他主义**的动机所激发。他指出，血液这一礼物具有一些有别于其他给予形式的属性，因为它是“一种自愿的、利他的行为”。蒂特马斯认为，如果要以一种新的体系取代这样的利他行为，从作为一种消费品的角度，将这类给予合法化，那么就会破坏这种行为的根本理据，因为其理据所维系的是要赋予陌生人的价值，而不是人们期待从社会中获取的东西。

有关战争与外敌侵占等极端条件下人类行为的研究业已表明，不少人做出了英勇无比的馈赠实例，即为了拯救另一个受到威胁的生命而不惜牺牲自己的生命，整体而言，他们的动机都很近似于纯粹馈赠的理念。他们只想着帮助其他人，纯粹视此为自己应尽的道德义务，不需要任何进一步的正当化理据，因为这是自然而然、不言自明、不可或缺的事情。这个研究最令人瞩目的发现之一，就是在这些助人为乐的人中，即便是最无私的人，对于其行动中那种独特的英雄气概，也觉得难以理解。他们纵然以其对他人的照看与关切超越了个人的关切，但谈起这类行为所要求的勇气和所展示的美德，他们却轻描淡写。

馈赠与交换的关系

回到我们在本章开头讨论过的那两种处置方式，姑且粗略地

讲，我们不妨把与亲友之间的关系称作*人性化*的，而把与信贷机构之间的关系称作*非人性化*的。在人性化关系的框架中发生的事情，往往取决于互动各方的品质（quality），而不是他们的表现（performance）。但在非人性化关系下，这种倾向就不是那么不言自明。要考虑的只是表现，而不是品质。关键并不在于人们是谁，而只在于他们可能做什么。坐在决定是否放贷的位置上的关系对方，会很关注既往的信用记录，在此基础上判断未来行为的可能性，这一切都会在某种正式合议的规定条款下发生。

塔尔科特·帕森斯认为，品质与表现之间的对立属于可以设想的人际关系模式中的主要对立之一，他把这些模式统称为“模式变项”（pattern variables）。其中包括“普遍主义”（universalism）与“特殊主义”（particularism）之间的对立。在馈赠的情形下，不是把人看成某个范畴的成员，而是有需要的某个特定个体。另一方面，对代表信贷机构的职员来说，客户个体只是过去、现在和未来潜在的借款人这一大范畴中的一员。这些职员已经接待过许多“某类人”（like-others），将会根据适于其他类似情形的标准来对人做出评估。因此，结局取决于通用规则如何应用到特定的案例中。与家庭成员之间的关系是“弥散性”（diffuse）的，而与职员之间的关系则是“专门性”（specific）的。亲友的慷慨乐施并不只是一时兴起，并不是专门针对一场对话中流露出的苦恼而采取的态度。他们之所以在这个具体事例中乐意协助，是因为他们对这个有需要的人抱有普遍的好感，对其生活的方方面面都有兴趣了解。而职员的行为并不取决于具体是谁提出申请，他们对于申 81
请如何回应，最终做出怎样的决定，都会基于对事例的解读，而不是此人生活的其他方面。根据所处情境的适用逻辑，有些事情在申请人看来很重要，但从处理贷款的职员的角度来看，对申请本身无关紧要，因此不予考虑。

塔尔科特·帕森斯还讨论了“情感性”（affectivity）与“情感中立性”（affective neutrality）之间的关系。有些互动融入了情绪，比如怜悯、同情或爱，而另一些互动则保持超然，不带感情。非人性化的关系不会在行动者身上激发出任何感情，只有一种热情的鞭策，要完成一次成功的交易。行动者本身并不是被喜欢或不喜欢这个意义上的情绪对象。如果他们激烈地讨价还价，试图欺骗对方，故意含糊其辞，或是避免明确承诺，那么交易的进展就会异常缓慢，有些不耐烦的人可能会把情绪带进交易，或者有人也可能被视为“乐于和他做生意”的人。无论如何，总体看来，情绪并不被视为非人性化互动中不可或缺的组成部分，但正是这些因素，使人性化互动值得称道。然而，如果是一位亲友提供的借款，那么关系各方很可能会彼此产生共鸣，分享某种归属感，每个人都设身处地替对方着想，以便理解彼此的需要与困境。

卡罗尔·吉利根分辨出女性倾向于采取的一种伦理，她称之为“照看伦理”（但她并不排除男性也可能具备这种倾向）。在这种伦理下，关注被赋予他人，如果只关注自身，会被视为“自私”。这种伦理也涉及一种关系性责任，有关各方不认为自己具备受抽象规则主宰这个意义上的独立自主性，而是与他人在关系中“关联”。如果我们认为自己孤零自处，那么，向他人提供考虑、承认甚至馈赠，就会像是在冒犯我们的本真性（authenticity）。另一方面，正是在与他人的显著关系之中，我们产出意义、对价值的感受，以及道德指南。而在基于非人性化关系的寻求贷款的情形中，我们生活中这些根本特征都被置括。一个人如果要寻求贷款，或许会力图避免惹职员生气，甚至会刻意奉承，但在显著关系中出现的那些关切就会被视为横插一杠，偏离了盈亏得失角度上的风险计算。

人性化互动背景与非人性化互动背景之间的一点重要差异，在于行动者依赖什么样的因素来求取其行动的成功。我们都会依赖我们可能所知甚少的他人的行动，而我们理解上的缺失也往往是靠刻板印象化的预设来填充的。在复杂的环境中，我们依靠这些人的行动来满足我们的需要，探索广阔的世界。鉴于他们数量众多，常规例行化的互动是不可能的，我们只能以非人性化的方式相互关联。在人性化知识有限的条件下，诉诸规则似乎是使互动成为可能的唯一途径。不妨想一想，如果你与别人之间的所有往来都只是基于你经过适当考察，对他们的个人品质做出的估计，那你将需要积累多少知识，不仅数量大得令人难以置信，而且因其庞大而难以利用。而替代的选择则要现实得多，那就是掌握少数几项指导交流的通用规则。主导了我们生活如此广泛领域的市场机制之所以能够存在，这就是正当化理据之一。这里也暗 82
含着一种**信任**，即互动各方都会遵守同样的规则。

生活中的许多事情都经过特定的组织，使得各方能够无须任何或只需一点儿有关彼此的人性化信息就展开互动。比如说，我们在生病的时候都可能就医，但要我们对所求助的医疗从业人员的治疗能力和敬业态度事先做出评估，这对许多人来说基本是不可能的。诸如此类的职业精神所涉及的并不只是经过长期培训和考查后由职业团体核准的专业知识和资格能力，而是事关信任。我们往往是别无选择，只能把自己交给他们去照看，指望在这场交换中，我们会得到自己这个病例所应得、所要求的照看。在与此类似的病例中，与我们素不相识的人们也会决定自己来核准某些人的资格能力，而后者的证书也就此得到了他们的核准。如此一来，通过支持由一套职业伦理构成的标准，他们使我们能够基于信任，接受这类人的服务。

安东尼·吉登斯与德国社会学家乌尔里希·贝克和尼克拉斯·卢曼一样，都考察了信任与风险之间的关系。尼克拉斯·卢曼就信心（confidence）和信任（trust）做出了有益的区分。随着社会变得愈益复杂，愈益非人性化，信任也变得越来越寻常，没有某种风险感，就无法设想这一点。随着风险的增加，非人性化的系统也逐渐迫近。说到底，只要负担得起，风险是可以被保险所覆盖的。悖谬的是，风险本身也能增加某种信心感，后者破坏了风险感，采取警惕性更高的行为，以预防事故的发生。卢曼所援引的例证包括工业中的安全技术，更安全的道路的引入。说到后者，我们不妨看看为了交通稳静化（traffic calming）而采取的一些新技术，以及在无人驾驶汽车中如何处置信任与风险之间的关系，有人期待这将消除“人的谬误”，因此表面看来会提供给我们一个更为安全的未来。

恰恰因为我们的交往中有很多是在某种非人性化的背景下实施的，对人性化关系的需要才变得如此迫切和尖锐。信任是一种社会关系，如果过度受制于与市场相维系的非人性与商品化，就会发生转型，甚至遭到破坏。因此，世人自然会看到，从德国哲学家、社会学家尤尔根·哈贝马斯、美国社会评论家弗朗西斯·福山，到匈牙利金融家和慈善家乔治·索罗斯，都以各自不同的方式指出，这种机制能够获得成功，是如何有赖于共同体与承诺这一文化基础。所以说，如果对市场放任自流，它将会侵蚀掉其存在本身所依赖的那种基础。经济领域不能被化约为工具性道德的运作。事实上，按照拉尔夫·费弗尔在《经济行为社会学新论》中所言，经济领域本身就需要拓展，以包含工作中的尊严，幸福安乐，以及配得上价值（worth）的报酬。

我们已经注意到，在众多场合下，我们越是依赖于我们只有模糊浅显的了解的人们，我们的接触越是漫不经心、转瞬即逝，扩展人性化关系的领域的倾向就越是强烈。这就会迫使人们将只适合于人性化交往的期待扩至最好以非人性化方式实施的互动。83
因此，骤然之间穿越于两种世界的人，会非常强烈地感受到对于非人性化世界中那种冷漠的憎恨。比如说，年轻人行将远离充满亲情和青春友谊的关爱世界，会发现自己进入一个属于就业和行业惯例的情感冷漠的世界。那些退休的人会发现失去了工作所提供的结构、节奏甚或实现感，找到了自我。有鉴于此，我们看到了种种努力，选择退出这个冷酷无情的世界，在这样的世界里，人似乎只是充当着达成某些目的的手段，而与他们自身的需要和幸福没有多少关系。有些退出者试图建立一些小飞地，宛如公社/群居村落（commune-like），自我隔绝，独立自足。在这块飞地中，只允许人性化的关系存在。话说回来，这类尝试的结局也可能是祛魅（disenchantment）甚至苦痛。最终人们认识到，要长期维持高强度的情感，将感情投入与效力考虑之间不断发生的冲撞所导致的挫败感一一消化，需要付出不懈的努力，这样所孕育的苦痛，甚至有甚于作为替代选择的那种冷漠让人经历的程度。

爱、亲密、照看与商品

即使说人性化的背景并不能涵括生活中的全部事情，它也依然是一种不可或缺的要素。我们渴望“深切、健全”的人性化关系，我们所卷入的非人性化依赖网络越是广泛，越是难以渗透，这种渴望就越是强烈，感情和情绪在我们生活中也就越是重要。即使有工作，我们也会发现，自己只是在某些时候作为雇员，至于其他时候，一会儿是商店里的顾客，一会儿是搭乘汽车或火车的旅客，一会儿是运动赛事或剧场影院里的观众，一会儿是为政党投票的选民，一会儿是去看医生的病人，总之是在我们生活中的各色时间、不同地方从事其他各种活动。无论在什么地方，我们都可能发现，我们的自我只呈现出一小部分。在每一种背景下，我们都可能必须提醒自己，针对这些背景该有什么适当的行为形式，并据此判断哪些行为是可以接受的，哪些又是不可接受的。如果说只有做到真正的“自我”才算如在家般自如，那我们无论在哪里都不会有这样的感觉。那么，说到底，谁是那个真实的“我 / 主我”（I）？

我们绝大多数人都不太情愿接受，我们自我的意象确实就是由不同角色拼缀起来的一块百衲布。然而，我们迟早都会长大成熟，将自身与多元的“我 / 客我”（Me）相协调，甚至适应了它们之间一定程度上缺乏协调的状况。在“外在的”世界，显然缺乏统合性，分裂成众多局部的交往，因此必须通过我们的行动，由我们内部对于统合一体的追求来补充。格奥尔格·齐美尔在 20 世纪早期就已经注意到，在我们所居处的这个人口密集、纷繁复杂的世界上，个体往往会退而求诸自身，对意义和统合一体展开无尽的探寻。一旦聚焦于我们自身，而不是外部的世界，对于统合协调的这种无比强烈的渴求，就会表现为追求自我同一性 / 自我认同（self-identity）。由此导致的调适与自主之间的这种张力，

是人类境况中一再显现的特性。讨论这些主题的书籍广为流行，即为明证。比如“二战”之后，大卫·里斯曼研究美国人性格的 84
性质变化，写的那本《孤独的人群》，再到罗伯特·帕特南的《独自打保龄》，一直到雪莉·特克尔的《群体性孤独》。最后这本书刻画道，我们似乎都是满心乐意的参与者，投入一场社会实验，对我们的隐私、孤立和共在都产生了后果；在这个过程中，我们是如何对技术期待得更多，而对彼此却似乎索求甚少。

我们所卷入的许多非人性化交换中，没有一个足以提供我们所力求的认同，因为它外在于那些交换中的任何一个。在每一个背景下，我们可以说都在一定程度上不在其位：我们感到，我们实际的自我处在现在发生互动的背景之外的某个地方。或许只有在人性化背景下，因其弥散性、特殊性、注重品质，以及渗透其间的相互情感，我们才能指望找到更多我们一直在寻找的东西，甚至到了那时，我们的努力也有可能受挫。我们的自我或许正在于我们追求认同的过程中实施的行动里，而不是某种目的状态，可以无须质疑地预设自主性和统合性。如果所追求的自我就是追求到的自我，那么没有任何背景能够充分容纳它。

我们会把我们无尽的追寻安放在爱的领域。被爱意味着被另一个人视之为独一无二，与其他任何人都不同；也意味着爱人的人承认，被爱的人不需要诉诸普遍规则，来为他们彼此持有的或要求的形象确立正当化理据；还意味着爱人的人接受并确认了其伙伴的自主性，并有自我决定权、自我选择权。被爱也意味着被理解，意思就像是我们每次说，“我要你理解我！”，或是痛苦地问道，“你理解我么？你**真的**理解我么？”对被理解的这种渴望宛如绝望的呼告，要别人设身处地替我们着想，从我们的角度看问题，无须进一步证明就同意，我们所拥有的这种视角应当受到尊重，就因为它是我们的视角。我们在这些情境下追求的是，自己私人的体验，也就是那些内在的动机，有关理想生活的意象，有关我们自身、我们的喜怒哀乐的意象，能够受到肯定。这关系到对我们的自我刻画的*确认*。当我们谈论自身的时候，伴侣乐意认真倾听，同情理解，通过这样的情境，我们寻求到这种确认。在亲密关系中贬毁这样的期待，会导致误解、怨恨乃至厌憎。

但这里有一个悖论在起作用。一方面，我们发现想要追求一个独一无二的整体自我，而不是一大堆角色的集合，因此才会坚定地主张并追求独特性，不甘于只做非人性化的生活机器上的一颗齿轮。但另一方面，我们又会意识到，没有任何东西会仅仅因为你设想它如此就能存在的。所以，幻想与现实之间必然会存在差异，不管是什么东西，要能真实地存在，就必须是在我们看来和在别人看来都如此。因此，人们越是觉得自己成功地发展出一个真正独特的自我，也就是使自己的体验独一无二，他们就越是需要这些体验能够得到社会确认。乍看起来，诸如此类的确认似乎只有通过爱才能实现。随着社会变得愈益复杂，绝大多数的人类需要都是通过某种非人性化的方式得到考虑的，所以，我们对于一种爱的关系的需要就显得比其他任何时候都更为深切。其结果，在我们的生存中，爱就承载了令人畏惧的巨大期待：如果我
85 们在那些关系中寻求确证，而我们又会随着新的体验发生改变，我们并不希望只是作为初坠爱河时的那个我被爱，而是作为我们现在所是的这个人，作为我们不断成为的这个人。面对动态机制、摇摆不定和整体变迁，我们期待一致，期待深度。就像女性主义研究者一向的主张，我们在公共领域遇到的困扰，会在私人

领域导致更大的压力、张力和障碍，爱人们必须去面对，争取去克服，虽然成功的程度大小不一。

而对于互惠性的需要则使爱的关系变得更加脆弱，容易受伤。因此，如果我们寻求爱，那么十有八九，我们的伴侣也会要求我们投桃报李，也就是以爱相应。我们的行事方式要能确认我们伴侣的体验的现实性，在我们寻求被理解的同时要做出理解。在理想状态下，伴侣关系的每一方都会努力在另一方的世界里找到意义。然而，这两类现实并不会完全一致。当两个人初次相遇，身后都有各自的体验，各自的生平，无法完全共享。要使关系巩固发展，双方的生平与体验必须得到承认，得到确证，甚或经过重新协商。伴侣双方不太可能就这么认为，彼此的经历都是真诚实在的，无需付出努力去理解，这本身就使得关系独一无二。他们甚至可能不得不放弃自己过去的某些要素，以促成某种持久的关系。但这也会对爱的宗旨本身构成挑战，对人们期待爱能满足的需要构成挑战。如果真能进行重新协商，就会取得丰硕回报。通向爱的实现的道路需要具备非凡的耐心、理解与努力，才能走过这段旅程而不至于遍体鳞伤。许多人获得了成功，但理想与现实之间的鸿沟也能导致挫败与张力，其中有些会表现为分居、离婚乃至家庭暴力。

理查德·森内特想出“破坏性共同体”（destructive Gemeinschaft）这个词，用来指一种特别的关系，其中伴侣双方都只想着追求对亲密关系的权利。这就意味着通过绝对的真诚，将自身向伴侣另一方开放，分享有关一方内在生活的最为私密的整体真相。任何事情都无法隐匿，不管这样的暴露可能会让对方多么不安。其结果，对方的肩上就会背上沉重的负担，因为伴侣被要求对那些并不一定能激发热忱的事情表达赞同，并且还要以同等的真诚来回应。森内特并不相信，能够在这样的根基上确立起一种长久维续的关系，尤其是长久维续的爱的关系。要同时以独一无二和不可替代作为爱的前提条件，又要将对于总体透明的欲望强加于关系，这会导致难以应对的巨大摩擦，伴侣一方会对另一方提出对方无法满足的要求。面对这样的压力，他们会决定停止尝试，就此放弃，终结关系。伴侣中某一方会选择退出这样的紧张，到别处去寻求满足其自我肯定的需要。

因此，在爱的关系中，互惠性的要求是一把双刃剑。尽管看似奇怪，但作为馈赠的爱是最不脆弱的：时刻准备好接受心爱的人的世界，将自身置入那个世界，尝试从内部去把握它，并且不指望得到类似的服务作为交换。我们不需要任何的协商、合议或契约。但一旦双方都以此为目标，亲密关系就会使协商和妥协成为不可避免之事。到了此刻，恰恰是协商和妥协让伴侣某一方甚至双方可能感到很不耐烦，或是只关注自我，导致无法轻松承
86 受。当爱成了如此艰难、代价高昂的一项成就，我们就会毫不奇怪地看到，有人要求找到爱的替代，也就是要寻找什么人既可以履行爱的功能，同时没有要求互惠的欲望。

在公共世界与私人世界的关系变迁中，在人性化范畴与非人性化范畴的关系变迁中，我们发现了多种多样的社会趋势。比如说，对于精神分析治疗、咨询、婚姻指导等愈益流行，我们能给出什么原因呢？要有权利敞开自身，使自己最隐秘的情感为另一个人所知晓？是要收获对自己认同的支持，或是准备好进入自我探索这一未经勾绘的领域，甘冒可能带来的各种风险，只是出于想要变得更加自觉的欲望？就基于付费履行照看的分析师或治疗

师而言，这使得患者或客户进入了更加非人性化的关系。患者甚至可以认为，他们是在购买被爱的幻觉。不过，由于这种关系与社会认可的爱的模式截然不同，精神分析的治疗往往会被移情(transference)所困扰。可以把移情界定成患者倾向于将分析师的“仿佛”行为真当作爱的表达，其回应行为超出了约定的非人性化成分。

你可以关注自身，并将这些关注与人分享，而对于自己向其购买服务的那个人，那个就此背负上照看义务的人，则不需要有一丝的挂怀。琳恩·贾米森在有关现代社会中亲密关系的研究中提请我们注意，爱与照看并不一定相同。在此，我们发现亲密关系的实践随着性别的不同而各见差异。就照看而言，我们发现，无论是有偿服务还是无偿服务，都存在着性别不平等。尽管这是一块不断成长且至关重要的服务领域，但向该领域的工作者提供的承认与酬报却并不能反映这种重要性。他们满足了实际的需要，但并不被期待提供爱本身，而是去照看人。同样，那些人可以表现出对另一个人的深切关联和亲密关系，但另一个人却可能并不认为这种关系中包含对自己的照看。

认同与商品化

消费市场提供了另一种爱的替代，或许也是不那么脆弱的一种替代。它提供了多种多样的“身份 / 认同”，任消费者从中选择。随着文化与经济愈益相互绞缠，情感与价值之间的关系也发生了改变。商业广告煞费苦心地展示它们试图推销的商品，把这些商品作为特定生活方式的组成部分，让潜在的顾客能够自觉购买这些他们希望拥有的自我认同的符号。广告无关乎再现，而是通过打造消费、认同与货品之间的新型关系，创造市场。市场提供了塑造认同的工具，可以用来生产出一定程度上人人各异的效果，因此也是人性化的效果。

市场作为一种机制，使那些负担得起的人有能力将一整套身份 / 认同拼具[3]中的各式配件组装起来，形成一个客户定制自装式自我（do-it-yourself [DIY] customized self）。我们可以学习如何通过纷繁多样的消费方式，把自己表现为一位紧跟潮流、思想解放
87 的人，一位思虑周全、通情达理、关爱体贴的人，一位雄心勃勃、自信满满的业界强人，一个脾性随和、善结人缘的人，一个热爱运动、体魄强健的人，一位心性浪漫、耽于空想的多情种子，或者是以上这些形象的各种拼盘！市场推崇的那些身份 / 认同的优势就在于，它们充分传递了社会赞同的要素，通过使用人们似乎赞成的广告手段来推出这些东西，从而缓解了寻求肯定的过程中的苦痛。社会赞同并不需要与其他因素进行协商，因为它可以说从一开始就融入了市场化的产品。这是一门一目了然的大生意，据估计，全球广告开支总额大约是每年 6 千亿美元。

在有些人看来，要想在市场上追求本真的自我，只能是一种幻觉。我们所能拥有的只是表象。就我们**其实**是谁而言，并不存在任何更为深层的实在。表象 / 外表是被制造出来的，在与不停消费相伴随的诱引（seduction）中被穿穿脱脱。鉴于有那么多的备选方案可以被广泛利用，并且越来越流行，通过互惠之爱来解决

[3] 原文为“identikit”，原意是由一整套各种类型的眼、鼻、口等透明画片组成的容貌拼具，警方可根据证人的描述来拼制逃犯、嫌疑人等的模拟头像。这里指的是“自由”选择各种身份 / 认同符号，组装出“自主”消费者心目中的自我身份 / 认同。

自我认同问题的驱力所要求付出的努力就更没有什么机会取得成功了。让·布希亚有一次接受访谈，当被问到是否真有一种东西叫作爱时，他回答道，是有那么一种“表演出来 / 付诸行动”(acting-out)，但自己确实没有“太多关于爱的看法”。不过，如果他所言不虚，那么他的分析的言下之意就似乎在于，在爱的关系中越来越需要互惠和承认，因为人们退避于此，寻求更加本真的体验。

如前所述，对于彼此爱恋的伴侣来说，通过协商达成赞同是一种很折磨人的体验。不经过旷日持久、专心致志的努力，是不可能取得成功的。它需要双方都做出自我牺牲。如果没有“轻松方便”的替代选择可以利用，或许就会更为频繁也更加投入地付出努力，做出牺牲。如果可以方便获得替代选择，唯一的牺牲就是舍弃一定数量的金钱或去借贷，兜售的人也会没完没了地提供相关的东西，就不太会有动力去付出那些费时费力又往往令人沮丧的努力了。一旦面临充满诱惑的“傻瓜都会”、要求不那么苛刻的市场化替代选择，持韧的活力也就逐渐枯萎了。在尚未定型、脆弱易损的爱侣关系中，第一组跨栏，第一道障碍，往往就足以让伴侣一方或双方希望放慢脚步，或者干脆下了跑道。最初在寻求替代选择时，往往只是想要“补充”，以此强化或重振受挫的爱的关系。但这些替代选择也会将欲望外在化，并因此转移了注意力，不再关注亲密爱侣关系中达成相互理解的努力，从而榨干了关系中的能量。

按照理查德·森内特的讲法，这种爱的贬值趋势的表现之一，就是情色(eroticism)遭到驱除、性爱(sexuality)取而代之的趋势。情色意味着调用性欲并最终调用性交本身，作为中心枢纽，筑造并维持一种长久维续的爱的关系，也就是一种稳定的社会伴侣关系，具备此前赋予多维人性化关系的一切特征。而性爱则意味着将性交化约为单纯一种功能，即性欲的满足。这样的化约往往还伴随着特别的预防措施，旨在避免性的关系孕育出相互的同情和义务，从而避免演变成为充分发育的人性化伴侣关系。当性与爱相分离，就被化约为张力的释放，利用伴侣作为通向某
88 个目的的手段，本质上是可以替代的。不过还有一个后果，就是当性爱从情色的背景中解放出来，爱的关系也就被大大削弱了。这种关系现在缺乏（或者不得不共享）它的各种资源中最有力的一种，并且发现更难捍卫自身的稳定性了。

爱的关系可能在诸多内在张力的重压下趋于崩溃，也可能退回到一种具备非人性化关系的许多乃至全部特征的关系，也就是一种交换。我们在谈与信贷机构之间的交易时，已经观察到一种典型的交换关系形式。我们指出，这里唯一要考虑的事情，就是一个特定的物，或是一项服务，从交易的一端移向另一端，也就是说，这个物易了手。而在这些交易中有关的活生生的人所扮演的角色，基本上只是载体或中介，是他们推动着物品的循环流通，使之更为便利。尽管他们的目光固定在各自的伙伴身上，但只会把相关性赋予交换的物，而关系的另一方只具有次要的、衍生性的意义，属于他们想要得到的物品的持有者或保管者。他们的目光径直“穿过”其伙伴，直抵物品本身。伙伴们最不可能考虑的事情，就是他们的交易对方的细微情感或精神追求。他们的行动的最高动机就是尽可能少地放弃，尽可能多地获取，因此，双方都在追求各自的自我利益，全神贯注于手头的任务。我们不妨说，在非人性化交换的交易活动中，行动者的利益 / 兴趣

（interests）是冲突的。

在交换式的交易中，没有任何事情是纯粹为了对方而做的。在这个意义上，有一些体验往往会相伴而至：担心被欺骗，需要保持广泛警觉。他们需要防备另一方的自私。毫无理由期待对方会出于无私地行事，但也可能会坚持达成一场公平买卖。因此，交换关系会要求制定具备约束力的规则，要求授信于某个权威，其任务就是仲裁交易的公正性。这个权威必须有能力在出现逾越规则的情况时强加自己的裁定。各式各样的消费者协会、监管员、巡查员，都是出于这种要求得到保护的呼声而设立的。诸如此类的机构或职位所担负的重任，就是监督交换的公正性，并游说权威机关制定法规，约束强势一方的自由，不能任意利用弱势一方在知识或经验上的匮乏。

交易的对应双方所处的位置很少是真正平等的。说到底，不管做出多少质量担保，那些生产或售卖物品的人对其产品质量的了解，总要远远多于购买方或使用方有可能了解的程度。他们很可能通过一番花言巧语，把产品推销给轻信易骗的顾客，除非受到法律的约束。物品越是复杂，技术上越是精致，购买这些东西的人就越是无法判断其真实的质量与价值。为了避免被欺骗，潜在的购买者不得不求助于独立的权威部门。正是因为交换伙伴们在结成交换关系时，只是作为交换的功能单位，作为物品的传递者，因此相互保持着“不可见”，彼此之间也就远不如爱的关系中那样亲密。他们并不承担职责或义务，惟有基于交易条款要遵
守的承诺。他们的自我中与手头交易无关的那些方面就不会被触 89
及，保持着自主性——这要看它们属于交易的哪一方！

但事实果然如此么？有那么一种思维方式，在经济学和政治

学的推理中往往被视为理所当然，认为人的劳动是和其他东西一样的商品，因此可以当作某种用来交换的物。然而，与可交换的物品不同的是，劳动与劳动者是不可分离的。出售我们的劳动，就意味着赞同以下的说法：我们作为一个人，此后的行动将受制于别人的意志和决定。劳动者的自我的总体，而不只是他们所拥有的一件可以分离的物，就这么被舍弃，转移给别人来控制。因此，这种显然是非人性化的契约远远超出了构成交换的交易的正常边界。由法律强制实施的还债承诺也涉及到通过劳动来偿还债务，当然，还有可观的利息。

小结

本章我们讨论了爱与交换。在此我们发现，可以把所有的人际关系排列成一个连续统，而爱与交换就是两个极端。我们讨论了它们的纯粹形式，但绝大多数的关系都是某种配方，以各式各样的比例混合了两者。现在有了一些讲求伦理的银行和投资基金，旨在促进某些社会性、环境性目的，也就是不单单受到为赢利而赢利的计算所主导。我们还看到了共享经济、基础经济、循环经济、减增长（de-growth）、稳态运动（steady state movements）等现象的兴起。在这些价值观与各类交换形式里，都可能包含着一些我们在爱的关系中发现的做生意一般谈判的要素，用“你做我就做”式的风格，争取公平的交换比率。除了偶然的邂逅或一次性交易，交换关系中的行动者有可能无法长期保持彼此之间的冷漠，迟早会卷入金钱与物品交换之外的一些因素。我们日复一日地被告知，市场交易总是非人性化的，但这些交易建立在相互依赖的网络上，规范、价值及评判等因素成了互动的例行特征。

我们的每一种概括就算都湮没在混合型关系中，也保留有相对的特性。它们都负载着属于自身的一套期待和理想化阐述，据此以特定的导向来指引行动者的行为。我们与别人结成的关系之所以会含混不清，大多可以归因到这两套各执一端、互补却又互斥的期待之间的诸多张力和矛盾。纯粹关系在生活中是很少出现的，暧昧含混倒是通例。人性化关系固然是对非人性化世界的一种回应，但也存在诸般张力，其原因正在于这种暧昧含混。我们的自我也属于个中组成部分，并不难施展到他人身上。随着非人性化领域与人性化领域以越来越多样的方式混合，随着文化与经济互融，除了创造出一系列新的服务作为回应，也会引出其他的展现方式。

正是在两种需要之间的张力中，凸显出我们的种种梦想与欲望。这两种需要如果分别追求，难以同时满足。一个是**归属感**的需要，一个是**个体性**的需要。此外，我们还必须加上在社会关系 90
中以不同方式被**定位**的行事能力。归属感促使我们寻求与别人结成牢固而有保障的纽带。只要我们谈论或思考一体性或共同体，就是在表达这种需要。而个体性则使我们趋向私密性，这个状态让我们免于压力，摆脱要求，可以去做任何我们认为值得做的事情。但对我们来说值得做的事情，也是被他人评估为值得做的。这两种需要都很急迫，也都很强烈。越是接近于满足某种需要，就越是会痛苦地感到另一种需要被忽视。我们发现，没有私密性的共同体固然能让人感到有归属，但更可能让人感到受压迫。而没有共同体的私密性固然能让人“做回自己”，但更可能让人感到孤零。因此，我们或许可以说，我们在不同程度上是与他人共处的自我，带着随之而来的种种欢喜、愉悦、希望、念想、挫败，以及和我们的存在状态如影随形的诸般约束。因此，要成为我们自己的朋友，就意味着我们必须已经与他人结成某种友谊。

第六章　身体、性相与健康

社会学的洞见乃在于历史、我们的生平与社会再生产之间的 91
相互关联。我们每个人都相信自己是独一无二的，但我们也都是社会环境的组成部分，是社会环境塑造和影响着我们的感知与行动，直至我们以为是自己个体性的最深层面。我们身体的健康和安乐都是这个过程的根本特性。说到底，我们都习惯成自然地受制于有关饮食控制、身体锻炼、正念减压（mindfulness）和假日休闲的广告。在这个过程中，我们对自己身体的关切加剧，习性改变，金钱易手，并可能对有关什么对我们有益的最新观念中贯穿的专业技能产生怀疑。我们可能以狂吃海喝的聚宴，拒绝听从保持健康的号令；也可能诉诸看似超出我们责任范围的东西，以求为我们的行动提供正当化理据。假日在广告中成了“逃脱”，但是逃脱什么呢？既要表现与自己觉得合得来的人亲近的欲望，又想到没什么人会来叨扰自己的地方游历，“彻底摆脱这一切”。鉴于有关可能性的各色意象和承诺如此寻常地填塞着我们的日常生活，我们不仅在与人亲近和独自清静的欲望之间摇摆不定，而且这也体现在有关我们自己的意象和我们身体的意象之间的关系上。

一、幸福、安全与庇护

我们已经看到，我们是如何与他人一起并通过他人来了解自身，我们的关系是多么令人赞叹，也让人烦恼。我们的互动能够发出各式各样的信号，其后果要求我们对自己的行动负责。当我们说“我”(I)时，是在以不同的方式扮演它：以我们的身体，我们的物理存在，通过在世界上采取一种针对他人和针对自身的立场。比如，我们周遭环绕着多种“幸福”观念，其特征包括采取某种积极的心智态度，我们的体验中也借此摆脱了负面情绪。这种状态的指标的增长会落到每一个人头上，他们对于这些评估的内化会使得人人都在问，是否自己展现出足够的证据，表明处在这样一种状态。该过程又会导致进一步的焦虑。因此，难怪我们当中有那么多人创造出种种策略来避免这类情境。我们发现这样的困惑难以解决，就可能会觉得不如斩断维系，就此退出。然而，我们又去哪里找到自己所寻求的安全庇护呢？

92 想想我们周遭的世界，也就是我们了解并相信我们理解的那些场所与人员。我们居处在特定的空间与场所，并赋予它们以意义，而这些空间与场所既影响着这些意义，也受它们的影响。这些意义的涵义多变，不妨概括为一系列的同心圈，展现出多种包含度，一个比一个大。最大的一个圈，也是相距最为遥远的一个圈，其周缘在我们的认知地图上界限模糊。那个圈我们并不熟悉，我们对它的理解许多是经由多种来源中介的：比如社交媒体、报纸和电视新闻。距离越是遥远，它就显得越是尚未知晓。因此，我们要靠别人来引导我们，穿越其地形，摸索其特征，但并不一定能知晓其确切的状况。而我们互动的领域越小，也就越让人感到熟悉，因为它们展现出我们理解的规则和行为，我们也知道如何去回应互动的例行常规。

熟悉与信任的关系是动态的。在一个情景框架里花的时间越多，物理相邻的时间越长，也就越是熟悉。我们对照受过去和现在甚至对于未来的预期影响的经验，来检验我们的知识，由此更好地理解人与场所。相邻性与我们对于受影响可能性的感受以一定的规律相互作用，我们可以从中感受到属于某种社会场景，并感到更加安全。了解了人的习惯，会降低由于不熟悉所导致的不确定，这样我们就能够知道，我们可以在别人身上期待什么。在有些场所，根本不需要证明什么东西，我们可以展示“真实面目”，无需丝毫隐藏。人们常常是从这些角度来看待我们所称的“家”，认为这是一个安全、温暖而有保障的场所，我们无需奋力拼搏、小心戒备，就能够确保自己的位置和权利。有鉴于此，无家可归的体验并不只是缺乏物理性的庇护场所，而是被剥夺了家，即马修·戴斯蒙德在《扫地出门》中概括的那种“人格的源泉”（wellspring of personhood）。

有了这些划分各种空间和场所的边界，特定庇护场所内的熟悉与安全就能完好无虞，只要它们存在并能长久持续。艾莉森·卡瓦纳在其《互联网时代社会学》中指出，人们可能会觉得丧失了共同体，并在网络社群中寻求团结。而社会学理解的焦点，就在于如何创造并再生产出这种团结。就家本身而言，只要圈子之间的边界被认定为划分明晰，存在一个同质性的世界，那么家庭的离散，世代之间有关性取向、婚姻和宗教归附的斗争，即我们看到传统和信念相互冲撞的地方，也似乎就都不会存在了。如果真是这样，我们就明白自己是谁，我们面临什么样的期待，在事物的秩序中，我们又处于什么位置。我们明白在每一种情境下可以有什么样合乎情理的期待，而什么样的期待又是不合法的，自以为是的。然而，如果圈子之间的区隔变得模糊，甚至完全瓦解，会怎样？如果在某一个圈子里完全适用的规则跑到另一个圈子里，或是变动太快，如果不同的规范、期待和价值进入了让人熟悉的地带，又会怎样？太过含糊，难以信赖，难以追随，又会怎样？其结果，就是让人感到困惑，觉得不确定，乃至于心生怨恨，孕发敌意。明晰与统合让位给了不确定。由于缺乏参与和理解的意愿，再加上焦虑，会导致进一步的区隔。

93 在理解的过程中，怀旧 / 恋乡（nostalgia）也开始扮演其角色。由和谐统治，靠传统运作，人们因此知晓自己的位置，也知道对于这些位置的相应期待，对于回到这样的过去的欲望，就是怀旧 / 恋乡。尽管历史研究已经对这些令人感到舒适的确定性是否真的存在提出了质疑，并且认为这类确定性往往伴随着代价，即通过压迫和不宽容来扼杀差异，但这些确定性依然顽强地存在着，因为大众的想象会挪用它们作为缓解，以摆脱对于当下境况的回应。事实上，民粹主义政客们会调动这类修辞，以便吸引支持。在此过程中，我们可以确信，宽容将退却，而归咎将成为捷径，取代使我们能够共同生活的理解的工作。

迅疾的变迁现在似乎主导了我们的生活境况，人员也快速地移动着。即如约翰·厄里在《流动性》一书中的记叙，我们所关联的世界可以意味着我们显得既在场又缺席，可以将我们的跨越边界移动的能力视为理所当然。我们曾经亲密知晓的人已经从眼中消失，几无了解的新人们闯了进来。我们感到，如果说我们曾经根据自己生活的场所与时代来界定我们是谁，那么现在那些资源业已消散；如果说规范与规则好像在迅速变化，并且毫无警示，它们也就不再拥有支撑其存在所必需的那种合法性。没有什么东西可以被想当然地接受，各种预设也建立在流沙之上，其后果经由不懈努力得到不断更新而始终处在不稳定之中。即便是在最居于内核、最有如家感的圈子里，也需要小心警觉，因为变幻莫测的特性主导了我们生活越来越多的领域。商品化进程渗透了边界，很容易将提供安全感的家变成一栋房屋，无非只是进行交换的一件物，就像其他任何物一样。

我们这里的描述略有夸大之处。但是，我们不难假定，为我们提供安全保障的东西，有许多人并不具备，也没有手段去获得。我们不能基于自己特殊的体验直接做出普遍概括。就后者而言，有些过程影响到密切关系，尽管人们普遍相信，这些关系是与各种社会、政治和经济影响严格隔绝的。就以家庭或爱侣之类最亲密的关系为例。安东尼·吉登斯提出了“相遇之爱”这个词，[1] 来描述维系伴侣关系的情感，而用“纯粹关系”（pure relationships）来概括以此为基础的伴侣关系。相遇之爱只是意味着，在某个特定的时刻，伴侣们彼此爱恋、心心相印、愿相厮守。在他们看来，两人之间的伴侣关系令人愉悦、让人满足、值得欲求。然而，这种惬意的境况是否会一直延续，“至死不渝”，并没有任何承诺或保障。走到一起的也还有可能分开。相遇之爱需要的是两方，而要开始逐渐分离，只需要一方的感觉开始淡去就已足够。由相遇之情维系在一起的纯粹关系只是一种脆弱的、易受伤害的建构。伴侣双方相互之间其实都不抱有确信，一夜过后，就可能宣称他们失去了分享生活、相依相伴的感觉。他们需要“更多的空间”，想要到别处去寻找。伴侣关系开始像是

[1] 原文为“Confluent love”，指积极主动、偶遇而生的爱，与吉登斯笔下的浪漫之爱（Romantic love）的“永恒”性相对。

基于某种“试验期”的关系，伴随着一系列的日常测试，没完没了。它们似乎让人有了耍手段的自由，因为它并没有借助山盟海誓（timeless commitments）来维系伴侣双方，谁也不曾“终生相许”
94 （mortgage the future）。话说回来，需要付出的代价似乎也是高昂的，因为这样的“自由”贯穿着持续的不确定性，缺乏安全感。

这一切势必会影响到家庭的地位，而家庭这种制度被视为稳定性和安全感的源泉。说到底，在人们眼中，家庭是一座桥梁，沟通着人性化领域与非人性化领域，也沟通着其个体成员的必朽性和家庭本身的不朽性。家庭成员个体迟早会死去，但他们的家庭、亲族和世系将会继续存在，他们的遗产将会以某种方式延续这一世系。家庭采取许多不同的形式，并在各色背景中重组自身，或径直消解，化入其他关系。随着社会层面发生转型，我们在这类圈子中发现的连贯、爱与支持也会改变。或许更多的东西变成为了维持这些东西所不得不履行的任务。琳恩·贾米森把这个过程叫作**彰显亲密关系**（disclosing intimacy），曾经被认定具备的东西，现在成了需要明确提供 / 呈现的东西，以便让能够统合一体的那些纽带在关系中以例行常规的方式维持下去。

我们可以说，我们可能感到安全的场所的范围正在逐步缩减；只有很少人可能占有这样的场所，即使他们进入，也不一定能够待上相当长的时间，足以产生信任和信心；然而与此同时，我们所提出的这些圈子又通过许许多多的方式，在日常生活中维持着，对涉及的人带来不同的后果。比如说，帕米拉·奥迪赫在《资本主义经济中的性别与劳动》中，考察了时间经济学与性别经济学。尽管有薪劳动被视为是与家庭相分离的场所，但新兴技术已经在时间和空间的家内使用上开辟了许多新的可能性，同时展现出一些弹性积累的模式，而弹性积累有赖于女性的劳动，以及非正式劳力市场和正式劳动市场的共存。这也在关系中产生了一些新的压力，让家庭中的空间与时间有明确分界，以便首先能够工作。如果关系中的一方伴侣并不认可这一点，并就此做出调适，共享家内分工，就会加剧剥削和冲突。因此，我们应当谨慎从事，别急着拥抱人们认为技术革命和信息革命会带来的据说是新确立的自由：谁的自由？有何代价？

二、我们的身体、我们的自我：满足与追求完美

我们在本书中始终认为，我们是通过别人来了解自身的，因此，如果我们提出如上诉求，什么叫作了解自身？我们指的是什么？答案之一可能就在于我们的**具身自我**（embodied selves），也就是说，指向作为“身体”存在的我们。我们不妨在此稍作停留，回顾一番。本书谈的是生活在社会中这件事情如何影响我们的存在，如何影响我们怎样看待自己、物与他人，结果又会如何。可我们的身体却是我们“与生俱来”的东西，完全得自基因，因此表面看来并非社会的“产物”。不过，如果真的相信这种不可变易性，可就错了。生活在社会中这一情形会大大影响我们的身体，就像改变有关我们的其他任何方面。我们身体的规格与形式，以
及其他特征，基本上已经由基因所决定，因此并不出自我们自己 95
的选择和有意图的行动，也就是说，是由自然所决定，而不是由文化所决定。即便如此，社会层面的压力是如此强大，以至于我们竭尽所能，要让我们的身体达到被视为妥当得体的状况。

这个过程有赖于我们生活在什么样的社会，我们与自己的身

体是否和谐。我们可能把自己的身体看作是一种任务，需要对其实施劳作，要求每日的照看和关注。一旦对自己身体的劳作被塑造成一种义务，社会就确立了标准，规定什么是值得欲求的因此也是得到赞许的身体形貌，规定每一个人都应当如何做，以便趋近那些标准。如果未能遵从，就可能导致人们感到羞耻，而那些没能符合这类要求的人会发现自己受制于已成例行常规的歧视。比如说，对于身心障碍人士[2]的偏见态度就明显体现在建筑物的设计上，或是针对那些跨性别者的偏见态度，因为它质疑了被假设为对立两面固定的性边界。我们的身体就是社会调控的对象，因此也是抵抗社会希望指派给它们的范畴的对象。

米歇尔·福柯研究了“自我的技术”，关注我们与自身以及我们身体之间的关系是如何随时间演变而发生变化的。我们如何作用于自己的身体，如何照看自身，当然不是发生在社会真空里的事情。比如说，他的历史研究考察了性相如何作为“身体、行为和社会关系中生产出来的一系列效应”，就对于身体的照看而言，社会变得非常苛求，生产并调控着何者可被接受。鉴于“外在的世界”是如此有风险，如此不确定，身体仿佛成了我们指望的最后一道防线，以一系列深沟壁垒作为防护。在身体这块场所，我们能够控制，并因此感到安全无虞、心平气和、不受骚扰，身体就此成为值得信赖的庇护所。习惯是“外在的”世界中据说最为稳定持久的组成部分，储存起各式各样的意外，可以让意外消失得不留痕迹，也可以变得认不出来；有鉴于此，身体似乎是我们生活中最不善变、最为持恒的要素。尽管其他一切都可能发生变

[2] “disabled people”，旧译“残障人士”。

化，我们的身体将会始终与我们同在！即使说一切的投入、努力和花费都会有风险，在我们的身体上也会见到回报。同理，如果我们对身体疏忽大意，不负责任，就会遭到惩罚。其结果，身体承受重任，有时更超出了身体的承受极限。

密切关注身体自有其好处所在。在这块活动场所中，通过监督并衡量结果，就能生产出实实在在、看得见摸得着的结果。在这个过程中，绝不缺少助一臂之力的健康装置，比如血压和心脏监视器，外加有关控制饮食的海量信息，诸如此类，不胜枚举。身体根本无需沦为静待命运处置的目标，因为它变成欲望的对象。如果什么都不做，会比做些什么感觉更糟，既让人伤心，又让人羞辱，哪怕做的事情长远看来并不像自己希望的那样有成效。话说回来，就算为身体投入了大量的照看和关注，又到什么时候才算够呢？似乎有一种过度：当我们健康时，身体可能并不那么觉得；而当我们觉得不健康时，身体却可能挺不错的。按照马克·格雷夫在《反对一切》中讨论锻炼时所言，不管被要求什么，我们在持续的自我测试过程中，变得对数字执迷不已，健身房努力的完美成就就是不朽。驱使我们产生这种担忧的焦虑之源
将会挥之不去，因为它们的来源外在于与我们身体的关系，那就 96
是我们生活在其间的社会。人们开车去健身房锻炼，寻求摆脱世界的压力的庇护所，怀着或许永远无法充分满足的贪欲。

这为我们留下了几种可能性。为了改善而付出这样那样的努力，一旦获得成功，我们也许会感到满足，但这可能只维持一时，随时会消失，取而代之的是自我批评和自我谴责。变幻莫测的“外在的”世界所留下的伤口并没有愈合，我们的身体倒很有可能转变为又一个孕育不安定感和恐惧感的场所。一旦身体变成

一道防线，它周边的所有地域和通向它的一切道路也都会逐渐成为高度戒备的对象。我们必须时刻保持警惕，身体随时有可能发起攻势或遭到袭击，即使敌人始终隐身。你需要在城堡周边设置护城河、角楼和吊桥，必须使它一天 24 小时保持在我们的视线之内。有些入侵者“定居下来”，装扮成身体的一部分，但其实不是——它们依旧是“内部”的异己。比如说，脂肪就是这类过程的一个很好的例子，我们认为它“在体内”，但不“属于身体”。这些伺机而动的叛徒狡诈多端，必须逐一甄别，这样才能够把它们“驱出系统”，“清出循环”。要围捕、清理、驱逐、挤榨这些东西，根本不需要担心缺乏相关的服务。不过，整体上的生活方式也从来不会成为长久延续的公共反思、争论甚至转型的主题，因为整个规划都是基于社会话题的个体化，因此也是社会话题的内在化。固然出现了专为超重儿童开设的夏令营，但整个人群层面上的饮食习惯、生活方式和消费模式之间的关系，我们的食物的来源，它们如何被包装，企业为了赢利所出售的产品的成分，这些都只是公共论辩中的间或访客，遑论切实的改变了。

身体与“外在的”世界的其他部分之间的“交互界面”往往成为容易受伤的防御前线，在这场争取安全保障的永无尽头的奋战中，变成关切、完美与客体化的对象。边界检查站，即身体的各个孔洞，通向“系统内部”的门路，成了十分危险的场所。我们会希望严密监视自己吃的东西，喝的东西，乃至呼吸的空气。而政府的管控也是差别甚大，取决于最新的科学洞见，也要看来自工商利益集团的游说。任何食物或空气都有可能伤害身体，甚或干脆有毒。因此，我们也就顺理成章地发现一整个产业、一整套市场营销技术都属于有关身体的话语，比如说，哪些食物对我们

“有益”，其他食物对我们“有害”。“超级食物”[3]成了一种市场化的解决之道，担保能有无法从其他来源获取的好处，或是被包装成对于繁忙的生活方式而言方便合用。我们应当选择合适的饮食种类，而要满足我们的欲望，有许多种食物可以提供，只是价格不菲。

这个过程并非一帆风顺。自我牺牲、坚定遵行、金钱投入、时间耗费，这些都是可能的要求。在这个过程中我们学习到，那些曾经被认为对身体无害，甚至有益的营养成分，现在被发现具有不良副作用，甚至会致病。诸如此类的发现不免会令人震惊，因为它们往往是事后聪明，而此时伤害已经造成，无法弥补。人 97
们可能会研究食物标签，然后发现包含有害成分。这给我们的信心留下了持久的伤口，导致怀疑主义：谁知道专家现在推荐的食物中，哪一种未来不会被指为伤身？没有任何所谓“健康食品”可以被不带一丝疑虑地消费掉。我们很自然地看到，各式“新型改进”饮食将会前赴后继，踏过曾经广受赞誉的饮食，而在身体与“外在的世界”之间的交互界面上，过敏症、厌食症、贪食症等各种症状都冒了出来，被描述为我们时代特有的失调。根据让·布希亚的观察，过敏症游荡在“各个连接点”上，因此难以精确定位。这反映了那种四下弥散、难以界定的焦虑状况，后者正是对于身体维护与防御的关切的基础所在。

如果说关注我们身体的安康，也就是保持警惕，预防感染

[3] “Superfoods”，并没有官方医学组织承认这种标签。一般指的是对健康非常有益，甚至可能对某些疾病有帮助的食物。虽然超级食物在市场上被大力炒作，有些也的确具有较高营养价值，但并不是医学名词，也缺乏科学认证。

和／或退化，成为引导我们行动的唯一动力，那么，几近于禁食的极端节食就成了可以追求的一种合理策略。通过这种方式，我们抑制放纵，将“边界交通”减少到最低限度，拒绝消费那些超出维持我们生存之绝对必需的限度的食物。但在许多人看来，这不是一种可以选择的事情，因为他们并不知道，自己是否每天都能搞到吃的。然而，对于那些享受这种获取渠道的人来说，这种解决之道是很难让人接受的，因为它剥夺了身体对于其“所有者”而言的重要魅力。显然，身体这处场所不仅孕育着焦虑，而且也孕育着快乐。在这里，我们发现各种展示渠道在倡导各种感官愉悦：期刊杂志、商业广告、在线网站、付费订阅、公共场所与商店橱窗的灯光闪烁，都诱引着我们进入某些体验，如果缺乏这些体验，就等于被快乐原则所遗弃。吃吃喝喝都成了可能引发令人快乐的感觉、令人兴奋的体验的社交场合。削减食物和饮料，就是减少这类场合的数量，也就是减少相伴而来的互动。在畅销书排行榜中，除了那些讨论通过自助而完善自我变得更加成功的书，你还可能找到有关瘦身和节食的读物，又能看见一些美食指南，搜罗极具精致工艺、异国风味和复杂工序的食谱，又有什么可以大惊小怪？

在根据民族、性别、种族、阶级不同而各有差异的信号之间，我们发现存在着冲撞。当一种意识形态如此寻常地预设，生物学特征是众生男女注定的命运，并且往往强调控制与履行，所有那些广告是如何借用支配性观念并反过来巩固它们的？人们常常认为身体更近于自然而不是文化，各种思维模式都表现出，把身体看作是因为有能力放纵和“犯罪”而不可信任的源泉。因此，寻求身体的快乐就成了必须让我们自身向某个级别更高的权威做出忏悔的事情，而后者可以宽恕身体暂时偏离了正确的道路。在这个过程中，我们之所是的某一部分遭到了否弃。诸如此类的思维方式更加巩固了我们周遭的种种包容与排斥，这正是我们在生活中能够切实寄予的希望。有多少能力享用食物并能有所反思，也就等于有多少能力购买食物，并摆脱寻求食物以维持生存的紧迫性。健康饮食的观念假定时间和金钱的资源都任我们处置，但并非所有人都如此。与此类似，让我们身边簇拥着阵容日益壮大的身体技术专家队伍，比如私人体训师和饮食顾问，也是基于同样的能力。而在另一些人看来，“解决之道”或许在于倡导眼下 98
遭到广泛奚落的东西，他们决心就让自己的身体保持现状地生存下去，拒绝把身体变成遵照潮流之见进行操弄的对象。

追求健康与健美（Health and Fitness）

这些都是健康的吗？当我们采取措施保护自己的身体，训练、锻炼身体，如果有人问我们想要实现什么目标，我们很可能回答，想要变得更加健康，更加健美。这两个目标都值得称道。问题在于，两者是不同的，有时候甚至彼此矛盾。比如说，健康的理念假定存在一种**规范** / **标准**（norm），是人体应当符合的，如果有所偏离，就标志着失衡、疾病或危险。规范 / 标准自有其高限和低限，因此我们可以说，一旦超过了上限，原则上就是危险的，而如果低于下限，也是不良的，比如说血压太高或是太低。两种情况都需要实施医疗干预，比如一旦血液中白细胞浓度偏高，医生就会担心，而如果浓度偏低，他们也会表现出关切。

当且仅当我们维持在标准值 / 规范附近，我们才是健康的。健康的观念意味着维护某种“恒常值 / 恒常状态”（constant state），只允许随时间变化的小幅波动。大致来说，既然我们知道什么是标准值 / 规范状态（normal state），并因此可以比较精确地进行测量，我们也就知道该争取什么样的“目标值 / 目标状态”（end state）。要照看我们的健康，可能会很花时间，很是烦人，并常常导致一大堆焦虑。话说回来，总还存在一些准则，确定我们能知道什么，还需要走多远，因此我们的努力就会有一定程度的满足。一旦重新回到某个“可接受的标准值 / 规范”，我们就会重新放下心来，知道这其实就是通过将我们身体与身体机能的指标与我们年龄组的“平均值”统计数据相比较后得出的结论。

健美则是另外一码事儿。男权制（patriarchal）关系将身体呈现为不可信任的，因为它贴近自然，表面看来与属于男性的理性世界相抵触。在这种情况下，健美也就成了一种公共景观。在健身房、街道、街边零售摊、网球场、田径场、体育馆之类的场所，都能看到它，它成了一门大生意。或许存在某种以年龄为参照的底限，但要说高限，却是越高越好。所谓健美，就是不断逾越标准 / 规范，而不是遵守规范 / 标准。健身房里充斥着敦促其成员不断超越的警句。华康德在其有关拳击的民族志著作《肉与灵：拳击学徒札记》中认为，在这块场所，身体被塑造成既是一面盾牌，又是一种武器，同时用来对抗某个对手。但总的来说，健康的导向并不在此，而是要保持身体处在某种标准的 / 规范的、功能运转正常的状况，以便能够工作、赚钱谋生、移动无碍、参与某种社会生活、与别人沟通、利用社会提供的设施来履行各式各样的生命任务。然而，如果说到健美，问题或许就不在于身体必须做什么，而在于如果你准备好付出努力，身体最终能够做什么。出发点在于以身体目前的状态，它能够做什么，但总是能够有更多的目标有待实现，并且应当是以健美之名，因此，说到对于我们身体的健美的照看，眼之所见，似乎就没有任何终点。通过自我牺牲打磨出来的身体形象，装饰着我们各式各样的媒体，向虔心信徒们提供着可供追求的理想化目标。

身体是一种工具，一种受制于计算的客体，计算的是它有 99
多少能力被作用其上，以达到某种体验，使生命能够给人带来刺激、享受、愉悦和兴奋，总之是“过得很高兴”。身体是一块调色板，它趋向理想的目标值 / 目标状态的进步可以被凝视、审查、测试，看它有多少能力按照承诺生活。健美所体现的，是身体有多少能力汲取世界现在已经提供的东西，以及未来可能提供的东西。身体要是松弛、驯顺、了无生气、不愿冒险，是不太可能经受生活摆在我们面前的挑战的。这样的身体不会对新的体验充满欲望，从而让生命紧张刺激。老话说，与其抵达终点后失望，不如抱着希望在路上。所以我们不妨说，在消费社会里，重要的是欲望，而不是欲望的满足，因为实现了这样一种状态，就会破坏贯穿旅程的精神氛围。很简单，欲望所欲求的只是更多的欲望（what desire desires is yet more desire）。

一个身体要称得上健美，就得是灵活敏捷、多才多艺、渴望新的感官刺激，并且能够积极寻求并应对新的感官刺激，在它们出现的时候，“充分享用”。健美是一种借以评估身体整体素质的理念。既然身体也传递着某种讯息，那么单单让身体健美是不够的，它的健美还必须让人**看得见**。要想说服观看身体的人，包括自我，也包括他人，身体就必须保持修长、整洁、敏捷，拥有一副“运动型身体”的外观，随时准备各种各样的锻炼，能够承受生活可能扔给它的任何程度的压力。同样，商品供应者们也很渴望帮助身体具备这类外表，传递出健美的印象。这样，我们就发现有广泛的并且还在持续增长的选择，为在繁忙的生活方式中渴求这类理念的人提供合宜的装备，即正确的慢跑服、体操服、田径服还有运动鞋之类，以表明身体热爱锻炼及其活泼好动的性质，并证明某人跟得上最新的装扮款式，表明属于健美追求者的群体。留给身体所有者的任务就在于找到配备合适商品的合适商店，完成合适的购买。

要打磨我们的身体，并不单单是我们对自己的身体做什么，而是我们往自己的身体里加什么。在为了有说服力地呈现身体的健美而采取的步骤中，并不是一切都如此简单，如此直白。有许多是身体的所有者自身必须做的，比如力量训练、慢跑乃至竞技运动，都是这类任务中非常显眼的。即使是在这些例子里，商业供应方也很善于为欲望效劳。因此我们看到，各种自学手册、自助指南不胜枚举，提供独门诀窍的身体修炼法；更有五花八门的罐头食品、粉糊食品或半成食品，为举重运动员和控制体形的人特制，帮助他们投入其孤独的战斗，以达成某种理想。在这里，就像在其他例子中一样，实际做事趋近这项目标的实践也很容易让位于购物的艺术。

我们在这里看到的是对新的感官刺激的追求。所有的感官刺激，尤其是感官上的快乐，都有一个问题，那就是它们都可以说只能从“内部”了解到。感官刺激是主观角度上体验到的，别人“看不到”，也难以用别人能理解的方式来描述。有些可见的迹象可以表现痛苦，比如脸上的悲伤表情、眼中的泪水、遗憾的叹息，或是郁郁寡言；也有些可见的迹象可以表现快乐，比如笑脸、笑声、欢闹、话多。我们可能通过回想自己的“类似”体验

来想象这些情感。但我们并不能**感觉到**别人所体验的东西。即使 100
是亲密无间的好友，如果想要分享各自经历的一切体验，也往往在一番相互探问之后，渐渐失去了耐心，甚至有几分绝望：“你**真的**明白我的感受么？”他们完全有理由怀疑，根本无法确知两个不同的人的感受是否“同一”，甚至只是“类似”。但尽管这些被视为我们“自己的”感受，我们也不得不处在与他人意识的关系之中，并据此理解自身。

就这样，一方面是自己主观体验的非同寻常的情感，另一方面是它们必然通过他人进行主体间性的中介，我们困在这两方之间。尽管身体感觉是主观体验的，不被视为能够由别人获知，好像他们也能体验到同样的情感，不过我们还是确知，诸如此类的感觉是随着历史与文化的不同而变化的。故此，卡尔·塞德斯特伦与安德烈·斯派塞在《健康症候群》中主张，健康（wellness）已经成了一种意识形态，乃至于如果未能遵从，将导致污名化的情感。再附加上工作伦理，生活与工作之间的边界将愈发模糊，甚至我们的私人激情都被企业指导所渗透。朱迪斯·巴特勒之类的女性主义学者业已揭示，身体本身如何以特定的方式，既被“种族化”，又被“性别化”。而医学社会学家也记叙了有关健康身体的干预是如何受到这些因素的影响。格雷厄姆·斯坎布勒在《健康与社会变迁》中刻画了有关健康的思维，一直到医患互动，是如何受到更一般的因素的塑造，包括组织背景，包括基于阶级、种族和性别化因素的分类体系的实施。有鉴于此，米歇尔·马尔莫在《健康鸿沟》中提出，健康与健康不平等是测量一个社会在造福其公民方面做得有多好的上好指标。

我们的感觉不仅仅是身体刺激的结果，也是我们经由语言来表达对自己存在状态的判断。就此而言，我们必须学会表达这类情绪的方式，而别人则是通过局部的 / 本地的（local）文化展示和表达，才能达成对于这些情绪的意义的理解。因此，即便是情绪的展示，也是一种社会行为 / 社会剧（social act），根据某一给定文化中可以利用的辞汇库和行动库[4]，会各见差异。鉴于存在这种变异，我们在理解“健美”的理念时，也必须对自己所谈论的具体文化保持敏感。

我们已经注意到，健美的根本指标不同于健康的同类指标，是无法测量的。这样一来，是否还有可能进行人际比较就成了问题。同样，我们可以借助某些方式，通过监测强化锻炼后的心率之类的手段，来测量我们的健美程度。尽管在赛跑或健美比赛中可以比较出高下，但始终会有改进的空间。于是谈到健美与健康的差异就出现了一个问题，“我们已经有了多少改进？”我们是否已经从这样那样的体验中，挤出了一切别人所做、我们原本也可以做的事情？在追求越来越高的目标的过程中，这些问题注定尚未解答，但这并不意味着我们应当停止寻找答案。无论我们对身体的关注是表现为对健康的照看，还是表现为健美训练，整体上的结果可能都差不多：焦虑不减反增，哪怕我们最初之所以转而关注身体、用力于此，正是因为我们对“外在的”世界明显缺失的确定性和安全感的那一份渴求。

身体与欲望

101 身体不仅是欲望的场所和工具，也是欲望的**对象**。它是我们

[4] “repertoire”，也译作“剧目”。

的身体，同时也是其他人眼中的我们的人格。按照法国哲学家莫里斯·梅洛—庞蒂的说法，“身体必然变成它为我们意指的思维或意向。是身体在指明，是身体在言说。”身体是所谓“我们”的意涵的体现场所，铭刻在我们的认同之中，始终向外展示，人们也往往是依照自己之所见来做出判断。即使我们只是把自己的身体看作对我们视为自己的“内在自我”的一层包裹，这层包裹也以其魅力、美丽、优雅和外貌诱惑着他人。我们如何经营自己的身体，这是我们与他人一起并通过他人习得的事情，而与此同时，他人怎样看待我们，也是共同期待的产物。如果偏离了这些期待，就可能导致反思，也会让他人产生反应，使那些被界认为不一样的人处于不利位置，哪怕他们可能具备各种技能、能力和除此之外对社会所做的贡献。所以，身体的体形体貌、穿着打扮和举手投足，都是向他人传递的讯息。

我们觉得与别人打交道是容易还是困难，别人与我们打交道是乐意还是不情愿，取决于许多因素，其中就包括我们的身体书写下的讯息。如果别人回避我们，如果我们不是“社交达人”，如果我们很想结交的人似乎并不喜欢和我们混在一起，或是避免将关系延续下去的前景，那么或许是传递讯息的使者——也就是我们的身体——出了什么问题。更准确地说，或许是作为身体的主人、教练和卫士的我们出了什么问题。是展示的讯息类型不对？或是讯息正确，但不够明确，甚至无法领会？我们对自己所处社会情境中的线索的解读很可能是错误的。哪怕是进餐时持刀举叉的方法和整个的体态，都蕴涵着不同的期待。

这样我们就兜了一大圈又回到了原地。与别人之间的关系令人困惑，有欠安全，我们可以调用自己的身体来促进这种关系。

但现在我们发现，身体举止本身也成了烦扰之源。随着身体成为表征自身的场所，我们现在可能不得不考虑书写另一种讯息，或是设法让讯息变得更容易领会，或更能让社会接受。重要的是讯息，只要是我们认为正确和适当的讯息，任何东西都不能阻拦我们去书写它。在可以利用的讯息库中，绝不缺少预先规定的 / 脚本写好的（pre-scripted）讯息等待提供。实际上，我们所处的消费导向社会提供了大量的“呈现自我”（presentation selves），等待自行组装。

以电影《伊丽莎白》为例。该片集中反映了英格兰与爱尔兰女王伊丽莎白一世（1533—1603）统治的早期岁月。尽管她能力摆在那里，却发现很难说服廷臣及其他位高权重之士 / 的男人（men），虽说身为女性，自己作为其父王亨利八世之荣耀的传人，也能实至名归。她力图让他们信服，贤明治国所需的一切技能和悟性，自己也都具备。但手握大权的王家重臣并不愿意对她礼敬三分，因为在他们看来，她只不过是个待字闺中的小姑娘，就等着如意郎君的出现，成婚之后，夫君才是英格兰真正的统治者。意味深长的是，伊丽莎白的穿着打扮正是按照这种预期，就是希望吸引“白马王子”的少女在人们脑海中的形象。电影中有这么一幕，人物再现栩栩如生，令人赞叹。改变形象后的伊丽莎白步入
102 王宫大堂，在场廷臣贵族全都屈膝跪服。如此一来，他们等于承认了女王，不再怀疑女王的帝王气象，也不再争执她的统治权。

伊丽莎白改变了自己的**外表**。她剪短了长发，置办了大罐大罐的油彩，用厚厚的面妆敷满自己青春蓬勃的面孔，从而使得喜怒不形于色。她的着装风格改为庄重素淡，甚至让自己的脸上不露一丝笑意。我们作为电影的观众，并不知道伊丽莎白本人是否

确有改变，但却能感觉到，她并没有改变其“生活规划”，即坚定地希望根据自己的想法、充分发挥其能力来统治英格兰。我们唯一能够确信的是，她的外表传递给别人的讯息已经改变。伊丽莎白过去似乎发出了错误的讯息，并且一再重蹈覆辙，但一旦通过外表传递出正确的讯息，她就离自己所追求的目标又进了一步。

各式各样的权威反复向我们讲述着这类故事。这些权威并不一定亲眼看着内容是怎样挑选出来的，但它们都认为，无论内容可能是什么，讯息能够决定成败。当身体成为首要的、直接可见的讯息，成为接受公共目光和审察的自我展示，往往背负莫大的重任，主导社会生活中的浮沉起落，并受到性别、种族和阶级等多个维度的影响。如何看待我们身体的各方面特征，如何赋予其特定的意涵，会影响到我们如何看待自身，别人又如何看待我们。我们的身体作为欲望的对象，并不只是供心智中的某种“内在自我”操弄的工具，而是直接参与了我们经由别人对我们行动的反应，以及由此生成的我们对于那些回应的期待，被构成为自我的过程。

在这个过程中，身体的任何方面都无法躲过我们的关注而放任自流。对于我们身体的每个部分、每种功能，我们都负有责任，因为一切或几乎一切都有潜力变得更好。当然，实情可能并不都如此，我们想想老年化过程就尤其能看到这一点。但即使是老年化过程，人们也相信，只要应用最新的面霜，特别的干预，最前沿的技术发展和医疗突破，就可以改变或是延缓这一过程。因此，只要身体还是一个焦点，受到持续而敏锐的关注，它的所有者似乎就不会受到这种信念是真是假的影响。关键就在于，如果我们身体上的什么东西，尤其是我们身体外表上的什么东西，未能符合理念，要修补有关情境，似乎依然在我们的改变能力范围之内，就看我们有多少能力调动资源趋向这些目标。通过这种方式，我们的身体在作为被爱和自豪的对象与带来烦扰与羞耻的源泉之间来回摇摆。有时候我们会对自己身体的忠实服务大加赞赏，有时候我们又会因为它让我们失望而施予惩戒。

三、身体、性相与性别

我们的身体有一个方面需要给予特别密切的关注，特别深入的照看，那就是性(sex)。我们的“性分派”(sexual assignment)就和有关我们身体的其他任何特性一样，并不是出生时就已确定的
103 属性。在我们生活的时代，非男即女的二元对立遭到了质疑，人们以不同的方式过着自己的生活。“做个男人”或“做个女人”成了一个讲求艺术的问题，需要去学习、实践并不断地完善。不仅如此，这两种状态都不能终其一生的束缚着我们，也都不能提供明确界定的行为模式。身体无论继承了什么样的生物特性，就性认同而言，都表现为一系列的可能性。不只是说要么是男的要么是女的，还有跨性别。在任何宣称尊重差异的社会中，承认有权利以不符合主流观点的方式过自己生活都是很重要的。有了这样的承认，才有可能允许试验。“性分派”最初那种看似恒常不易的性质，并不是什么命运的终判。我们的性相(sexuality)就像我们身体其他方面的特性，是一种复杂的展演(performance)，不仅包括性的关系和实践，也包括语言、言说、服饰和风格。

如果把性相看作某种“本质”，这样的探讨角度不会很有收获。这就意味着对看待性相的所谓“本质论”思路提出质疑。根

据英国社会学家杰弗里·威克斯的界定，这种思路力求“通过诉诸某种假设的内在真理或本质”来说明“某种复杂现实的特性”。当然，所谓性相不是纯粹“自然的”，而是一种文化的现象，这样的看法并非我们时代的新颖之见。长久以来，就是从文化角度被模式化、被传授和被习得的习性和惯例规定着做“男人”或“女人”的意思是什么。事实上，所谓“男子气概”（maleness）或“女性特质”（femaleness）都是这样被分派的，因此有变化的可能。不过，在人类历史的绝大部分时间里，这桩事实都遭到了压制。各个社会都以多种方式表达着不宽容，压制着差异。

文化可以以自然的面目显现，文化创造被视为和“自然法则”地位相当。男人注定是男人，女人就该是女人，这就终结了任何解释上的灵活性。性别认同不是留待人的意志的，惟有遵从，依照某种“真实的”本性 / 自然（nature）生活。自然业已决定之事，任何人 / 男人（man）（更不用说任何女人）都不能改变！谁要是以自然的名义言说，就很少遭到质疑。诚然，也会有例外，但要承认他们的贡献，就得看是谁在书写历史。1694 年，玛丽·阿斯特尔就写了《给女士们的郑重建议》，提出两性之间的差异并非基于未经考察的“自然 / 本性”观念，而是基于社会中男人对女人所拥有的权力。

在人类历史上，人体之间的遗传差异都被用作提供正当化辩护的基础框架，以维持并再生产出社会权力等级秩序。我们在“种族”这个角度的案例中可以看到这一点，只要某人的肤色被规定为高人一等或低人一等的某种标志，从而被用来说明既存的社会不平等，并为其提供正当化理据。同样的道理也适用于两性差异。在这一点上，我们发现两性之间的生物学区别构筑了性别不平等的基础。所谓“性别”（gender）是一种文化范畴。它包含了两性范畴的成员在履行就其被指派的范畴而言合宜的行为时不得不遵从的一整套规范。以这样的历史为基础，女性可能被排斥出专为男性保留的那些社会生活领域，或者在从政或经商之类的参与道路上面临着重重阻碍，而两性同工同酬依然有待实现。与
104 此同时，对于社会来说不可或缺的有些活动，比如生儿育女、打理家务、照看孩子之类，都被弃之一旁，视为纯属娘儿们干的事情，因此其价值也低了三分。

这种分工并非单纯由生育功能给定，而是代表着权力关系。比如说，意大利社会学家西尔维娅·盖拉尔迪指出，在组织内部，臣属的地位会在与对身体的管理有关的例行仪式中得到进一步巩固。女性主义运动已经对基于身体的性特征的社会不平等发起了挑战。这场旷日持久的战役已经取得了一定的成效，但单凭立法不足以实现平等。它充其量只是将此前被视为“不成问题”的那些情形重新纳入了协商的议程。这些挑战最终实现与否，往往是留待个人的天分和毅力，其效果也要有关的个人来承担。如果争取接受的战斗留待个体，就会成为另一个孕育不安定和忧惧的源泉，与初衷南辕北辙：有权通过对于多样性的宽容，通过为我们全体赢得更大的安全感与满足感，争取获得承认，同时去了解我们是谁，我们可能成为什么样的人。

小结

如同我们业已考虑的其他话题，通过我们的身体，以及作为欲望对象和向他人展示对象的那些身体，来照看自身，既支撑了

求取安定感的希望，也成了不安定的场所。我们的健康和社会政策往往聚焦于个体。比如，说到肥胖问题，无疑这是个体所承载的风险。就像理查德·威尔金森和凯特·皮克特在《公平之怒》[5]中所言，尽管这个话题不能与收入简单挂钩，但与对地位的主观测量指标有关。将焦点放在个体层面，并不会告诉我们，诸如此类的习惯为何挥之不去，或者诸如此类的行为为何被视为给人安慰或地位，在我们的饮食中存在哪些成分，原因何在。

我们有关健康、健美和身体的观念融入了文化中生产出来的意义，不能与生物学范畴简单分离，而是相互作用，共同建构出我们当下之所是，过去之所是，并拥有成长变化的潜力。与此相伴而来的是做出界定的权力，这可以成为安适之源，但也能成为抵制之源，因为它所诉求的规范压制了差异。其结果，这类差异往往被转译成偏离，而不是基于其自身的角度得到理解，挑战将身体作为某种沟通形式和范畴化形式加以考虑、作用和调遣的主导方式。有鉴于此，性认同与性关系成为充满协商和冲突的领域，其结果往往难以预测。不过，笼罩着所有这一切的是一种需要，要去审察我们可能想当然的东西，将自身开放给多种可能性，尊重和承认差异。

[5] 英文书名为 The Spirit Level，此处采用新星出版社 2017 年李岩译本的书名。

第七章　空间、时间与社会动态机制

物理学家史蒂芬·霍金在其《时间简史》中提到了“宇宙时间 105
之矢”。在此，我们发现宇宙在不断膨胀，星系之间的距离越来越大。我们对宇宙的了解越多，就越是感受到我们在浩渺空间中的无足轻重，也越是赞叹奇迹，更增强了一种探索与发现的渴望，要为有关我们存在的问题找寻答案。本章我们关注的是社会学角度的时间之矢及其与空间的关系。在此过程中，我们将探询我们如何体验并解释贯穿和塑造我们生活的那些维度，它们伴随着历史过程如何发生改变，又是从哪些途径转变了我们的理解，对我们共同生活的具体方式带来了哪些后果？

一、体验之维的时间与空间

要开始我们的旅程，我们的出发点与宇宙学家的全然不同：时间与空间都在不断压缩。乍听起来，这个说法似乎别出心裁。当然，时间与空间没有在压缩么？从社会的角度来看，我们在考虑事件时的切入角度，就是它们在时间中并历经时间而发生，与此类似，也定位在空间中。我们勾勒各种观念、态度和行动在空间中发生的历史变异，并能够就此做出比较。这里所说的空间，既有其物理性的一面（都市景观与区域景观），也有其符号性的一面（人们如何观看这些空间，作为互动“场所”的那些空间中的各种关系与客体都被赋予哪些意涵）。大卫·哈维在其所著《全球资本主义的空间》中提到，可以用一套三重划分来理解空间：绝对的（absolute）、相对的（relative）和关系的（relational）。前者是固定的、不可移动的，受制于计算。比如，讲课发生在一个房间中，四墙环绕，束缚了它的言辞。而按照爱因斯坦的观察，相对空间的测量取决于观察者本人的参照框架，我们不可能脱离时间来理解空间。回到讲课的例子。按照哈维的提法，人们在房间本身中的位置不同，听到言辞的方式也会不同。最后，在关系维度上，每个人都会将自己的观念与体验带进房间，产生特定的时空轨迹。

106 从这些角度来看，时间与空间并不仅仅是“外在的世界”的特性，它们如何被体验，关系到我们定位于何处，也关系到时空如何影响着我们的行动与感知。在我们行动的筹划、计算和执行等环节中，它们不是彼此独立的维度。我们在测量距离的时候，往往看的是通过这段距离所需的时间。而当我们估计自己目的地的远近时，也是取决于抵达终点所需的时间多少。因此，测量的结果有赖于我们的移动所能达到的速度。而这种速度又有赖于我们通常所能获得的移动工具或载体。如果使用这类工具需要付费，那么我们移动的速度又取决于我们能够承担的费用。不过，说到速度，技术已经加快了我们的沟通，各式各样的传媒扩散到全球的每个角落，影响了我们的观念与体验。就此而言，我们可以说空间与时间正在压缩。诚如保罗·维利里奥在其所著《速度与政治》中所言，现在的问题已经不是我们处在时间中的哪个时期（年代学意义上），也不在于置身什么空间（地理学意义上），而在于身处“**什么样**的时空”？在当代，时空正在迅速变迁。

从前（当然，不是远古），当人的两只脚或马的四条腿是唯一可用的旅行工具，如果被问到“从这儿到下一个村庄有多远？”，你的回答可能是“要是马上出发，约摸晌午能到”，或者，“天黑前你到不了那儿，最好在客栈里待一宿再走”。再往后，一旦“人工四肢”，也就是人造的机械，取代了人足和马匹，答案就不再那么直接明确了。距离就此变成事关采取哪一种交通形式。不再有统一的答案，要看火车、马车、私人轿车或飞机，你负担得起哪一样。我们现在所处的情境，就是约翰·厄里在《流动性》中所概括的，我们有些人的旅行之远，速度之快，都是前所未有的。

就这样，我们有了承载、转运人员和/或物品从一个地点到另一个地点的多种交通运输手段。另一方面，沟通手段则是指信息的承载和传递。我们不妨说，在人类历史上的大部分时间里，都不怎么区分交通（transport）与沟通（communication）。信息的传送可以靠传送人，比如说旅人、信使、行商、匠人，或是那些走村串庄讨些个施舍或揽点儿零工的人。这个通则也有个把例外，比如北美大平原上的原住民靠肉眼所见传递讯息，非洲原住民借击鼓传讯。不借助传送人来传递信息的能力只要还是稀罕之事，就会给那些有渠道获取这类手段的人带来莫大的优势。有一个故事讲的是银行家罗思柴尔德，他率先使用信鸽，使他赶在所有人之前知道了拿破仑兵败滑铁卢，并利用这一独家信息，在伦敦股票交易所成倍扩张了自己的财富。实际上，尽管属于非法，同样类型的优势依然使所谓“内部交易”对那些力求在市场中扩充财富的人充满诱惑，这些市场跨越时间与国别空间，无需考虑边界。

曾几何时，令人印象极为深刻的一系列技术发展满足了交通

运输的需要。就这样，蒸汽机车、电气机车、内燃机车、铁路网
107 络、远洋舰船、机动汽车等接二连三被发明出来。不过，与这些发明创造伴随而至的还有一个新的“软件”时代，电报和广播之类的东西也相继问世。我们就此发现了手段，可以从某一地点开始，无需人员或其他任何有机体，长距离传递纯粹信息。相较之下，交通就从不曾获得这种“即时性”。除非是科幻小说的幻想，否则从一个地点到另一个地点，转运人员及其所有物总是需要花些时间的。转运量越大，转运距离越长，运作也就变得越累赘迟缓，代价高昂。而现在，每天乘飞机的人估计大约有 800 万。而从“硬件”的角度来看，地点就显得很重要，增加了空间的价值。如果“位置合适”，就会便宜一些，也省事一些。工厂主们都希望最终制成品的每一个部件都能在同一间屋檐下生产出来，把生产所需的所有机器和劳动都集中到一座工厂之内。这会限制运输的需要，而这样的规模经济就会削减成本。

围绕着这些做法，在对空间和时间的控制方面也出现了一些规训（discipline）形式。控制者越是接近被控制者，他们对于日常行为的管治就越是彻底。早在 19 世纪初，当时最具影响力的政治科学家和哲学家之一杰里米·边沁就曾提出一种解决人口日益扩张的问题的思路，不同于经济学家及其对贫困、食物和生产率的关注。他的建议之一就是设计一座巨大的建筑物，里面的人一天二十四小时受到监控（surveillance），但却从不确定他们是否正受到监视（being watched）。

所谓的“全景敞视监狱”（Panopticon），成了现代所有自上而下的权力的理想模式。其典型范例，就是中央塔楼俯瞰着关押全体囚犯的囚室的监狱设计。只要权力还属于全景敞视类型，受到

持续监控的对象就可能保持顺从，克制不从，更不用说反抗之举了，因为对规则的任何偏离，都会让他们付出高昂的代价，只能是想想作罢。其结果，在历史的进程中出现了一种趋向，用米歇尔·福柯的话来说，从来自他人的凝视（gaze），转为这种凝视的内化。那么，我们该如何理解在这一过程中，企业出售手段来监控职员之间的电子邮件和沟通往来，以确保他们遵从着对于合宜组织行为的期待？所采用的手段或许取决于劳动环境的空间安排。在大型开放式的客服中心，监管者可以来回走动，听着业务员的应答，也监管着他们的电话，而个体本身也必须达到业绩目标。因此，凝视的形式会根据劳动所在的空间安排的不同而各见差异，而所谓内化，就在于以哪些方式实现对于职员的正确培训，以及他们如何以“富有生产率”的方式使用其时间。

时空伸延与时空压缩

现在信息可以脱离物理的身体而移动。有鉴于此，沟通的速度不再由于人和物质客体所施加的限制而受到阻缓。实际上，沟通现在可以做到即时性，所以距离已经不重要，因为能够同时抵
达地球的任何角落。至于信息的获取与传播，“相邻咫尺”与“远 108
隔天涯”已经不再具备曾经拥有的重要性。网络小组在选择伙伴进行会话或游戏时，不会觉得地理学意义上的距离是什么障碍。如果有人碰巧住在曼哈顿，要和住在墨尔本或加尔各答的什么人沟通，绝不比和住在布朗克斯的某人沟通慢。[1] 据估计，我们

[1] 曼哈顿和布朗克斯（Bronx）为纽约市五大行政区中相邻的两个。而从纽约到印度加尔各答和澳大利亚墨尔本的飞行距离分别大致为 13000 公里和 17000 公里。

每天上传到互联网的数字图像接近20亿张，推特的月活用户有3.3亿，而智能手机的用户超过25亿（www.statista.com）。所有这一切都得有个储存的地方，我们的使用不是没有后果的。全世界4%的用电量耗在这些巨型服务器的供电和冷却上，到2030年可能再增加三倍。

你可能把这一切都看作是理所当然的，认为它稀松平常。这已经成了日常生活的组成部分，宛如日升日落。你可能难以注意到，这其实是非常晚近才出现的一场空间的贬值，并且何其深刻，而造成这场贬值的那些行动自有其后果，只是与你在空间中的相对位置有一定距离。我们不妨暂停片刻，想想一旦这种形式的沟通主掌了我们的生活，一旦信息不再取决于距离远近，变得方便迅捷，时效性越来越强，人的境况会发生怎样的改变。比如说，“共同体”的概念会有什么变化？[2] 雪莉·特克尔在她的研究《群体性孤独》中谈到了参加好友的纪念仪式。听众中有些人跑到角落里去发短信，有个人对她讲，自己无法忍受离开自己手机太长时间。

这是一场对广告商和产业有莫大好处的实验。而我们参与这场实验的热情也似乎无穷无尽。贝弗·斯克格斯与西蒙·尤伊尔在研究价值观以及这种活动的价值时概括道：“脸书代表着一种新型的资本主义掠夺，以垄断和招租为基础，塑造着我们当前的连接性，因为它把我们货币化，让我们接触各种形式的金融化，包括愈益加剧的债务。这种形式的资本主义掠夺带我们进

[2] 注意“沟通”（communicate/communication）与“共同体”/“社区”（community）的共同词源“commūnis”（共同/共享）。

入一种新的积累体制，一种没有生产的利润体制，在这种体制中，对于剩余价值的掌握是通过对于剩余信息的控制来实现的。”（https://values.doc.gold.ac.uk）信息的掠夺、传输与接收塑造着我们在时间和空间中的实践。据称，美国选举与英国脱欧公投都受制于收买“水军”（troll armies）传播假新闻。即如马修·丹科纳在《后真相：有关真相的新型战争以及反击之道》中所言，如果任何人只要有一个推特账号就被视为一个新闻源，那么我们如何区分事实与虚假？似乎每个人现在都成了专家，我们的知识来源从物理上彼此相邻的人们提供的信息，到电脑、笔记本和智能手机上的描述所提供的信息。

如前所示，共同体之所以可以看作是地域性或“本地性”的，因为它仅限于某个空间，而这个空间所具有的边界，就是根据人的移动能力勾勒出来的。所以，共同体的“内部”与“外部”之间的差异，就等于“此时此地”与“彼时彼地”之间的差异。不管是什么共同体，其骨架就是处在受地域影响的社会网络（network）中的共同体成员之间的沟通网络（web）。如此一来，这类日常“沟通性互动”能够伸延的距离也就勾勒出共同体的边界。沟通的距离如果较远，就会有欠灵便，所费不菲，因此也就成了比较
稀罕的事情。在这个意义上，本地性就成了相对于“遥远”而言 109
的优势，观念都是在本地孕育出来的，并在本地讨论。但物理上的邻近和沟通上的频繁已经不再需要以这种方式存在，因为那些属于互动各方的人们可能表现为全球地图的各个点，就看他们彼此之间的相对位置。这算不上什么地域共同体，并不归属于某个空间界定明确的网络，由身处共同地点的人们组成。

这种共同体是由沟通性活动生发出来的，正是这些沟通活动

将共同体维系在一起。不过，我们并不一定是从那些人身上得出我们关于世界的观念。与在“共同在场”情境中结识他人截然不同的是，通过描述获得的知识或许并不来自作为地图上彼此相连的那些点存在的人。毕竟我们还从别的来源获取知识。但不管怎么说，幸亏有了电讯传送的声音与图像，我们原地不动，即可周游世界。有关知识的这种“根植”（embedding）和“解植”（disembedding）过程意味着，我们的沟通中可以没有任何交互性／共通性（mutuality）或对话。我们接收观点，处理观点，但观点之间可以毫无碰撞。就算真的有所碰撞，也可能淹没在连篇谩骂之中。所谓的知识源，也只是确认了我们的先入之见，很容易沦为偏见的载体。

公众对于名人的凝视陷入这种孤立、互动与信息的混融，衡量名人们的重要性的指标，就是有几本书在写他们，就是他们的节目的收视率，就是他们的推特粉丝数，就是他们拍了多少电影，或是在音乐榜单上的位置。名人成为引领公众消费的成功典范，但既可以一夜爆红，也可以一落千丈。不过，想想这些图像，想想它们的被传播与被接受，人还留在本地，而引导这些人的经验的信息却可能远在天边。所以我们才听人说信息已经变成全球性的，因为它业已挣脱了其本地的束缚。它在各个地方、国家和大陆之间自由旅行，其结果，往日的边界受到挑战，遭到逾越。它的速度是如此迅疾，以至于控制成了问题，但如果要与电子信号一争高下，谁又能赢得这场赛跑？这一切都会影响到我们过自己生活的方式，影响到权力的性质与分配。对这些问题视若不见并不是个可行的选择，而要解答出现的问题，也并不那么容易。不过，这并不能成为无所作为的理由。我们不妨去理解并干预信息时代的诸般后果，而不是无所作为，继续消极被动。

二、猛兽之轮：风险、行动与变迁

鉴于社会的转型所引发的这些问题，乌尔里希·贝克提出，我们现在生活在一个“充满风险的社会”里。当我们考虑风险，想到的是与我们之所为甚或我们之所不为相关联的某种危险或威胁。人们常常说，“这是一步险招”，就是要表明，人们把自己暴露在某种不值欲求的事态之下。不过，在一个充满风险的社会里，之所以会冒出这些问题，与其说是由于每个人各自之实际所为，不如说就因为事实上，他们各自分离，导致行动相互分散，难以协调。有一种看法认为，尽管我们具备种种知识，风险还是 110
浓缩渗入我们对于个体安康的感受，不是促进确定性，而是助长关切。各种行动路线的结局和副作用都难以计算，不易界定，因此都可能吓我们一跳。当信息跨越时空广泛伸延，发现自身被压缩进某些时刻，要求做出与责任相伴随的决定性行动，我们该如何应对这种事态？在我们这个信息饱和的时代，信息很容易脱离其合法性源泉，只留下个体受制于错误信息。

随着时间与空间方面的壁垒在当代似乎变得更容易渗透，地点开始变得很重要。全球化发挥着跨越空间的拉动力，并且跨越背景而移动。在这些力量的作用下，地点变成区隔的体现，而不是同一性的体现，人们能够与地点产生关联，置身于一个其他方面混沌而不确定的世界。地方特性最终与全球力量相混融，但是，地方范畴又是经由怎样的形式，被塑造成特定的图像/意象，以可观的密度和速度在当代流传的呢？地方范畴如果能够在一幕幕的时空压缩之中吸引全球范畴，或许会认为自己取得了成功。各处中心商业街都开着类似的店铺，售卖着类似的货品，但其存在本身却被视为经济成长和重要性的标示。地方范畴的特性在流动的世界里展开竞争，并必须展现出连接性；与此同时，传统遗产也要展现出长久延续的文化活力，吸引那些流动劳动者，他们会带来足以证明该地点具备全球优越性的技能、属性和知识。

由于时空压缩发现自身体现在地方层面，我们得到的是以下诸因素的混合：就地点特性而言的相对性因素，就其对于全球发展的相关性的判断而言的关系性因素，而全球发展又似乎是绝对性因素！面临诸如此类的压力，有学者提出，业已发生了一场去传统化（detraditionalization）的过程。在此过程中，随着技术创新与信息流通愈益加速，统合共同体的那些纽带开始丧失它们对于社会动态机制的把控。看上去这既是威胁，也是机会。所谓机会，就是始终有些东西被塑造成充满活力的未来的意象，承载着持恒的潜力与不确定性。面对这些压力，对往昔岁月的怀旧渴念，对回归连贯与确定的欲望，开始抬头。这样的欲望并不指向乌托邦式的未来，而是蕴含着当前的努力，力求生产出特定的记忆，以此将共同体维系于某种过去。诸般张力在记忆与忘却之间渐次展开，当此之时，统合的纽带也发现自身遭到了全球资本主义力量的质疑，后者透过种种可能性对利润的追逐，似乎是一种无法遏制的渴欲。

如果我们试图预防一切不值欲求的后果，很可能会面临某种结构性问题，其代价将使我们的行动遭受难以克服的阻碍，这对某些人来说，会导致消极退让，无所作为。不过，对风险的这种计算并非出于无知，也不是因为缺乏技能。事实上，恰恰相反，风险正是源于越来越努力变得讲求理性，即只去界定和关注相关的东西，也就是就某个理由来说被视为具有显著意义的东西。诚如常言所道：“人未到桥头，莫为过桥愁。”（“We will cross that bridge when we come to it.”）当然，这得预设先有一座桥，如果我们发现那里根本没有桥，那关于我们该做什么，自然就没什么可说的了！以转基因食品为例。所谓转基因食品，就是改变作物的 111
基因，让它们在成长时更能抵御病虫害，或是提高产量，或是出售时延长保鲜期。有些人认为，这些作物的潜力就在于能缓解贫困。不过，这个问题可能并不在于科学进展，而在于西方国家与世界上其他多数所谓“发展中”国家之间的相对财富分配。另有些人怀疑道，基于过去的经验判断，要实现这些目标，就其意外后果而言，总要付出某种代价。他们指的可能是操纵基因会导致的一些副作用，即破坏了土壤成分，对消费者的健康和预期寿命造成了长远损害。因此，与其说关键在于如何增加产量，不如说在于如何分配现有资源，要考虑作物先是如何生长的，然后又对环境造成了什么效应。未来会为目前的决策付出什么样的代价，人们并不知晓。围绕这种不确定性产生了诸多争论，对于现下行动的短期后果、中期后果和长远后果，看法各异。因此，我们所知的内容与其可能的后果并不是一回事儿，当我们进入这一地带，也就进入了值得欲求与否的领域。

通过技术途径解决社会问题的承诺遭到了抵抗，面对这样的情形，对这类技术有所投入的企业或许会转移到别的地方，或者将经营分散到其他有盈利可能的领域。跨国企业就这样跨越时间和空间移动着，在不同地点寻求着好处与潜力。芭芭拉·亚当指出，当时间趋于商品化，速度也就变成某种经济价值：“物品移动得越快，经济就越好；速度提升了利润，并会正面显现在一国的国民生产总值中。”日新月异、灵活多变的信息也使货币的流动更加便捷，每天的外汇买卖高达 5 万亿美元，而全球债务超出全球国内生产总值接近 300%。这些因素都使我们更有机会过上体面的生活，扩大了我们的就业、教育和医疗机会，也同样具备可持续环境的潜力。

当我们看着这些全球贸易与债务的数据，在全景敞视监狱中，凝视和相邻曾经享有重要地位，而现在使用的权力技术则可能对那些需要管控其行为、未遵从期待的人实施远距威胁。比如说，如果有工厂班组或办公室职员心怀不满、不服管教或要求改善条件，大概会看到整个分支机构被关停、“裁撤”或“出售”，而不是预料会遭到加强监控，实施更严格的规章管理。全球强权的超地域性不会束缚于任何特定的地点，随时准备到处游走，以寻求更低的薪酬和更高的利润，而不必早早预告。这样的超地域性流动是一种很少人能够享有的自由。毕竟，如果说“本地人”试图追随“世界人”，他们很快就会发现，正如理查德·森内特在《个性的销蚀》中所警告的那样，同样的特性既可以促成自发性，但对于那些在“弹性体制”阶序低层工作的人来说，也会变得更具毁灭性。

世人认为，全球化这种进程跨越时间与空间移动，没有一个着力点可供控制。戈兰·瑟博恩在其所著《权力的城市》一书中
112 指出，出现了一场权力的转移，但并非从国家层面转向全球层面，而是从公民转向国家资本与全球资本。面对被视为势不可挡的塑造时空的抽象力量，这一点常常被用来作为无所作为的理

由。不过，针对这类力量的效应，也爆发了一些公民起事。而政府的政策有能力对这些事件发挥加速、调停、淡化、改善的作用，也确实起到了这样的效果。在此过程中，政府政策面对这些力量，既可以提供抵抗的基础，也可以热情拥抱，或消极被动，或漠不关心，从而再生产出这些力量。全球化在个体层面上对我们都会有不同程度的影响，因为当我们发现难以理解正在发生的事情，更无法影响我们周遭事情的变动方向，我们都会体验到焦虑和担忧。另一方面，即使说有什么动因有潜力控制全球化进程的负面效应，也超出了个体的层面。愿意对这种事态有所干预，就要求那些受惠于全球化的人认识到，自己之所以赢得这样的位置，只是因为别人被排斥了。

关于如何满足我们的需要，我们或许有些想法，哪怕达成这种满足的手段的分配并不平等。然而，抵消风险或抑制风险的需要与其他的需要可不一样。这是因为，风险是我们还看不见、听不到的危险，是我们可能还没有充分意识到的危险。无论是我们呼吸的空气中二氧化碳含量的升高，还是点滴积累但难以逆转的全球暖化，或者是用来催肥我们所吃的肉的化学物质，我们并没有直接体验到这些风险，不是亲眼所见、亲耳所闻、亲手触摸，也不曾真切闻到，但它们可能正在逐步破坏我们的免疫系统抵抗细菌感染的能力。这些都是实实在在的，只不过是长期积累的趋势或规律，而不只是通过一系列事件解读出来的事情，为了了解这些东西，我们往往会求诸“专家”，以应对属于我们知识和经验局限的局面。当专家们讨论这些趋势和规律时，我们可能毫无办法基于自身的经验来检验这些解释。有一种回应是强调我们的特殊处境，结合我们所处的时间和地点来形成我们的理解。但如果切断关系性因素，专业技能会受到质疑，我们的理解的特殊性会被大力倡扬，而可供替代的说明也被否定或遭到敌视。按照乌尔里希·贝克的说法，风险可能会被“通过解释而消除”，呈现为“不存在”，因此根本不需要采取行动。这类反应并非不同寻常。如果那些说是在保护我们的人其实是在为伤害我们的人代言，就会巩固这类反应。

社会因素展开过程中的秩序与混沌

我们如何理解在这些背景下造成的伤害？列昂尼达斯·东斯基斯在《道德盲目》[3]中写道，“当代文化与控制的实质就是挑起欲望，最大限度地点燃它们，然后又以极端形式的约束去遏制它们。”面对刺激与禁止之间的摇摆，我们如何应对这些全球力量？德裔美国伦理哲学家汉斯·约纳斯考察了技术发展在全球层面上造成的后果。尽管我们的行动会影响到那些生活在地球其他地方的人们，那些我们所知甚少的人们，但我们的道德眼光还不能跟上这些转型的变迁步伐。人们是否总是在说事件超出其控制范围？这就引出了一些问题：我们怎样才能具备一种全球伦理，
113 能够承认并尊重人与人之间的差异？如果没有这样的伦理，诸如此类的力量就不会依照我们的需要而得到驯服，而是会被那些权力越来越大的人释放，他们的行动会产生各式后果。这就使人类免除了对于他人的道德责任。按照德国哲学家卡尔—奥托·阿佩尔的主张，对于制度的形塑和重塑，我们都担负着一份责任，因

[3] 此书英文名为 Moral Blindness，由鲍曼和东斯基斯合著，2013 年由 Polity 出版社出版。

为正是这些地方促进了“道德的社会贯彻”。

即使我们有那么一份有关道德义务的声明，类似于《联合国人权宣言》，要想取得切实成效，也需要大大改变观念。大多数人的眼之所见，都局限于自己的近邻，这就不难理解，他们往往只关注家园周边的世事人情。因此，对于威胁的模糊感觉，就着落在了近旁看得见、摸得到的目标上，特征概括和被视为合法的知识也因此经过了相应的过滤。所以说，尽管不妨将万维网视为一种知识源，但它也很容易沦为某种自证预言（self-fulfilling prophecy），在巩固偏见的观点展示中，寻求思维相似的观点，贬毁其他的观点。置身这样的情势，要应对远方模糊不清甚至捉摸不定的目标，往往显得我们无甚可为。在本地范围内，人们会加入由觉得与己有关而积极参与的公民组成的巡察队，目标就是那些被视为威胁到自己生活方式的人。闭路电视监控镜头、防盗警报器、防盗窗、安全灯等，都可以一一安上，保护本地空间。而力图超越那些范围限制来理解这些趋势的说明，就会被视为不相干，甚至是不负责任，因为不“了解”在某个特定地点生活会是什么样子，从而遭到排除。

通过威胁与结合情境的预防之间的摇摆，一种在全球层面上引发的不安全感，就会在地方层面上孕育出来的对安全感的执迷中，找到宣泄的渠道。或许我们已经坠入了乌尔里希·贝克所警告的那种陷阱？也就是说，我们在寻找风险的来源时，没有找对地方。对于安全的担忧从地方层面上孕育出来，加剧了将人们分开的那些区隔，也正是这些区隔，导致了误解，低估了对于远离我们世界的他人的行动后果。那些显然有能力负担对自己财产的保护的人，他们需要保护的有些东西，或许他人也想得到，但却负担不起所需的保护手段。从道德的角度上说，人与人之间的距离使他们能够将自己行动对于他人的后果暂时置括，不予考虑。

全球化的后果或许是一种威胁，但也蕴含着机会。诚如卡尔—奥托·阿佩尔所言，我们能够用自己的理智和意志，打造一个真正全球性的社会，力求实现对差异的包容和尊重，并努力根除战争。如果对风险的解释和归因是错误的，就会有碍于我们行动，导致进一步的区隔，从而使问题更趋恶化，而不是着手解决问题。正因为如此，从社会学的视角来框定议题就非常重要了。社会学或许不能矫正世界的缺陷，但能够帮助我们从更具关系性的角度理解世界，并就此使我们能够对世界有所影响，以改善人类处境。在这个全球化的时代，社会学可以比以往更多的提供给我们所需的知识。说到底，理解当下的我们，就能把握当前的处
114 境与关系，否则的话，要想塑造未来是根本没有希望的。依照鲁思·列维塔斯在《乌托邦之概念》最后一句的表述，这关系到探寻一种具备转化能力的能动力量，与之伴随的，是仍有可能抱持希望，是“只有我们找到了它，才能看到自己的梦想成真”。

至于这类希望的源泉，或许就在于承认混乱的存在缘由。乍看起来，这个说法似乎别出心裁！不过，我们已经看到，秩序是通过边界才成为可能的，而全球化本身也对那些边界提出了质疑，并产生了各种不同的后果。随之而来的或许是更加承认我们之间相互依赖，但也会加剧彼此分离的欲望。至于会走上哪一条道路，取决于协调努力，它可能始于相互邻近的住区，或是寻求变革的网络社群，但其终点却充满动量，超出了它们。人们在探寻连贯与统合的过程中，越来越关注如何去勾勒、标示和捍卫边界。另一方面，那些过去被视为“自然”的深切而顽固的区隔，

如今渐趋消解；那些曾经相互分离的人们，如今发现自己借助曾经无法想象的沟通手段，跨越时空，混融一处。

我们不妨说，为了维护并捍卫一种长久确立的位置，究竟投入多少努力，差异很大，要看这种位置在质疑其存在的当代各种力量面前有多脆弱。一般认为，这种情形是伴随着大约三个世纪以前在西方世界确立起来的那种社会一起兴起的，我们至今依然生活在这样的社会中。在此之前，也就是人们常说的“前现代”，人群范畴之间的分隔与区别的维持受制于不同的力量，它们的存在所遭到的日常质疑也不那么明显可见。差异往往被看作是不言自明的，恒古不变的，因为人们认为这些差异非人力所能干预。它们是由超出人类控制的强力所施加的，只是在社会传统中积淀下来。比如说，“贵族”出生伊始即为“贵族”，而农奴出生也就是农奴。人的境况似乎和世上其他万物一样牢固确立，如果有不遵从，后果就是征服。

大致是在 16 世纪末，在西欧的某些地方，这种世界图景开始崩解。随着不能完好嵌入“神圣的存在巨链”（divine chain of being）的人越来越多，也越来越明显可见，立法活动的步伐愈发加快，以便对原本任其自然演进的生活领域实行调控。社会区隔、分类和歧视越来越成为检视、设计、筹划的话题，并且成为组织化、专业化的自觉努力的对象。社会秩序被视为人的产物和规划，因此方便操纵其走向。人的秩序也就此成为科学和技术所作用的客体对象。因此我们可以说，虽然秩序并非现代的产物，但现代更加明显表现出对于秩序的某种**关注**，担忧如果不加干预，秩序将沦为混沌。在这些情势下，混沌也表现为一旦未能安排好事物的秩序，预期就会出现的结局。是什么使结局如此失序？就是观察者无力控制事件的流动，从环境中获得所欲求的反应，防止或消除不在计划之列的偶然事态。混沌变成**不确定性**，只有保持警惕、监管人间事务的技术专家能够将其引向有序的行
115 为和事态。不过，干预会产生意图之外的结局，而边界也都是疏松多孔、充满争议的。对秩序的管理始终是不确定的，也是不彻底的，宛如在流沙之上盖房子。我们最终收获的就是事件之流上的一座座秩序之岛，依靠环境资源实现自身的稳固，而其暂时的相对自主性也只是一项需要保持警觉的成就。

我们发现自己置身的情境，是我们已经在不少场合下遭遇到的。施加秩序的努力本身就会导致某种不确定性和含混暧昧，使对混沌的担忧挥之不去。要想对一种人为虚设的秩序做出解读，注定会偏离理想的目标。它们假想出相对自主的岛屿，同时却又将相邻的地带转化为含混暧昧的区域。问题就此变成事关达成此类成就的方法而非宗旨，也就是说，涉及到如何使边界保持有效，遏制含混暧昧之潮漫过稳定持续之岛。因此，所谓打造秩序，就是发动反对含混暧昧之战。然而，又会付出怎样的代价？人们可以划出线条，从物理上划定那些边界，只有具备一定资格的人才可以穿越，国与国之间的护照签发审核即属于这种情况。还有些更加微妙的例子，比如接到邀请函，将您列为聚会的宾客。如果你不能出示护照或邀请函，很可能会被关卡阻隔或被拒之门外。就算你没有这类东西居然混了过去，也始终会担心被发现，遭到遣送出境或被赶出门外。飞地原本具有相对的自主性，但你的出现会损害和侵蚀这一性质，这也已经偏离了对可预测性和秩序的期待。我们在生命历程之中，会发现自身处在时间进程的不同点上，取决于我们的出身背景，也取决于我们所依靠的网

络。处在内部也是与外部相关联的；所谓比较，是通过建构差异来维持秩序的一种手段，比起为了确保飞地之内的遵从而做的工作，这种手段更加直白。就这样，相对性因素凭借关系性因素得到维持，而关系性因素也只是被视为以特定方式确保相对性因素确立秩序。

边界：时间、空间与后果

尽管存在这些社会力量，一个人的性格也不能被简单分裂为几个部分，有的被允许入内，有的必须留在外面（虽说电影《飞越疯人院》中极其辛辣地证明，欧文·戈夫曼在其《精神病院》一书中也指出，总体性机构会不遗余力地确保遵从与一致）。比如说，众所周知，要对某个组织保持总体性的效忠是很难实现的，往往会激发人们应用一些极具想象和创意的权宜之计。公司企业或办事机构里的雇员可能会被禁止加入工会或参与政治运动，他们的时间和对组织空间的使用可能会受到已成日常惯例的监控。而在个体层面，可能会使用心理测试，以侦测是否乐于角色扮演，是否有可能抵制命令，甚至是否有倾向与组织之外的人讨论机密事务，从而有可能损害竞争优势。

《英国官方保密法》（British Official Secrets Act）就属于这种情 116
况，它禁止特定的政府雇员泄露受保护不得披露的信息和文件。事实上，哪怕这种披露是为了政府原本应当保护的那些公民的利益，也是如此。无独有偶，组织都想在公众面前保持某种特定的形象，但这种欲望会导致组织内部形成某些做法，在雇员看来有违伦理。以英国的国民保健服务制度为例，医院里的某些雇员通过人们所谓的“透漏风声”，想要让自己觉得可疑的做法引起公众的关注。为了显得能够又好又快地让病人治愈出院，作为组织确保业绩的表面文章，有些病人还没被彻底治愈就被送回社区，无非稍后又被送进医院。因此可以说，通过构筑医院里的健康服务与社区里的社会照看供应之间的边界，追求收治数和出院数，这样的措施影响了对于患者个体的医护质量。

以这种方式勾勒边界的欲望会影响到人与人之间的依赖与纽带，以及多种实践和感知，并且往往并非人之所愿。对于一个问题的解决之道，站在一个相对自主的单元里来看似乎是恰当的，理性的，但对另一个单元来说就会成为新的问题，它俩的存在与实践都是相互关联的。与这些单元所公开宣称的恰恰相反，它们之间有着密切的相互依赖关系。解决问题的做法最终会对最初执行它的那个能动因素本身产生反作用，导致局面的整体平衡发生计划之外的、不可预期的变换，从而使得最初的问题需要反复得到处理解决，代价之高远超预期，甚至干脆就无法解决。如果在计算效率时只考虑某一个单元的投入与产出，而缺乏关系性的考虑，或许更会加剧上述的困境。一个单元的决策尽管看似“理性”，但通过兼顾切实有效、事半功倍、经济合用的特定建构而对另一个单元的行动所产生的效应，也可能根本谈不上理性。

诸如此类的效应，最臭名昭著的实例就是地球的生态平衡和气候平衡遭到破坏。为了追逐利润，地球的自然资源趋于耗竭，可是这种追逐中并无任何内在固有的因素，能够用来牵制这样的行为。巨型油轮为了货物的及时到港，可能会不顾可能蕴含的风险，抄近路行驶，但油轮本身的设计却并不具备足够厚实的“船壳”，能够在出现碰撞事故时防止油品泄露。说到底，这样的设计据说成本很高，会让企业望而却步，但这又会给环境带来多么高昂的代价呢？工业组织就这样污染了碧水蓝天，给那些掌管人类健康、都市发展及区域发展的人制造了成山的问题。公司企业努力改进自身活动的组织机制，让劳动的使用更具理性，这就宣告了许多员工成为冗员，又加剧了长期失业所带来的问题，比如贫困和健康不良。私人轿车与飞机迅猛增多，快行车道与机场急剧扩张，人们曾经指望这会解决流动和交通的问题，但却制造了交通堵塞、空气污染、噪音污染，破坏了成片成片的人居环境，导致文化生活和服务业供应过度集中，使许多地方性住区不再宜 117
居。因此，旅行既比以前更显得不可或缺，又变得更加困难，更耗人精力。轿车之类曾经应许个体自由的东西，现在却使集体性的移动自由更遭约束，同时代人乃至子孙后代更陷于空气污染。然而，针对这个问题，采取的解决办法却往往是修造更多的道路。

问题的解决办法之一就是提高交通的电气化水平，包括私人轿车和摩托车。如此一来，电力来源本身，以及电力供应的可得性与稳定性，就成了争议话题。而这类议题的根源或许就在于，打着某种自由观念的旗号，将我们生活的某一部分与整体强行分离，以获得徒具其表的相对自主性。但既然我们都生活在一个整体之内，这种自主性往好里说也是有失全面，往坏里说就是纯属臆想。关于我们如何看待和使用时间与空间，我们的实践和感受在某种程度上是受限的，但要实现这种效果，也可以通过对诸般后果茫然无视，或者面对我们彼此之间、我们每个人之所为之间广泛而多样的关联，有意视而不见。在计划并实施对于问题的解决之道时，纳入考虑的因素无论多么周全，总是比不上影响到或有赖于最初引发问题的那个情境的所有因素。我们甚至可以说，权力，也就是设计、执行、影响和维护秩序的能力，正在于贬低、忽视和搁置那些因素的能力，这些因素一旦成为审视和行动的主题，就会对秩序本身提出质疑。所谓拥有权力，就包括有能力决定在行动领域内，什么并不重要，什么不应当成为关注的话题。然而，如果没有能力从现实存在中推出所谓“不相关因素”，就会形成反作用。

相关话题与不相关话题其实是相互挂钩的，也就是说，没有任何持恒的理由能够说，为何应当以某种特定的方式来勾勒相关性的界限，因为勾勒的方式可以有很多。有鉴于此，决策本身是可以争议的。历史上这类例子举不胜举。比如说，在现代来临之际，最重要的权力斗争之一就是从**庇护关系**（patronage）转向**金钱关系**（cash nexus）。看到工厂主们对“工厂人手”（“factory hands”，这个叫法本身就说明雇主们关心的只是工人的“手”）的命运的那种冷酷无情，批评新生的工厂体制的评论家们重提手工作坊的做法，甚至是乡村庄园的习惯，也就是做事情像个“大家庭”，所有人都在内。但无论是作坊的工匠师傅，还是庄园的乡绅地主，都可能是残酷无情、蛮横专制的主人，会肆无忌惮地盘剥手下劳力的艰辛劳动。与此同时，劳力们也会指望主人考虑自己的需求，如果有必要，灾难到来之际拉他们一把。

与这些旧有习惯截然不同，工厂主们不会接受任何此类期望是合法正当的。他们为自己的雇员在工厂上班时间内实施的劳动支付薪酬，至于雇员生活的其他方面，就该雇员自己负责了。而为工厂的工人们说话的评论家和普通人就对这种“撇清干系”的态度痛恨不已。他们指出，工厂纪律要求工人付出艰辛努力，旷
118 日持久，让人迟钝，耗人精力，单调沉闷，使工人变成卡尔·马

克思所说的“精疲力竭”。工厂高墙之内的物理空间，与工厂存在所依赖的社会空间，界限分明。工人变成商品，他们就像工厂出产的其他产品一样，如果从生产计划的角度来看被视为无用，就可以任意丢弃。批评者们指出，工厂主和工厂人手之间的关系其实并不限于以劳动换工资这一简单交换。原因何在？因为劳动不像现金，现金可以和雇主本人相分离，而劳动却不能与工人本人断然分开，彼此隔离。“付出劳动”就意味着将整个人——包括身与心——交付给雇主所制定的任务，而工人只不过是为了完成雇主的目标的手段。所以说，工人被要求付出全部的人格与自由，以换取工资，而他们的抗议正与此相反。

基于这种力量的失衡，工厂主们就此获得对于工人的权力。有鉴于此，卡尔·马克思提出，就算是在与资本主义截然相反的奴隶制条件下，主人至少也对其奴隶的安康抱有一定程度的关注。在这种关系之后，取而代之的是一种抽象的交换形式，雇主对工人在身体上和精神上的安康毫不关注。雇主界定了雇佣的意义，并保留权利决定什么算是该他们关注的事情，什么不用他们操心，而这样的权利雇员是被拒绝拥有的。同理，工人的斗争本来是争取改善工作条件，提高自身在生产过程运行中的发言权，随后也就变成了对抗雇主界定工作场所秩序的界限与内涵的权利。

工人与工厂主之间有关工厂体制边界的界定的冲突，只是所有关于秩序的界定必然会引发的争执的实例之一。说到底，所有这类界定都并非必然，只是依赖于某人推行这些界定的权力。工厂提供了一种分界，使管理方能够在空间和时间上组织行为。有一些任务和惯例被视为构成了切实有效、事半功倍的劳动步骤，而线性时间促成了对于这些任务和惯例的计算。即如帕米拉·奥迪赫在《资本主义经济中的性别与劳动》中所言，这也会对家庭领域产生效应。在英国纺织业的历史上，对时间、机器和劳动的计算让世人看到，男性主导的工会限制女性的劳动时长，从而使工厂体制能够在时间和精力上剥削家庭领域及其劳动分工。由于女性赚取的薪酬少于男性，这等于固化而不是挑战了家庭分工。而那些依靠在家揽活以贴补家用的人，会发现自己同样受制于与制造业相关联的规模经济，因为类似的做法从工厂延伸到私人的家庭领域。

无论当时还是眼下，那些沦为其负面效应的牺牲品的人都对这些做法提出了质疑。这类争辩又会进入公共领域，号召大家行动起来，改善特定做法所仰仗的这类边界产生的效应。实际上，社交媒体的范围就是这样的，它能够从全球交通直接移到宅在自
119 己家里的个体。我们透过这些叙事，传递并构筑着对于我们是谁、我们有哪些义务的认知，而根据我们的时空体验的差异，这些叙事也各有不同。在适时制[4]之类的工厂流程中，重要的是直接性，也就是说，即时生产。如果受制于这类流程，就意味着我们对于时间的体验同时集成了各种替代选择：要测量时间的线性，依照的是某个零件被安上一辆汽车；而要测量社会时间，看的是就我们的身份/认同而言，我们认为自己是谁。在“内在”时间与历法时间之间的移动，生产出对于延续性和非延续性的认知，其间的张力会导致一种欲望，追求更多的弹性，以便对我们

[4] “just-in-time”，通过精确计算的物流统筹，只有在生产需要时才将零部件或原材料送货到厂。

的生活有更多的控制。

一旦出现这种状况，一旦我们力求满足这类欲望，积累过程中各种形式的控制就会让世人看到，与我们相隔千万里的别人受制于某种 24 小时经济，不妨认为，亚洲的那些生产流水线得益于与年轻女性相维系的那种“灵巧”，她们拿着低薪，生产着我们消费的各种东西。劳动力大军越来越女性化，与家庭分工产生了冲突，这一幕在当代重新上演。经济依赖于家庭领域，这项议题事关我们所有人的未来，但其负面后果却更多地落在某些人身上。

就长期积累的此类后果而言，淡水供应受到污染，有毒废料被随意丢弃，或是采矿或筑路对于景观的破坏，对这类代价，究竟该由谁负责任？有些人眼中的废料，在另一些人的生活条件下，很可能会变成重要的成分。争论的对象面目各异，取决于从什么样的角度来思考，它们的意义乃是源于它们在那些特定秩序中所占据的位置。在往往彼此矛盾的多重压力击打之下，它们会呈现出怪异的面貌，没有任何人能事先筹划，也没有任何人能安然接受。在许多局部秩序影响下，似乎没有任何人能为它们的存在及其后果承担责任。

随着人的行动所使用的技术工具力量越来越强大，而应用的后果也越来越深广，这类议题往往会变得更加尖锐。随着每一座秩序之岛都变得更加精简，更趋合理，管理效率更高，执行更有效力，一大堆各自趋于完善的局部秩序聚合在一起，也有可能导致整体上的混沌。行动即便是计划周全、目的明确、设计合理、监督密切，其远距后果也可能会产生不可预测、难以控制的大灾难。就以温室效应的前景为例。为了利用越来越多的能源，以求提高效率和产量，人们想方设法，合力之下，就有了这一意外产物。每一项努力如果孤立来看，都堪称突破，作为技术进步，值得赞赏，比照短期目标，根据从长期积累中切分出行动后果的特定标准来测量，都有其正当化理据。无独有偶，向大气或河流排放有毒物质可能会被辩称属于罕见事故，其他方面都能做到具有自觉的安全意识，从而被认为有益于公益，值得称道。这些表现或许都属于是在满怀热情地寻求最佳的、最“理性”的解决之道，以完成某个相对自主的组织所面临的任务。每一种新近转化而成的病毒或细菌都具备明确的宗旨，有其具体有益的任务要执行。直到有朝一日，人们发现，它的应用会带来人们不想要的副作用。

120 围绕此类后果的争论大多限于“所有权”的范围。人们认为，私营企业有能力产生整体上有益的后果，但这是根据这种假设似乎没有遭到多少人的挑战来判定的。纵然如此，这类动机也会遭到民主选举的政府的质疑。有一个领域就属于这种情况，即绘制人类基因图，以及以进步为名操纵基因的可能性。大型制药企业宣称，它们的行动归根结底是想着公众利益的，但是，拥有人类基因的专利的又是谁呢？有关脱氧核糖核酸分子的专利产品数以千计。它们是能够被“拥有”的东西，就像商品一样在市场上买卖，根据偿付能力被操纵？这样的宣称正遭到挑战，而这场斗争的后果对于我们所有人都至关重要，因为在何以为人的内涵与老年化过程和时间本身之间关系两者之间的边界正在发生变化。

这类工作的成果所针对的目标也可能被视为值得欲求，立见成效，比如说提高对于某项疾病的抗御力。但“焦点”的变化势必也会影响到那些被留在有针对性干预的“焦点之外”的事情。

人造化肥被用来提高粮食收成，就是这一问题的鲜活例证。硝酸盐渗入土壤，可能会使收成成倍增长，从而实现其宣称的效应。然而，雨水的冲刷使相当一部分肥料渗入地下水资源，制造了新的同样险恶的问题，要求提供适合消费的水资源。从这些方面来看，对抗混沌之战仍在持续。毫无疑问，只要乐意转换思维方式和行事方式，就会有办法减轻未来的风险。解决问题的活动也可能导致新的问题，从而激发人们探寻新的解决之道。但这方面所采取的形式却往往是任命一个团队，负责找到最快捷、最低廉、“最合理”的方式来处理眼前的问题。而那些更令人不安、更深入透彻的追问，往往会被逐出这一处理过程。

小结

我们这场旅程的启程之初，聚焦于社会学角度的时间之矢，并将讨论延伸到它与空间的关系。我们注意到，用秩序取代混沌，这样的斗争通过以特定的方式构成边界，使我们世界的统治的某些部分更具约束力，更可以预测，由此控制了空间与时间。这样的尝试将会永无尽日，因为打造秩序之战本身就是其成功的最重大阻碍，因为之所以会出现失序的现象，恰恰是因为那些聚焦狭隘、目标固定、任务明确、一次就解决一个问题的行动。这样一来，对于秩序的探寻本身似乎就成了它最深切、最让人揪心的病患的致因。将难以掌控的人类境况总体撕裂成一大堆小型的、直接的任务，由于它们规模较小，持续不长，能够得到充分的审视、监督和掌控，就使得人类行动在某一层面上比以往任何时候都更为有效。相比于此前曾经有过的任何方式，这种行事方

式实在是高明得太多，只要依然是根据以货币计算的价值来衡量它，依然是从特定的成本和收益观来表述它。这正是人们通常所
121 说的“讲求理性”的意思。这是一种工具理性，基于一段时间里特定的投入与产出，在分化明确的空间里，参照意向中的目的，来衡量实际的结果。

这些计算在践行理性的时候，似乎淡忘了那些大声吁求关注的代价 / 成本，而要感受到它们的效应，则是在另外的地点，一段时间之后。可是，承受着那些代价的行动者，并不支持这种理性观及其结果，而为了证明这种理性观的效率，那些结果也并未得到监管。他们和整个环境一起，承受了这些代价。另一方面，如果有一种更具包容性的衡量得失的角度被纳入考虑，现代行事方式的优越性就显得不那么确凿无疑了。人们很可能认识到，众多各偏一隅、互不相连的理性行动的最终结果，其非理性的成分很可能更多，而不是更少。在对秩序的探寻中，这种张力实在令人烦恼，但却无法避免。至于对抗人类现代历史绝大部分时期都显著表现出的那种含混暧昧的斗争，情况也是如此。

我们经过训练，都会认为我们的生活就是一系列有待执行的任务和有待解决的问题。我们的认同都维系着我们历经时间并在不同空间背景中积累起来的记忆。同样，我们也发现，在自己所置身的境况中，信息技术和沟通等各种力量无拘无束，跨越时空移动已成寻常之事。这些力量并不限于秩序的小型飞地，因为它们影响到我们整个的未来。现在需要做的就是，对于我们看待彼此的方式，我们的思维方式、沟通方式和行事方式，以及我们共同居处其间的环境，都具有什么样的长处，又有哪些软肋，要有一定的理解。在这种重新思考的过程中，那些看待世界的既定方

式会遭到一系列新的情势的质疑，而新的情势自然要求有新的思维方式。在有些人看来，这或许是一种威胁，而在另一些人眼中，这却是一种尽可纵情享用的机会。然而，这些状况制造了紧迫的势态，要求有锐意求变的愿望：当然，在其历史进程中。人类从来不曾变化得如此频仍。

第八章　文化、自然与地域 / 领土[1]

上一章，我们考察了边界的构成，是这些边界为一个流动世界中的各种视角与实践提供了统合与延续性，而在这个世界中，渗透着跨越时空移动的各种全球性力量。我们还看到，这类边界一方面寻求着秩序，同时又采取某种相对性而非关系性的立场存在于世，由此创造出新的议题。诸如此类的努力所制造出来的议题，溢出了它们的界限，又带着负面的后果，回到它们看似无法攻破的四墙之内。一旦社会学之镜就位，我们就可以看到，我们思考和检视一个“问题”的方式，本身就会引出被视为适当的解决之道。从一种并不定位于某一世界观的特殊性的立场出发来转换思考方式，并不是随性放纵之举。恰恰相反，它只是迈出了第一步，以便逐步建构更为实用、更为包容的思路，来应对我们在当代都会面临的那些议题。记住这一点，我们来考察自然、文化与地域 / 领土，以继续我们的旅程。 123

一、自然与文化：一种对立的形成

我们已经提出了一些议题，用一种“现代”的方式来思考自然与文化之间的差异。这种意象将自然与社会截然分离。你甚至

[1] “territory”，根据本书特别是本章的阐述，文化性的、民族性的边界相对模糊的空间译作“地域”，政治性的、国家性的边界相对明确的空间译作“领土”。

可以说，自然与社会是同时“被发现”的。但事实上，被发现的既不是自然，也不是社会，而是两者之间的区隔，尤其是各自促动或引发的那些实践之间的区隔。随着人的境况变得越来越像是整体上的立法、管理和干预的产物，“自然”所承担的角色也变成一座巨大的仓库，储存人力可以塑造的东西，或是不企望改变的东西。它由其自身的逻辑所主宰，使得人们要概括人类及其实践的特征，只能诉诸蒂莫西·默顿在其所著《人类：与非人的人之间的团结》中所称的“切断”（severing），其后果在当代已经非常明显。

17、18 世纪期间，西方的社会思想中发生了一些变化。哲学家们开始谈论“自然法则”（laws of nature），与国王或议会所颁行的法相类比，但又有所区别。“自然法”（Natural laws）就像国
124 王颁行的法，往往作为上帝的代理人发挥作用，因此有遵行的义务，但又不像王家法令，没有任何可以指认的人类作者。所以，这些“自然法”的力量是“超人类”的，无论是由上帝的意志和神秘意图所确立，还是受因果机制决定，都有着不可违逆的必然性，宇宙万物就是这样被直接安排的。而理解它们的方式也就是践行人类的“理性”（reason）能力，这些区隔也引发了一种塑造边界的方式：比如说，假定男性是“理性的”（rational），因此有能力超越自然的要求，而女性是“感性的”，受制于自然的冲动力量。与此类似，那些发达国家展现出特定的原则，使其有别于其他外在形象“不开化”的国家。

当此之时，我们的思维方式、观看方式和行事方式都发生了转型，而对确定性的探求则贯穿这些时期，作为对人类境况之含混暧昧的某种回应。随着时间的推移，随着社会变得愈发复杂，

而简单的边界也遭到了质疑，有可能激发出对含混性的某种恐惧，含混性伴随着“它者”而来，“它者”代表着差异，代表着对于稳定性的某种显在威胁。在此过程中，我们区隔出哪些东西是被认为在“人力”之内，根据我们的欲望、理想和目标而发生改变。但有一个问题会影响到这些区隔：是否存在一种标准，一种规范，是“某事”或“某人”应当遵从的。因此，被纳入考虑框架的就是那些不难根据特定的期待进行塑造的东西。处理这些东西的方式要有别于人力之所不及的其他东西，前者我们不妨称为**文化**，后者我们称为**自然**。因此，当我们认为某样东西属于文化范畴而非自然范畴时，言下之意，所讨论的东西是可以操纵的，是受制于我们的影响的；不仅如此，还具有某个值得欲求的、“恰当的”目标状态，可以据此判断其效力。

文化关注的是让事情有别于当下之所是，否则将会如何，以及如何保持这种面目。文化的特点就是某个群体所共享并发展的一系列预设，划分出一定范围的可能性以生产出秩序。文化就是引入、灌输、抵御一切偏离自身、有沦为混沌迹象的东西。文化就是用一种人为虚设的秩序，补充“自然秩序”（即没有人力干预的事态）。文化不仅有所倡导，提供秩序，而且做出评价。因此，以提高生产率的名义兜售给许多企业的“解决之道”，就是将“正确的”文化引入组织，进而渗透到整个组织，使每一个人都能够基于自己有多少能力达到该文化的期待来做出自我评估。在这个意义上，文化成为某种有待获取的东西，而不是我们作为人的结果。在这个过程中，与贯穿这些转型的理念不相符合的东西，甚至对这些理念提出质疑的东西，很容易被视为“失序”，有碍于追求“平等”“效率”“效力”之类的目标。

勾勒分界

自然与文化之间的分界线究竟落在何处？这要看可以利用什么样的技能、知识与资源，是否有雄心为着未曾尝试过的目标而
125 实施这些东西。整体而言，科学技术的发展扩大了可能实施的操纵的范围，从而拓展了文化的领域。人们常常把技术看成解决社会问题的万灵药。回到我们前文所举的一个例子：基因工程。也就是说，转变关于什么算是一个“正常”人的观念。再进一步，如果采用基因控制来调控被视为正常和健康的人，那么该由谁来决定何谓正常与健康？而对于我们看待自身及看待他人的结论，又会带来什么样的后果？这样一种文化之于个体，就好像自然的法则。这是你无法违逆的命运，或者说，如果做出反叛，归根结底将是徒劳无益。在某种层面上，自然决定了我们；而在另一个层面上，又有可能为着人类的安康和改善而治理自然。说到底，谁不想入选“健康”得享高寿，但要付出什么样的代价？

我们不妨仔细看看自己生活中那些“人为的因素”。它们很可能通过两种方式进入我们所占据的空间。其一，它们调控着我们在其中展开个人生命历程的那个背景，并使之规整有序。其二，它们塑造了我们的生命历程本身的动机与宗旨。前者使某些行为方式比另一些行为方式更为合乎情理，让我们能够使自己的行动更趋理性。后者使我们有能力从难以计数、甚或超出我们想象的动机与宗旨当中，挑选出某些动机与宗旨，并在这个意义上引导着我们。这些东西与我们所遭遇到的其他环境并无显著分别，因为我们的每一项行动都会影响到我们所处的环境，影响到我们在日常生活中发生互动的环境。因此，举一个许多人视为理所当然的例子：技术发展给我们带来了手机，据说方便了它的主

人的沟通，但在另一个层面上，人们现在谈论需要进行某种“数码排毒”（digital detox），以改善健康，因为沉溺手机让人紧张，刺激反社会情绪，是有害的。

我们如果注意到，在一个有序的情境中，不是什么事情都可能发生的，就可以从任意或混沌中区分出由文化干预促成的秩序。在可以设想的几乎无限多的事件中，只有有限的一部分可能发生。因此，不同的事件有着不同的发生概率，至于判定是否成功确立秩序的标准，就要看曾经是不大可能的东西如何转化成为必需的或必然的。就此而言，要设计某种秩序，就意味着操纵事件的发生概率。贯穿这一过程的是基于特定价值观的选择偏好和轻重缓急。这些价值观作为支撑，最终融入了由选择和操纵导致的那些人为虚设的秩序。一旦这种秩序站稳了脚跟，变得牢固而有保障，其他观看之道就可能被忘却，而这种秩序就变成唯一可以想象的。

作为人类，我们都具有一种既得利益，要去创造并维持某种有序环境。这是因为，事实上，我们的绝大多数行为都是从发现自己所处的社会环境中习得的，这种习得的知识通过叙事和记录之类的手段传承，形成记忆，再加上与他人的互动，就此得以逐渐积累。此前的判断历经时间逐步积累，并通过世代延续传承，引导着我们的理解。只要它们的形成背景保持不变，这些知识以及与之相伴的技能就会是有益的。如此搭配构成了世上的稳定性，此前获得成功的行动如果今天明天一再重复，就有可能保 126
持下去。不妨设想一下，如果红绿灯的各种颜色的意涵发生了改变，并且毫无警示，会出什么样的大乱子。置身一个可以随意变换的世界，记忆与习得都将从赐福变成诅咒，前者引导着、促动着我们，后者则让人困惑，无法正常活动。

在秩序与我们所处环境的搭配之间，我们在自身行动中找到了秩序性（orderliness）。我们在派对上的行事与学院研讨或商业会议上的表现不会相同。我们在度假时待在自己父母家里的举止会有异于正式拜访我们不熟悉的人。我们的遣词造句、抑扬顿挫，会根据我们是在和上司、同事说话还是与朋友聊天而有所分别。有些词我们只在某些场合下使用，换了场合我们会刻意避免。我们在置身公众时会做一些事情，但如果确信没有人在注意自己，也会做些“私下”的事情。值得注意的是，在选择“宜于”某个场合的行为时，我们发现与自己共处的其他人的举止其实和我们是一样的。如此一来，偏离明显的规则就是比较罕见的事情，这就使我们的行为、他人的行为，以及我们所面对并引导我们生活的制度，都具备了一定程度的可预测性。

文化作为塑造人为秩序的劳动，要求做出区隔，也就是说，通过分门别类和区别对待，将各种事物和人员逐一分开。在荒漠中，尚未被人的活动所触动，人的宗旨对此也不感兴趣，既不会有标杆，也没有什么篱笆，使某一片土地与另一片土地有所区别。换言之，荒漠是无形式的。而在文化已经对其有所劳作的环境中，单调一致的表面被分成多个区域，招纳一些人而排斥另一些人，或者被分成一些条状，一些专供车行，另一些适合步行。世界就此获得了某种结构，为各种活动提供引导。人也被分成三六九等；有的属于专家权威，有的只是外行常人；有的可以高谈阔论，有的合该洗耳恭听，最好全盘记下。与此类似，以单调一致的线性流发生的时间也被划分成一项项指定的活动，比如说早餐时间、咖啡间歇、午饭时间、下午茶点、晚餐时间。空间上也根据特定聚集的“物理”构成和场所有所分界，比如研讨、会议、啤酒节、宴会、商业会谈等。

人们从两个层面上勾勒这些区隔。一是行动在其间发生的“世界的形貌”，一是行动本身。世界的各个部分除了本身具有的差异，也被塑造得彼此分别，取决于时间流上区分出的各个时段（比如同一栋建筑，上午可能是所学校，晚上就成了羽毛球场）。而其间发生的行动也同样有所分化。同样是进餐时的行为举止，根据桌上摆放着什么样的饮食，周遭情势如何，桌边围坐着哪些人，会有显著的差异。甚至饮食的正式与否，同席者的阶级位置，也都会影响进餐礼仪，欧文·戈夫曼和皮埃尔·布尔迪厄等人的社会学研究的结论都提醒我们注意到这一点。这是满足文化给予的期待的一种方式，也是促成“我们”与“他们”之间区隔的一种归属感。它具备强大的拉动力，直到对于别的什么东西的某种渴念开始涌现，林赛·汉利在其所著《体面：跨越阶级分野》中对此有着丰富的描绘。

诸如此类的分隔赋予了差异，但它们其实并非真的彼此独 127
立，如果进餐者不以正式礼仪行事，也就谈不上什么正式晚宴了。我们不妨换一种方式来表述这些协调行为：无论是从文化角度加以组织的社会世界，还是文化角度训练出来的个体的行动，都是靠着二元对立的帮助，被“表达 / 关联”（articulated）成各自分离的社会背景，从这个角度获得了结构。进而，这些背景又要求展现出在每个场合下被视为适当的各具特色的行为，各有分别的行为模式。不仅如此，这些表达 / 关联又彼此“对应”，或者用更具专业性的术语来说，它们是同态的（isomorphic）。而社会实在的结构与受文化调控的行动的结构之间的“交叉重叠”，是靠文化符码（code）这种手段来确保的。这种手段首先就是一套二元对立系统。而在这个系统中彼此对立的其实是一些记号（sign），即可以看到、听到、触到、闻到的客体或事件，就像不同色彩的光、服饰的搭配、署名、口头表述、腔调、手势、表情、气味，如此等等。这些东西将行动与其维持的社会型构（social figuration）关联在一起。这些记号仿佛同时指向两个方向：一是行动者的意向，一是他们行事所处的那一部分的社会实在。这两个方向都不只是对方的反映，谈不上谁是首要谁是次要。它们只能同时存在，基于同一套文化符码。

以贴在办公室门上的"非请莫入"（no entry）的告示为例。这种告示一般只会出现在房门的一边，并且是通常不锁的房门（如果房门不可能开启，就基本不需要贴告示了）。因此，告示并不是在发布房门本身的"客观状态"的相关信息。它只是一种指导，意味着创造并维持一种否则将不会发生的情境。所谓"非请莫入"，意思其实是要区分门的两边，区分从门的相反两边接近门的两类人，区分出被期待或被允许进入的那一类人的行为。在被标示的房门一侧背后的空间，禁止从告示一侧接近门的那些人进入。相反，对于从另一侧接近门的人，就没有施加任何此类限制。记号所代表的正是这种区隔。实现这一点就意味着在否则单调一致的空间中，在人群中做出区别对待。

要了解符码，就是理解记号的意义，而这又意味着了解如何应对出现这些记号的情境，以及如何用它们来使这些情境显现。所谓理解，就是能够有效行事，从而维持情境的结构与我们自身行动的结构之间的协调。常言道，理解一种记号，就是把握其意义。然而，这并不意味着就此在我们自己的思维中激发出一种作为心智意象存在的想法。想法或许呈现为我们头脑中对记号的“朗读”，其实伴随着对记号的眼之所见或耳之所闻，但如果说要把握意义，准确讲，就在于了解如何应对。然后可以推出，记号的意义可以说就在于它的呈现与否所造成的差别。换句话说，记号的意义就在于它与其他记号之间的关系。雅克·德里达等人进一步发挥了这一点，认为由于意义只是源于记号之间的关系，永远不能固定下来。这样，根据**延异**(différance)的理念，我们就没有能力做出决定。因为人们必须要不停地做出澄清与界定，所以始终无法把握终极的意义。

一个记号通常并不能承载足够的信息，以使某种关系足够固 128
定，可以促成行动。对记号的解读可能有误，而如果真的发生这种误读，毫无补救的办法。比如说，军队制服的外观要毫不含糊地告诉我们，我们面前的这个人是军队的一员。对绝大多数平民来说，这一信息足以“确立”此次接触的“结构”。然而，对于军中人员来说，由于复杂的权力等级和职责分工，制服所传递的信息可能不够充分，在首要的、一般的记号(制服)上，还需要“叠加”其他显示军衔的记号，以提供进一步的信息。在某些情况下，会出现记号的剩余(surplus)，在业已传递的信息之上，没有添加什么东西。比如说，有些市场营销策略老想着在各产品之间制造区隔，却只是复制了业已由其他记号传递的信息；而私人安保公司可能也有制服，其外观同公共警力的制服并无不同。

在这些例子中，我们可能会有记号之**冗余**(redundancy)的说法。在这里，我们发现，通过消除因误读而可能产生的含混暧昧之处，可以确保不犯错误。要不是因为冗余，单单一个记号偶然被曲解或忽视，就可能激发错误的行为。我们甚至可以说，用来维护并增进既定秩序的各种记号之间的对立越是重要，我们就会看到越多的冗余。一方面，这会减少误读所产生的问题，从而力求通过记号的剩余来减少误解。而与此同时，这种剩余又会加剧含混性，更有可能产生可供替代选择的意义。因此，尽管要追求沟通的需要以协调各种活动，但如果做过了头，就会有引入含混性的风险，进而使沟通被扭曲。

诸如此类的特性在跨越时空的沟通中是明显可见的。面对社交媒体，人与人之间那些为了协调活动而对记号的解释、提醒与推行似乎都逐渐消散了。在打字、按键、发布众人可见可读的日常饮食起居图片的个体化领域中，公共领域与私人领域的边界趋于模糊。这成了对私人生活的公共消费，许多人乐于参与，而所利用的这些平台，其商业模式关注的是广告收入。追求的不仅仅是可见性，而或许是确证（validation），要让某人的生活方式、观点和习惯所产生的后果不仅限于自我呈现与自我确认。我们作为广告瞄准的主体，这样一种文化影响着我们如何看待世界，并将我们转化成消费者，在各种记号的循环流通中，竞相博取我们的关注。它还可以通过别的方式转化我们。我们在网络上花的时间，就是为科技企业提供的免费劳动，因为它们拥有资源提取数据。而这又被售卖，作为对于以人工智能（artificial intelligence, AI）为承诺展开市场营销之类问题的解决之道。事实上，可能性无穷无尽。叶夫根尼·莫罗佐夫就此提出如下问题："科技公司打造出让人上瘾的服务来抓取我们的数据，我们置身这样的世界，最终会怎样？只是去鼓吹对于他们制造出来的成瘾问题的人工智能解决方案？"（https://www.theguardian.com/technology/2018/jan/28/morozov artificial-intelligence-data-technology-online）

我们往往认为，这类技术属于我们自由的一部分。然而，究竟是它在使用我们，还是我们在使用它？要考虑这一点，我们得从属性和特征的角度做出分界。比如说，我们在获取有关自然现象的知识时，往往诉诸“记号”，自然通过记号使我们“了解”到它，我们必须解读这些记号，以便提取出它们所包含的信息。就这样，我们看到一颗颗水滴顺着窗玻璃留下来，于是说，“下雨了”。或者，我们看到人行道湿漉漉的，于是概括道，一定是下过雨了。如此等等，不一而足。诸如此类的记号的特征，就在于它们不像我们上文所讨论的那些文化记号，完全是**被决定**的。也就是说，它们是其各自原因所产生的效果。雨送来了水滴，顺窗玻璃而下，淋湿了道路；疾病改变了体温，使头摸上去发热，让我们得出结论：某人发烧了。我们一旦了解到这类因果关联，就能够根据观察到的效果，重构出“不可见的”原因。为了避免混淆，或许最好说**指号**(indices)而不是记号，专门指我们的推理中那些受因果决定的线索。 129

我们已经提出，上述例证中提到的自然原因限制了对所讨论的现象可能做出的解释。在我们和自然之间做出分离，使得有关自然实在的图景有可能出现。这里需要有两点限制说明。首先，针对科学实践的社会研究已经表明，那些对所谓自然事件的看似不成问题的解释，大多其实是从社会角度生产出来的。比如说，科学实验室里所做的工作，就是一种社会性活动，社会意义扮演了相当重要的角色。而自然科学里的那些推论，许多也是针对观察不到的现象。在后一种情形下，就不是通过观察对可能的解释做出限制。其次，尽管我们指出，文化记号有其任意性，但这并不意味着它们的效果不是实实在在的，也就是说，它们确实约束了我们的行动，约束了我们在社会生活中都会面临哪些可能性。就此而言，它们既促动了我们的活动，又约束了我们的活动。至于其产生效果的具体方式，就要看具体的背景，看我们具备什么样的力量，来改变它们的效果。比如说，被界定为“贫困”，不仅仅是指一种任意性的文化范畴，而且也指人们在物质角度与社会角度上有多少能力，根据他们所处社会中的基本标准，拥有充足的金钱与社会地位，以满足其日常的需要。

所谓文化记号具有任意性这样的看法，并不等于说可以彻底自由地进行选择。语言是一种记号系统，专门用来履行沟通的功能。因此，在语言中（也只有在语言中），记号的任意性是没有任何约束的。人类能够发出的那些声音，以无法尽数的彻底任意的方式进行调节，只要有足够的变化，可以产生所要求的对立。在形形色色的语言中，可以借助一些对子来建构出同一种对立，比如热与冷、大与小等等。皮埃尔·布尔迪厄和批判语言学家们都已经指出，语言与权力也是携手并行，限制了可说的东西。布尔迪厄在研究教育体系时，考察了一种官方语言的建构是如何不仅授权了什么能说什么不能说，而且授权了该如何以特定的方式
130 去观看，去感觉。我们整本书反复指出，为行动提供可能性的那些东西，也可能限制了这些可能性，从而有助于约束我们的潜能。

就限制而言，我们不妨说，当文化乔装改扮成自然，就是其最为有效的时候。人为虚设的东西似乎根植在了“事物的本性／自然”之中，因此成为人的任何决定或行动都不可能改变的东西。男女两性从早年就被铭刻的截然不同的定位与处置方式，一旦被接受为不成问题，两性之间的关系在一定程度上就是预先

决定的，也就成为真正牢固、确保无虞的东西。男人和女人之间从文化角度生产出来的社会差异，就和男性与女性性器官及生殖功能可以观察到的生物学差异一样自然。只要文化所倡导的那些规范的性质尚未被揭露，就会发生诸如此类的过程。只要人们尚未看见和了解任何可供替换的惯例，文化的面目和作为就依然与自然一般无二。不过，我们几乎每一个人都知道，生活方式可是多种多样的。我们环顾四周，衣着、谈吐与举止不同于我们的人比比皆是。我们知道，存在*多种文化*，而不只是单一的文化。因此，文化没有能力像去除一切可替换秩序的普遍境况那样，牢牢控制人们的行为举止。在这个过程中，我们会遭遇到一些持续长短不一的怀疑，要求就现存事态做出说明和辩护。这些问题可能通过某种开放性的、爱究问的文化得到解答，但同样可能进一步加固所谓事物自然秩序的设定。

二、领土：国家与民族

就像上文一句话中的两种反应，我们看到，既有一种开放态度，为特定的行动路线探寻正当化理据；又有一种强加立场，围绕下列观念，不加掩饰地挥舞权力：文化展现出一种固定的自然秩序，需要加以保护，以对抗混沌，一旦陷入混沌，可能边界将更容易渗透。通过维护连贯一致，表面上轻松解脱，避免承认含混暧昧。那不是什么令人愉快的境况，所以尝试摆脱也就不是什么稀罕之事了。在此过程中，文化训练所推动的遵从规范的压力，会伴之以努力贬低乃至诋毁其他文化的规范。通过诉诸某种“自然性”（naturalness），所谓自然是限定不变的这一观念也就被从文化角度挪用了。连续统的一端是调用所谓“纯洁”与“污染”的修辞的群体，另一端是生活在一个与其他文化相分离的文化中的权利，我们在这两端都能看到上述现象。即使承认其他生活方式凭其自身可以成为有活力的文化，也往往会把它们描绘成奇特怪异，具有一种说不清道不明的威胁。对于其同胞不甚在乎的人或许能接受这些文化，但对于那些计较区隔的人，可就不满足于此了。我们在这一点上会看到，出现程度不一的恐外症（xenophobia，惧怕外人）或恐异症（heterophobia，惧怕不同），以捍卫某种秩序，对抗含混暧昧。

基于“我们”与“他们”、“这里”与“那里”、“内部”与“外部”、“同胞”与“外人”等区隔，我们常常看到勾勒出一块地域，
131 在这块地域上，以某种牢固确立、不容置疑的文化的名义，诉求不可分割的统治，决心对抗一切竞争。文化宽容往往只施用于尚有一定距离之时，与承认差异、价值平等并不一样。一旦一定距离之外的宽容由于其他文化的迫近而遭受威胁，抵抗入侵、捍卫纯洁之类的修辞常常会得到另一种修辞的空泛掩饰，后者宣称全体人民皆有权按照自己的意愿过日子——只要是在他们“自己的国家”。这样一来，我们就看到，地域/领土和文化与愈益全球化的世界里边界的疏松性质相混融，相互作用的后果多种多样。阿兰·图海纳在他的研究《我们能否共同生存？》中认为，我们经历的是一场“去现代化”过程，在此过程中，全球经济将我们转化为只是在市场上交易的消费者，而市场已经脱离了文化及我们认同的其他形式。随着民族国家对全球物品流和服务流的控制力愈益减弱，文化面对这些力量，也可能转而退守自身，寻求统合。

面对这种局面，我们往往会看到文化霸权（hegemony）的现象。安东尼奥·葛兰西在《狱中札记》中写道，不妨把国家霸权看作是这样一块区域，强制的使用与同意的制造在这块区域中相互作用。这个术语点出了一种微妙但却有效的运作过程，旨在确保对特定秩序赖以确立的那些规范和价值实施垄断。文化就此变成一种以劝人皈依为宗旨的改宗活动，诱引其对象放弃旧有的习性和信念，转而奉行其他习性和信念，或者基于自身文化据说具备的优越性，对其他文化痛加指责。另一方面，当各种文化设计彼此共存，没有明确的分界线区分各自的势力范围，在这样的情形下，我们就会发现属于"文化多元主义"的境况。理想状态下，这种境况的典型体现就是承认另一方的重要性和正当性，要想实现富有建设性的和平共处，就必须采取这样的态度。

公民权与国家

现在我们讨论的这些话题都关系到身份/认同（identity）方面的事情，并进而涉及公民权。公民权可以是某人因其出生地而获得的权利。不仅如此，如果某人申请加入某个国家（country），或是与该国素有渊源、做过贡献，作为回报，也可以获授公民权。另外还有一些情况，比如人们遭受迫害，成为难民，因此申请政治庇护和居住权。考虑这些话题的时候，文化、民族和有关民族主义的信仰都会影响到授予有关人员何等地位，是否接受其申请。如果接受，那么接下来的问题就是在人的身份/认同与归属（belonging）某个民族之间建立关联。

想想我们如果要提交具体的申请，一般会被要求填写哪些表格。这些表格会询问我们许多细节，我们的个人偏好、生平履历、依附关系，往往还会询问国籍 / 民族（nationality）的问题。面对这个问题，你可能会回答“美国人”“英国人”“德国人”“印度人”“法国人”“肯尼亚人”“中国人”“巴基斯坦人”“葡萄牙人”等等。然而，如果回答是英国人（British），这个人也可能回答是“英格兰人”（English）（或“威尔士人”“苏格兰人”“希腊人 / 希腊裔”等等），来自不同的族属背景。如果出现这种情况，
132 两类回答都是对于国籍 / 民族这一问题的恰当反应，只不过指的是不同的东西。如果回答“英国人”（British），指的是自己属于“英国国民”（British Subject），即被称作大不列颠或联合王国的那个**国家**（state）的公民（citizen）。而如果回答“英格兰人”（English），说的是自己属于英格兰这个**民族**（nation）。[2] 有关国籍 / 民族的询问使两类回答都有可能出现，也都可以被接受，这就证明两种成员资格彼此并无明确区别，因此可能混淆。然而，尽管国家与民族可能有重叠之处，但却很不一样，一个人针对这两者的成员资格所涉及的关系也是非常不同的。

如果没有一块专门的领土，由某个权力中枢将其维系一体，就不存在任何国家。国家的权威所及的这块区域内，每一位居民（resident）都归属于这个国家。归属有着法律上的意涵。“国家的权威”意味着宣示并实施“本国法”（law of the land）的能力。对于这些规章，该权威之下的全体国民，包括那些可能不是该国公

[2] 实际上，最准确也就是最模糊的译名或许分别应该是国家 / 政府（state）和国家 / 民族（nation）。日常用法中这两个词并不只是单纯的国家与民族的意思，这样译只是突出对比，简化行文。但不妨记住，不要用针对类似于“goverment”（政府）或“ethnic group”（族群）这样的术语相对单一的理解方式，去理解处在它们中间的这两个词。

民、但其物理存在位于该国领土之内的人，都必须遵守（除非国家本身豁免他们，不必遵守）。如果法律未被遵守，犯事者就会被捉拿，遭到指控，后果接踵而至。不管是不是乐意，都不得不遵守。用马克斯·韦伯的话来说，所谓国家，就是以合法手段对暴力实施垄断。国家会宣称独享应用强制力的权利（使用武器来捍卫法律，通过监禁来剥夺违法者的自由，如果存在死刑，最极端状况可将其处死）。在这些情况下，当人们被国家的法令执行死刑，杀人会被视作合法的惩罚，而非谋杀。话说回来，有关的解释显然面临诸多争议。国家垄断了身体强制，其反面就是任何使用强力的行为如果未经国家的授权，或非由国家授权的代理人执行，均以暴力行为定罪。当然，需要指出的是，这一切都不意味着那些代表国家行事的人或组织就不会从事非法的暴力和恐怖行为。事实上，尽管在引渡和酷刑之类事情上存在着国际法，国家仍然可能蓄意送人到其他地方实施此类行径。

国家所宣布并捍卫的法律，决定了国家的国民所应尽的义务和应享的权利。而纳税就是其中最重要的义务之一，就是将我们收入的一部分交给国家，后者接管这部分款项，另有多种用途。另一方面，权利可以是人身性的。这方面可以包括保护自己的身体与财产，除非受到业经授权的国家机关的决定的管制。还包括有权利表达自己的意见和信仰，只要不妨碍别人的自由。也可以是政治性的，即影响国家机关的组成与政策，比如说参与选举代议制团体，后者就此成为国家机构的统治者或管理者。按照社会学家 T. H. 马歇尔的观点，还包括一类社会性的权利。这类权利指的是，如果有些基本的生活或不可或缺的需要是给定个体的努力所无法获取的，就由国家来提供保障。

既然我们已经提到了经济范畴与文化范畴之间关系的议题，这里就得介绍一下国家的角色与做一名公民的角色。至于这些角
133 色如何平衡得当，各社会俱有不同。社会权利可能会对财产权利构成挑战，借用英国哲学家以赛亚·伯林对两种自由观的著名区分，它们涉及“积极自由与消极自由”。“消极自由”指的是基于财产所有权，免于他方干预。据称这就是授予一个人占有其土地和财产的应享权利（entitlement），而国家对于他们处置其财富的手段的干预也保持在最低限度。另一方面，“积极自由”说的是为人们提供某些应享权利，而不考虑这种所有权，当然，后者可能只是由于出生这一偶然因素。慈善赠予也可能与前者有关，拥有财富的人选择将自己收入的一小部分转投有价值的事业。然而，对于接受者来说，这是以“馈赠”的形式出现的，而不是凭其公民权该有的“应享权利”。诸如此类的话题也渗透到那些竞选口号中，它们往往围绕着对于权利的侵害或诉求，比如说“争取权利、拒绝施舍”（rights not charity）、“争取教育平权，反对教育特权”（education is a right, not a privilege）。

个体要成为国家的国民，就要靠各种权利与义务的融合。对于作为一国之国民，我们首先要了解的是，无论我们可能多么不情愿，也必须缴纳所得税、地方税或增值税。不过，如果我们的身体遭到袭击，或是财产遭到盗窃，我们也可以向权威机关投诉，寻求它们的协助。我们也可以对促成我们日常生活的那些基础设施抱有期望。不管有没有支付能力，我们也都有机会接受初等教育和中等教育，具体要看我们生活在什么国家。医疗保健方面我们也有类似的期望。比如英国的国民保健服务制度，之所以设立这项制度，就是为了让全体人民都有机会接受医疗服务，并

力保全体人口更加健康，实现整体上的经济繁荣和社会幸福。

这些条件我们可能当作理所当然，直到它们被撤回，我们也看到了后果。不妨认为，这些条件既是促动性的，也是约束性的。当人们乐享原子化的存在，拒绝关系性的理解，在这样的条件下，就有可能产生怀疑和威胁。另一方面，与集体主义相伴而来的，往往是对个体自由的践踏。无论哪一种情况，我们都有可能享受着生活的相对和平，但还应该感激那令人畏惧的强力，它始终等候在无法直接看见的某处，准备打击破坏和平的人。冷战期间，在我们所处的核时代，这种均衡是由世人所知的核威慑（MAD，即“确保同归于尽”[mutually assured destruction]）机制所决定的。由于国家是唯一被允许区分可允许与不可允许的权力，也由于国家机关所进行的执法是唯一保障这种区分持续稳定的手段，我们相信，如果国家撤回其惩罚铁拳，就将会暴力横行，普遍失序。我们相信，我们的人身安全与心智平和都要靠国家的强力，若无后者，就毫无人身安全可言，也根本谈不上心智平和。话说回来，在许多情况下，我们又憎恨国家强行干预我们的私人生活。如果说国家的保护性照看增强了我们的行事能力，因为相信计划能够不受阻碍地顺利执行，我们才会筹划行动，那么，国家的压制性功能就更可能让人觉得削弱了我们的能力。所以说，我们对国家的体验有其内在固有的含混性：我们可能会对它爱恨交加，既需要它，又憎恨它。

至于这两种情感如何平衡，就要看我们置身什么样的环境。134
如果我们生活优裕，不操心钱的问题，那么可能会盼望，自己能确保得到比普通人更好的医疗保健。我们可能会觉得，规范的福利供应是不充分的，就因为那是人人可以利用的。在英国的情况下，我们可能很不愿意看到，事实上，国家收我们的税，拿去支撑国民保健服务制度。相反，如果我们的收入实在有限，难以支付专享医疗保健，我们就可能乐见国家成为我们健康不良时保护我们的手段。我们可能看不到，与民族国家有关的税收与福利体系，大致上是如何以多种方式影响了生活机会的。英国的保健服务开支占国内生产总值的比例，可能比美国、德国、法国和日本都低，但我们只关注自身，只关注自己如何被周遭的环境所影响。

这也完全可以理解。不过，在英国的情形下，要不是国民保健服务制度培训了大批医护人员，因此提供了私营部门也必需的技能与知识，一个人又如何有能力负担私人医疗服务？与此类似，要不是公立教育部门为就业市场提供了富有技能和知识的个人，经济又如何能够有效运行？从上述讨论中我们可以看到，基于自身所处情境，有些人会觉得国家的行动扩大了自己的选择范围，从而感到增加了自由；另一些人可能觉得这类行动约束了人，所以缩小了自己的选择余地。有些人可能是担忧自己的生活而逃离国家的移民或难民，还有些人只是寻求临时工作许可，或出于各种原因投资个人财富。但只要作为公民，绝大多数人都更喜欢尽可能地扩大行动能力，若非确有所需，约束越少越好。至于什么被视为具备促动性，什么被看成带有约束性，并无一致意见，但面对这种混合状态，控制或至少是影响其具体比例的冲动却是一致的。我们的生活中仰赖国家活动的比重越大，这种冲动就可能越是普遍，越是强烈。

要做一位公民，有着双重意涵：首先，作为国家规定的那些权利与义务的承载者；其次，在影响那些权利与义务的政策的决定方面，有一定的发言权。换句话说，公民权指的是有能力影响国家的活动，从而有能力参与“法治”的界定与管理。要真正实践这种影响，公民们就必须享有相对于国家管控而言的一定程度的自主性。换言之，国家干预国民行动的能力必须有所限制。在这里，我们又一次遇上国家活动的促动性一面与约束性一面之间的张力。比如说，如果国家的活动被笼罩在所谓机密中，如果“老百姓”无法深入了解统治他们的人的意图与作为，公民的权利就无法得到充分践行。而一个政府（government）如果把自身的目标与国家（state）的目标混为一谈，就会拒绝让公民了解他们赖以评估国家行动的真实后果的那些事实，从而很容易损害公民的权利。如果缺乏一个公共领域，可以思考和审查这类行动的正当化理据，天平就很容易向另一方倾斜，从保护变成压迫。

鉴于诸如此类的原因，国家与其国民之间的关系往往比较紧张，因为国民发现自己不得不努力争取才能成为公民，或是在面临国家愈益膨胀的野心或不作为的威胁时，奋力保护自己的地位。在这场斗争中，他们遇到的主要障碍分别关系到国家的监护 135
情结（tutelage complex）与疗治态度（therapeutic attitudes）。前者指的是对待国民时，倾向于把他们当成没有能力决定什么对他们有好处，没有能力以满足其最佳利益的方式行事。后者指的是国家权威机关在对待国民时，往往就像是医生救治病人。如此一来，国民就成了为种种自己不能解决的问题所累的个体。而专家的引导也就此被视为必然的要求，并且必须伴之以监控，要解决仿佛寓于病人“内部”的问题。救治也就成了指导与监管，以便根据医嘱作用于其身体。这里我们可以发现，从国家的角度来看，倾向于把国民看作是管控的对象。国民的行为也就此被视为始终需要做出禁止（proscription）和规定 / 开处方（prescription）。如果行为不符合应当之作为，那么就是国民自身出了问题，而不能归咎于他们所处的背景。这种将社会问题归于个体的倾向，就发生在关系失衡的背景下。即使允许病人选择自己的医生，一旦选定医生，就期望病人尊崇其专业技能。不妨称此为实施**牧养权力**（pastoral power），以求保护个体对抗其自身的倾向。

在这个过程中，可能会提出这样的辩护理由：为了公民好，需要对他们隐瞒一些信息。这种保密措施包括了国家搜集、保存和处理的详细信息。当然，这些信息大多是为了有助于政策的制定与贯彻。但在同时，有关国家本身行动的资料却可能被定为“官方机密”，泄露者将被判刑。鉴于国家的绝大多数国民都被拒绝接触到这类信息，或被要求提出正式请求以便接触，少数被允许获取信息的人相对于其他人而言，也就独具优势了。国家享有搜集信息的自由，再加上实施保密措施，会使其与国民之间的相互关系更趋失衡。这里我们不妨想想维基解密（WikiLeaks）。作为一个反保密的组织，它以公众信息为名，发布了难以计数的被定为绝密的文件。但在政府和官员们看来，这种行动是不负责任的。鉴于这种发生冲突的可能性，公民权往往会抗拒国家所渴求的那种发号施令的位置。这些努力可能体现为两种方向，它们彼此关联，但却有所不同。其一是**地方分权**（regionalism），国家权力可能被视为地方自治的对立面。地方利益和地方议题的特殊性会被凸显，作为渴求对地方事务进行自我管理的充分理由。与此相伴随的是要求建立本地的代议制机构，更加贴近当地民众，对地方关注的事情体会更加敏感，反应更加迅速。第二种体现则是**去领土化**（de-territorialization）。在这里，我们发现，国家权力的领土理据遭到挑战。其他特性就此地位提高，获得了比单纯的居住位置更重要的意涵。比如说，族属、宗教、语言会被凸显，这些属性对人的整个生活具有更重要的意义。如此一来，就会要求得到自治的权利，单独管理的权利，以对抗一体性的领土权力所要求的那种一致性的压力。

由于存在这些倾向，甚至在最佳环境下，国家与其国民之间 136
也会残留一些张力和不信任。比如说，面对全球性力量，国家可能由于没有能力遏制这类权力而被“抽空”。不过，在同样程度上，国家的管控体制也会创造出市场运作所要求具备的外部条件。回到我们关于时间与空间的讨论。国家会以特定方式展开运作，管理全球资本流动和它在特定地点落地的具体方式之间的关系，以有利于民族。就像鲍勃·杰索普在《国家权力》中所表述的那样，这种角色反映出“内部力量与外部力量之间”的某种平衡，“有些国家比其他国家更乐于、更主动参与这些过程”。因此，从内部来看，国家为了确保其**合法性**（legitimacy），需要说服其国民，他们之所以应当遵从国家的命令，是有确凿的理由的。所谓合法化（legitimation），就是要确保国民相信，无论国家权威机关发出什么命令，都应当得到遵从，并且让他们坚信，也必须遵从。就此而言，合法化旨在培养对于国家的无条件效忠，如果归属于某个“祖国”，所获得的安全是显而易见的，公民个体可以受益于这个“祖国”的财富与强力。这就可能带来**爱国主义**，作为对行动的引导，这是一种对祖国的热爱，会在其公民当中激发归属感。人们认为，把共识与纪律融合在一起，会让全体公民更加幸福，而齐心协力会比彼此纷争更能造福于全体公民。

如果说出于爱国主义的遵从是以理性（reason）的名义而提出

的要求，那就很可能受到诱惑，将此观点交付理性的检验，因为所有的计算都会招致某种反向计算。不妨将遵从一项不得人心的政策的成本与积极抵抗可能带来的获益相比较。也可能就此发现，或者说服自己，抵抗相比于遵从，成本更低，损害更小。不能把公民不服从（civil disobedience）简单视之为那些误入歧途者被扭曲的欲求，从而彻底否定，因为发生公民不服从的那些空间正是使国家活动合法化的那些努力所创造的。由于这个过程几乎从来也不曾盖棺论定，漫无终日，这些类型的行动就成了晴雨表，反映出政策已经变得多么具有压制性。埃米尔·涂尔干在分析国家、犯罪和越轨之类论题的时候，就非常强调这一见解。实际上，涂尔干留下的持久遗产之一，就在于认为社会是一种积极的道德化力量，当然，除了经济利益，它还会受到国家的各项活动与政策的侵蚀或推动。

民族与民族主义

与上文截然相反，对民族保持无条件忠诚，就是摆脱了遵守国家纪律所蕴含的内在矛盾。民族主义（nationalism）并不需要诉诸理性或计算。尽管它可能诉诸遵从会带来的获益，但在通常情况下，遵从作为它的特点，是自有其价值所在的。作为一个民族的成员，被视为某种命运，比任何个体都更为强大，因此不是什么可以凭自己意志接受或卸掉的属性。[3] 民族主义意味着是民族赋予个体成员其特性 / 身份 / 认同（identity）。与国家不同，民族

[3] 无论第二版还是第三版，原文此处均为“is not a quality that cannot be put on or taken off at will”，但根据上下文，此处的双重否定都应该是错误的。

不是一种为了促进和实现共同利益才结成的团体。恰恰相反，民 137
族的一体性是一种共同命运，先在于其他一切利益考虑，进而赋予这些利益以意义。

具备这样的条件，民族就会陷入民族主义。它要想使自身合法化，根本不需要诉诸一个公共领域，对各项行动和政策进行审慎思量，提供正当化理据。相反，它会挑起一波又一波情绪，不去考虑行动的效力，也不考虑行动对他人的效应，而是以民族的名义说话，要求得到遵从。遵守国家纪律这种价值观，除了追求自身的目的，并无任何客观目的。在这种情形下，质疑或违抗国家就成了比违抗法律严重得多的事情。它变成了背叛民族大业之举，而这样的行径十恶不赦，很不道德，要剥夺犯事者的尊严，赶出人类共同体。或许是因为要进行合法化的原因，更宽泛地说，因为要确保行为的一体性，国家与民族之间存在某种相互吸引。国家往往会征召民族的权威，以此强化其对于纪律的要求。而民族也倾向于融入国家，借用国家的执行力，支撑自身对于忠诚的诉求。当然，并非所有的国家都具有民族性，也不是所有的民族都能拥有自己的国家。

那么，什么是民族？这是一个棘手的问题。任何一个单一性的答案似乎都不能做到皆大欢喜。民族并不像对国家的界定那样，可以视作一种“实在”。国家无论在地图上，还是在土地上，都有着明确划定的边界，就此而言，它是“实在”的。这些边界整体上受到强力的捍卫，所以在国家之间随意穿越，或是进出一个国家，都会遭遇到实实在在的、真切感受到的抵抗，国家经由其边界之内的实践，使自身变得实实在在。在国家边界之内，有一整套具有约束力的法律。同样，如果无视其存在，行为举止罔顾法律，犯事者就会遭到“打击”和“伤害”，基本就像走路时无视其他物质客体一样。在这个意义上，这些法律也是实在的。但同样的话就不适用于民族。民族是一种“想象的共同体”，因为它之所以作为一个实体而存在，只是因为其成员在精神上、情感上“认同于”一个集体 / 集体性的身体（collective body）。诚然，民族通常占据着一块连片的地域，它们也可能会提出颇让人信服的诉求，赋予这块地域一种特定的品质。话说回来，这很少能使有关地域具备一定的一致性，其程度堪比于国家颁行的“本国法”的一体性所强加的那种一致性。民族很少能自夸垄断了某一地域上的所有居民。几乎在任何一块地域上，都会有比邻而居的人们界定自己归属不同的民族，因此也就会有不同的传统要求得到其效忠。在许多地域上，没有任何一个民族能够确实宣称占据大多数，更不用说足以主导局面，界定这片土地上的“民族性格”。

我们也可以转向以一种共同语言作为界定标准。诚然，民族通常靠着一种共同语言而自我统合，彼此区分。但是，究竟什么称得上内部共同、彼此区分的语言，却在很大程度上是一种带有民族主义意味的决定（并且往往聚讼不已）。各地方言在词汇、句法和习语等方面可能极具特色，几乎无法相互理解，但它们的特性 / 认同却会被拒绝承认，或是受到积极的压制，因为担心会破坏民族统一。另一方面，即使是比较细微的地方差异也可能会
138 被放大，乃至于方言就有可能被提升为一种自成一体的语言，作为一个自成一体的民族的鲜明特征。可能有许多人群承认共享一种语言，但自视属于不同的民族。地域与语言之所以尚不足以作为构成民族之“实在性”的规定性因素，也是因为人们可以进入或退出某块地域或某门语言。原则上，一个人可以宣称变更民族

隶属。根据迁移政策和居住条件，人们背井离乡，在自己并不归属的一个民族中定居下来，然后可能学习另一个民族的语言。如果说使民族成其为民族的特征，就在于所居住的地域（别忘了，这不同于具有守备的边界的那种地域[4]）和所参与的语言共同体（要记住，你之所以不得不使用某一种民族语言，并不是因为掌权者其实不允许使用其他任何语言），那么这种民族就会非常“松散”，“界定模糊”，不足以宣称一切民族主义都要求的那种无条件的、排他性的绝对效忠。

如前所述，如果把民族理解为一种命运，不是一种选择，以下要求就会让人无比信服。它就此会被设定为自古以来牢固确立，任何人力干预都不能改变。民族主义被视为超出了文化在人们眼中的那种任意性，因此一心要凭着起源神话/迷思（myth of origin）实现这种信念，起源迷思充当了达成此目标最有力的工具。这种迷思意味着，就算民族曾经是一种文化创造，随着历史的演进，它也成了一种真正“自然”的现象，因此也就超出了人力的控制。按照这种迷思的讲法，当下属于该民族的成员被一种共同拥有的过去维系在一起，无法摆脱。民族精神就此被视为一种排他性的共享财产，不仅将民众统合在一起，而且使他们有别于其他一切民族，有别于一切可能想进入其共同体的个体。美国社会学家和历史学家克雷格·卡尔霍恩提出，如此一来，民族这个观念“无论是作为类似个体组成的一个范畴，还是某种“超个体”的范畴”，都得到了牢固确立。

有关民族之起源的迷思，或是宣称民族之“自然性”，民族

---

[4] 即“territory”的另一种译法：“领土”。

成员资格的先赋性与遗传性，必然使民族主义陷于矛盾之中。一方面，民族被视为历史之判定，是像任何自然现象一样客观和确凿的实在。另一方面，由于某个民族的周边还存在其他民族，其成员还可能成为该民族中的重要人物，这个民族的一体性和统合性始终面临威胁，因此并不牢靠。而民族对此的反应，可能就是对抗“它者”的侵入，捍卫自身的存在，从而惟有枕戈待旦，奋力不辍，以图维存。因此，民族主义通常会要求强权，即有权使用强制，以确保民族自我保全，生生不息。这样就会动员国家权力，而这又意味着对各种强制手段实施垄断，只有国家权力有能力推行统一的行为规则，颁布法令，而其公民必须遵守。所以，正好像国家需要民族主义来使自身合法化，民族主义也需要国家以增强自身的效力。这种相互吸引的产物，就是民族国家。

当我们发现，国家被视同于民族，作为民族自我治理的机关，民族主义取得成功的机会也就增加了。民族主义不再只能仰
139 仗其观点的说服力强弱，因为国家权力意味着有机会在公务、司法和代议机构推行只能使用民族语言。公共资源也被调动起来，以使受扶持的整体来说的民族文化、具体而言的民族文艺更具竞争力。最重要的是，它还意味着控制教育，以确保赞同。全民教育让国家领土上的全体居民都接受了支配国家的那个民族的价值观的培训，旨在将理论上宣称的东西，即民族性的“自然性”，落实在实践中，只是其成功程度有大有小。教育，虽然分散但却无所不在的文化压力，国家推行的行为规则，这些融合起来，就使得人们依恋于与“民族成员资格”相维系的那种生活方式。这样的精神纽带可能会体现为一种自觉的、明确的**民族中心主义**（ethnocentrism）。这种立场的特征就在于坚信，我们自己的民族，

以及与其有关的一切东西，都是正确的、道德上值得赞赏的、美好的。由于它是通过对立构成的，所以也表现为坚信自己远远优越于所提供的替代选择，更有甚之，觉得对自己民族有好处的东西就应当优先于其他任何人、任何事的利益。

民族中心主义可以通行于那些在某种特殊环境中成长起来的人，并往往让这些人产生如家感。因此，若无意外，它就会延续下去；所处的环境如果不同于熟悉的状况，就会让人感到不安，对于那些被视作该为这种缺乏统合性和确定性的状况负责的"外人"，心生怨恨，甚至是明确的厌恶。如此一来，"他们的方式"就需要改变。这样一来，民族主义就可以激发出文化征服[5]的倾向，努力改变外来的方式，使外人皈依，迫使他们遵从支配民族的权威。文化征服的整体宗旨就在于同化（assimilation）。这个术语最初来自生物学，说的是一个生命有机体为了养活自己，如何吸收环境中的某些成分，从而将"外来的"材料转化到自己体内。通过这个过程，这个有机体使这些材料与自身"类似"，曾经不同的东西就此变得相仿。所有的民族主义始终都与同化有关，这是因为，要想缔造出民族主义所宣称的那种具有"自然的一体性"的民族，首先就得把一群往往彼此漠视、互不相同的人，以有关民族特色的神话 / 迷思和象征为核心，聚合到一起。民族主义如果已经赢得了对于某一特定地域 / 领土的国家支配，志得意满之余，却在居民中遇到一些"外来的"群体，即那些宣称自己具有自成一体的民族特性 / 身份 / 认同的人，或是被已经完成文

[5] 注意此处原文不是一般的"overcome"或"conquest"，而是带有宗教意味的"十字军东征"（crusades）。

化统一过程的人口视为与众不同，非我族类（nationally alien），这时候，同化的努力表现得最为显著，并且充分展示出内在的矛盾。在这种情况下，同化会表现为劝人改宗的传教式使命，宛如异教徒必须皈依“真正的”宗教。

劝人皈依的努力也可能是半心半意的。说到底，有很多的成功范例也依然带有始终体现在民族主义观点中的那种内在矛盾的烙印。一方面，民族主义宣称，自己这个民族，民族的文化和性格，都具有优越性。所以，如此优异的一个民族对周遭人群的吸引力乃属意料之中。如果是民族国家，它会调动起民众对国家
140 权威的支持，摧毁违逆国家倡导的一致性的其他一切权威源泉。但另一方面，外来成分渗入本民族，尤其是当宿主民族（host nation）“张开怀抱”的好客姿态方便了这样的融入，也对民族成员资格的“自然性”提出了质疑，从而侵蚀了民族一体性的根基。人们被视为可以按照自己的意志改变所处位置，“他们”可以转变成“我们”，并且就在我们的眼皮底下。因此，民族性仿佛只是一种选择，原则上可以不同于它过去的涵义，甚至可以被召回。卓有成效的同化努力也就此凸显了民族及民族成员资格的性质中难以确定、出于自愿的一面，而这种状态正是民族主义力图掩盖的。

同化也孕育了怨恨，而这怨恨的对象，却恰恰是文化征服旨在吸引并使之皈依的那些人。在这个过程中，他们被建构成对秩序与安定的威胁，因为他们的存在本身就挑战了被认定为非人力所及、非人力可控的范畴。据说是自然的边界，如今暴露出不仅是人为的虚设，而且更糟糕的是，可以来回穿越。因此，同化的举措永无大功告成的那一刻，因为在那些一心想让外人幡然转化

的人眼中，被同化的人看起来还像是潜在的变节者：他们可能会装出一副样子，但其实并非如此。所以，承认并尊重差异并没有成为那些具有民族主义倾向的人的选择。这些人就算看到没有成功的希望，也会退到带有种族主义意味的防线，更加顽固，更不容易被摧毁。与民族这个观念不同，种族被视为无须掩饰、毫无疑义的自然之事，因此，它所提供的区隔既非人为的虚设，也非人力之所能改变。种族往往被赋予一种纯粹生物性的意义，乃至于认为，个体的性格、能力和倾向，与受基因决定的、可观察到的外在特性之间，有着密切的关联。这类概括指的是那些被视为遗传性的性质，因此，在种族面前，教育也必然无能为力。自然已经决定之事，人的指导毫无改变的余地。种族不像民族，不能被同化，因此，在那些致力于以此为基础维持或建构边界的人当中，“纯洁”和“污染”之类的语言就很常见。要想铲除这类后果，就会采取隔离、孤立等手段，甚至驱逐到安全距离之外，以消除混杂的可能性，从而保护自己的种族不受“异族”的影响。

尽管同化和种族主义看似截然相反，但却是同源而生，都来自民族主义执念中固有的那些筑造边界的倾向。只是两者各自强调了内在矛盾的一极。根据具体所处的环境，有可能选用两种立场之一作为追求民族主义目标的策略。不过，两者都始终有可能体现在某种民族主义运动中，因此，它们并非相互排斥，而是彼此增进，相互巩固。这里我们也发现，民族主义在巩固并延续国家权威所规定的那种社会秩序方面始终扮演着关键角色，它的力量就来源于此。民族主义“接收”了弥散的恐异症，即我们上文讨论过的那种对于与己不同的东西的怨恨，并调动这种情感，用来巩固对国家的忠诚和支持，以及对国家权威的纪律遵从。民族

主义利用了上述手段，使国家权威愈发有效。与此同时，它还施
141 展国家权力的资源，以特定的方式塑造社会现实，以求孕育新的恐异症素材，也就此孕育新的动员机会。

鉴于国家会捍卫自己对于强制的垄断，它一般都会禁止一切私人了断，比如族群暴力和种族暴力。绝大多数情况下，对于私人自发的歧视之举，哪怕并不算大，它也不会许可，甚至施以惩罚。它对待民族主义就像自己的其他资源，用作唯一有待维持和推行的社会秩序的载体，同时惩处其弥散、自发从而有失序可能的表现。因此，可以驾驭民族主义的动员潜能，为适当的国家政策所用。这类活动的实例包括军事、经济或体育方面的胜利，耗费或许不多，但却声名远扬，再比如限制性的移民法规、强制遣返出境之类的措施，反映了同时肯定也助长了普遍盛行的恐异症。在这块领域，我们也能看到政客们调用着特定的修辞，以对于有关整体和唯一的往昔时代的想象，旨在清除含混暧昧。

小结

我们已经讨论了许多形式的边界，讨论了这些边界是如何建构起来的，会产生怎样的效应，又调动哪些资源。无论哪一种情况，这些边界都对我们如何看待社会世界和自然世界产生了实实在在的影响。文化塑造的活动的宗旨，不仅在于实现整个人口内部的统一，而且在于对周遭环境的控制。当然，环境也会通过洪水、地震、火山喷发和饥荒等现象，提醒我们注意到它们的力量。诸如此类的提醒打破了两个领域表面上的分离。人为的气候变化是人类活动的产物，产生出温室气体，以及它们对气候的影

响效应。尽管对于这一过程的原因与效果，在科学上存在着某种共识，不过，文化影响的不仅是行动，而且还有对行动的反应。

有些人否认气候变化，对于特定资源的剥削如果延续下去，这些人可能对此有既得利益。受着社会经济议题的影响，什么样的共同生活的方式才算是适当的、公正的乃至可持续的，相关问题都会影响这些关系，影响到我们应当如何应对。我们探讨这类问题时会发现，无论是使用能源，还是获取许多人并不能想当然得到的一些东西，比如清洁的饮用水，各民族之间存在着巨大的差异。这就引发了有关文化对于环境的效应，以及各民族之间资源分配的一些问题。诸如此类的话题表明，我们需要承认不同的文化，**并且**需要意识到它们之间资源的分配。所以，有关我们究竟需要做出多大程度改变的问题自然就成了热门争议，因为它威胁到那些与环境的关系不可持续的国家。

说到民族，在世界的大部分地区，历史发展至今，国家与民族已经逐渐合为一体。在此过程中，国家一直在利用民族情感来强化自身对于社会的控制，巩固它们所倡导的秩序。它们都通过间接诉诸据说是自然如此的一体性，创造出秩序，念及于此，都不免颇为自得。因此，碰到这类情形，就用不着强制推行什么了。不过，我们也得指出，国家与民族的融合的确属于史实，但 142
这并不证明是必然之事。对族群的忠诚，对特定语言和习俗的依恋，并不能归约为它们与国家权力之间的联盟所赋予的政治功能。国家与民族之间的联姻无论怎么说都不是预先决定的，它只是一种方便之计。因此，无论是隐秘进行的暴力，还是公开宣示的暴力，既产生了灾难性的后果，也彰显了这种联姻的脆弱。不管怎么说，由于这种关系过去有所改变，未来也可能如此，要评判任何新形态的效果的优劣损益，恐怕尚有待时日。

我们可以回顾殖民主义，来理解其中某些动力机制。但新殖民主义指的是调用一些新的力量，超出政治控制和公开的军事强制的力量。我们在讨论公民权时提到，全球经济力量与公共审议和民主文化之间的关系是成问题的。碎片化可能导致的结果，在民族主义情感卷土重来的趋势中就看得很清楚，人们以为借助这样的尝试能重新获得控制权。在这一点上，我们不妨想想，从法律与政治维度的治理，到公民社会，它们对于抵御全球变迁的诸般效应所扮演的角色。这里我们还可以考虑一下国家与人权的角色，不是在反映某种普遍人性，而是尽管认识到人类境况的脆弱性与不完美，却依然期待实现的东西。

我们在理解权利时，往往会诉诸自由，视之为在市场上追求物品时缺少约束。这样的概念有赖于为了实现自身，而减少他人的自由。有鉴于此，随着时间的推移，逐渐形成各项政策，来调控市场的主宰地位，因为人们认识到，市场制造了不公正，本身就破坏了自由，而在一个社会中，文化归属与自由是相伴随行的。一旦平衡被破坏，社会就会感受到其效应。

第九章　消费、技术与生活方式

我们在日常生活中都展现出能力，能够处理任务、进行互 143
动、彼此沟通。在这个过程中，要求具备某种理解和知识，否则我们的生活就不可能编织起来。它们变成背景预设的组成部分，使我们能够游历社会世界，直到我们遭遇到抵抗或危机时刻，使我们考虑或追问我们是如何应对世事，或许还有引导我们存在方式的那些价值、希望、忧惧、抱负和欲望。这些追问之举可能只是一时念起，我们还会回到生活的例行常规之中，但也可能产生更为深远的效应，使我们改变自己生命历程的轨迹。无论结果是什么，当我们反思自己的行动，可能会认为自己是自决的，也就是说，是独立自主的存在，有能力依照自己寻求的目的展开行动。然而，这就预设了是我们自己操纵着所处的环境。可是，如果是我们所处的环境操纵着我们，或者说我们是我们自己、其他人与我们所居处的环境之间互动的产物，又当如何？本章我们就来考察影响我们日常生活的这些追问与议题。

一、在行动中塑造：技术、使用与专长

我们在日常生活的例行常规中，每一个人都展现出非凡的能力与多样的特征。我们以多种方式运用自己的身体，吃喝拉撒，彼此交流，时空移动，体验着喜怒哀乐，收放张弛，利用多种技能参与劳动，最后，还有休息与睡眠。我们如何做这些事情，我

们看待世界的方式，一旦透过社会学之镜来看，就会使我们在看自己时，不仅结合他人，也结合影响我们行动的各种客体和社会场景。对于我们如何组织自己的生活，又可能对自身乃至他人抱有怎样的切合实际的希望，上述过程都至关重要。

在这些过程中，我们与自己所处环境及其中客体之间的关系，它们如何影响我们的感知和行动，这样的追问就成了我们核心的关注。例如有些人生活在难以计数的信息技术的环绕之中，
144 在他们所生活的国家里，对这些技术已经是想当然接受了。究竟是我们对这些技术的利用和操纵有利于我们，还是说它们会使我们越来越依赖于它们，塑造了我们与他人关系的结构，从而有损于我们的独立性？说到底，通过设计、购买和维护这些技术，我们不得不依赖各种分销电器以挣钱的商店、工厂和企业，以及造出这些东西的专业人员和设计人员。我们花钱买来手机、智能电视、电脑，但它们很快就会显得过时，因为会出现更新的特性、更快的处理速度和更大的内存容量。面对这些变化，我们能否或应否生活下去？或者说，我们的焦点是否只落在没有这些东西，我们能否生活下去？

对技术的依赖很容易随时间推移愈陷愈深。受着各种广告的轰炸，将使用与伴随特定生活方式和品牌而来的表面自由相挂钩，诱引（seduction）是明显的。如果这些错了位，就会导致焦虑，因为与业已成为不可或缺的基本关联发生了脱节，而不是什么生活中值得欲求的一部分。如果这些出了毛病，具有缺陷，比如电池寿命不够，就不能满足期望，而期望会很快超出技术上真正可行的限度。在这里，我们看到了期望与使用之间存在鸿沟，而企业可能不会承认有局限，担心丧失竞争优势；消费者把寻求

的方向更多地投向难以餍足的欲望领域，对于需要的质疑被视为给自由的实现设下的羁绊。单单拥有还不够，还得让人看到拥有可以提供的最新款，这已经被编织进了社会身份 / 认同的基本肌理。进入市场的新款式代表的不仅仅是新的特性，而是旧款式的过时，后者的部件不能再用于修修补补，甚至在制造的时候就会采用特别的工艺，让修理就算不是不可能，也非常麻烦。

这种活动的成本又是什么呢？一旦提出这个问题，也就等于质疑了过程本身，并提出了过程的延续满足了何方利益这样的话题。作为这些消费形式的结果，对确定材料的提取和使用，对成为“垃圾”的东西的丢弃，这些就是环境方面的成本。这些在双重意义上可以成为外部性（externalities）：这些因素不是实施购买的那个人的考虑内容，而属于制造的后果，影响到其他的环境与居所，但不一定反映在“成本”观念中。就这样，我们如果把这些看成是维持我们的生活方式所不可或缺的东西，那就陷入了购买物品的某种循环之中。诸如此类的选择可以被售卖，因为它们就是专门设计来增进我们的自由的，也被认为独立于诱引工业（industry of seduction）而发生。所谓诱引工业，就是围绕着各种物品和服务的市场化而成长起来的。安德鲁·塞耶在《为何对民众很重要》中指出，相比于其他任何经济体系，资本主义更紧密地将我们与其他人关联在一起，但也赋予了我们手段，可以自己生存而不考虑他人，或不考虑我们的选择对他人生活会造成什么后果。

如果我们想一想，就我们交换物品的能力而言，里面什么是真切实在的？那就是某个时刻发生的一次行为。我们在市场这一经济领域中寻求并获取的东西的价值，据说是和影响我们生活的其他价值相分离的。我们日常生活中的交换与消费是以特定方式被框定的，将我们之所作所为维系于特定的行动领域。不过，随着时间的推移，我们已经见证了经济价值与情感逐渐趋于融合。
145 在这里，我们发现有一些关于市场品牌营销的研究，即寻求让消费者在从事特定活动时，产生特定的感情。这些研究不只是简单地在线收集众多用户的偏好，汇集起来，出售给那些力求影响市场的客户，而是要研究比如超市播放的背景音乐与消费者购买模式之间的关系。在影响消费者这一欲望之下，如今已经不剩下任何侥幸摆脱的机会了。交换与消费的领域目前已经扩大，所采取的价值观超出了狭隘的工具性计算。在《算法霸权》中，凯茜·奥尼尔描述了自己如何被征召去设计一种算法，将单纯浏览网址的人与会在同一旅游网站下单的人区分开来。她的经历证明，从对冲基金模型到电子商务模型，存在着统计上的可转移性。在这两块领域，对于那些参与设计模型的人，她看到了同样的机制在起作用：他们的财富从成为一种谋生手段，变成判断自己作为一个人的价值的测量指标。

如果说这些趋势正影响着对于我们价值的评估，超出了经济领域的界限，我们也应当注意到，技术不只是我们以单向关系使用的东西。伴随着技术的发展，要求我们掌握新的技能，这些也可能增进我们的整体能力。然而，一部机器究竟需要多少种功能呢？新的电脑软件一旦上市，机器就要求定期更新软件。学习如何与新的技术打交道，究竟是完成目的的手段，还是目的本身？两个人可能电脑操作系统不一样，需要花时间回应五花八门的要求。他们可能选择继续使用较老旧的机器，因为关注的焦点在于就其产品而言它能提供什么，而不是追逐新潮的欲望。但机器可能变得陈旧过时，零件难以配齐，软件不再可用。剩下来支持硬件的东西约束了可做的选择。另一方面，如果调换了工作，可能要熟悉新的历法系统，才能适应组织人事用来协调活动的指令。如果不熟悉那种用法，日常协调沟通的节奏就变得不可能了。因此，我们与技术之间的关系，以及我们所处的工作情境，会以不同方式调整并约束我们的行动。

每一次的改变之下，我们可能都需要掌握新的技能，但这些技能如何影响我们的生活，为何影响我们的生活，还取决于我们所处的社会状况。我们使用这些技术，可能对其内部的工作原理没什么理解。所以，关于技术的构造和使用，存在着知识的分隔，随着这种分隔愈来愈大，我们也越来越没有能力解决使用中可能出现的问题。这样的话，我们就更加依赖别人，因为需要更加复杂的知识和工具来修理和维护这些东西。随着我们获得了与这些技术打交道的新方式，它们也使得我们的旧有技能趋于过时，从而使我们更加依赖做出改变的需要，以便跟上发展的脚步，而我们的工作场所也会据此对我们做出评估。随着我们被吸纳进新技术之中，我们过去的能力也显得过时了。我们的自主性表面上增加了，但很容易沦为加剧了依赖性。

专长的积累现在似乎可以弥补期待与现实之间的差距，以支撑伴随信息技术时代而来的那些承诺。许多日常技能曾经被视为 146
基本人人都会，至少是花点时间就能上手，现在却需要细致的科学研究。任务被分割为诸多基本单元，每一个都需要详加考察，被说成是有其自身固有要求的问题。而无论是哪一个问题，现在只要假以时日，有效设计，富有效率，通过比较进行实验，就能找到解决之道。参与制造终端物品的专业人员努力的结晶，就是新产品，其设计浓缩了一名模范司机，他不仅寻求特定的功能，而且追寻一种生活方式的符号表征。轿车充斥着各式各样的小装置，其设计宗旨就在于尽可能让司机和乘客更加舒适，而司机在车里也希望被看作核心要素。

面对车辆技术与舒适度的不断改进，一旦轿车需要养护，由于机器越来越电脑程控化，导致需要更为复杂的诊断设备，更不用说修理费用的增加了。曾经负责诊断毛病所在并据此实施修理的那些技工，如今发现自己被更换整体元件的“装配工”所取代，因为这些元件的功能原理很复杂，并且/或者其实都是“整体封装的部件”，所以不可能拆开修理。数字显示或许表明需要某种机器服务，但防止这种状况出现的手段却可能仅限于制造商认可的特定车行所采用的技术。

在往往被称为“发达”工业社会下的日常生活众多领域，生活已经发生了巨大转型。比如说拖地板、割草坪、修篱笆、下厨房、洗碗盘，乃至远程遥控居屋供暖以求舒适。技术提供了一种手段，让我们在人生历程中寻路觅向。出现了问诊手机软件来检测病情；面部识别软件有助于痴呆症患者；家居智能技术使各类身心障碍人士能继续独立生活。这些技术有着巨大的应用可能。就连购物这样一种活动都在发生变革。现在可以不需要任何人际互动就完成购物，比如使用自助结款机，既当顾客又当出纳；或是上网购物，送货到家更促成了它的便捷。

因此我们看到，技术的应用既可以是促动性的，也可以是约束性的，但共享一点特征：在各种小装置中锁定了专长，其持续不断的改进使得日常控制越来越精致和精准。在此过程中，我们执行新的技能来取代老旧过时、渐被淡忘的技能，还花时间去培养技能找到正确的技术工具并加以操作。不过，技术的承诺并不只是在于复制，而在于添加。有些东西要是没有技术本身，永远不可能成为人们生活中的核心要务。说到底，移动电话和移动计算开启了此前不曾存在的诸多新的可能。互联网平台通过搜集偏好信息提供定制化观看选择，然后使用用户密码来告知并吸引他们收看特定的类型节目。它们通过订阅产生收入，然后又投入新媒体的生产，也发展出了此前不曾存在的需要。这些发展并不是单纯取代旧有的行事方式，而是诱使人们去做此前不曾做的事情。

技术并不只是对需要的回应，而是创造并打磨需要。那些提 147
供给我们专长与产品的人，往往先得大费周章地说服我们，我们真的需要他们卖的东西。然而，就算新的产品针对的是牢固确立的需要，我们要不是受到某种新装置的诱惑，这样的需要原本也能继续得到满足。因此，新的技术并不只是对于某种需要的回应，它的面世绝不是由广泛的需求所决定的。相反，是新技术的可利用性决定了需求。无论此前存不存在这样的需要，对新产品的需求是在新产品问世之后接踵而来的。如此一来，需求创造供应的预设就被逆转，供方通过其市场营销战略，积极创造需求。情感与价值在展示中混融，在展示中，体现出购买的能力，被看到拥有特定产品的愿望，以及有关其消费和使用的一系列正当化理据。

二、购买、产品与说服

那么，是什么导致了出现的专长越来越新、越来越深，针对性、专业性越来越强，技术越来越精致？可能的答案是：专长与技术的发展是一种自我推进、自我增强的过程，并不需要任何额外的理由。只要有一组专家，配备研究设施和设备，我们就能够十分确信，他们会搞出新的产品，抛出新的点子，而唯一的引导原则就是组织中的活动的逻辑。这种逻辑的特点就是需要超越，需要证明我们比竞争对手更胜一筹，或只是我们在实施工作时纯粹出于人性的兴趣和兴奋。产品可能会在确定其用途之前，就已经在科学上或技术上具备可行性：它们会拥有一种被指派的价值，体现为潜力。正是这种潜力，推动我们付出努力，一旦生产出技术，关注点就转向应用。说到底，如果我们拥有这项技术，废置不用将是不可饶恕的。

具备这样的潜力，解决之道就会去寻找有待解决的问题。换句话说：生活的某一方面往往不被视为问题，不被看成要求某种解决之道的东西，除非有专家建议或技术客体出现，声称是该问题的解决之道。技术的诱惑力本身成了这样一种东西，针对某个实际问题，提供某种工具性的解决之道，而除了工具性的用途，与价值领域相互脱离，至于人与人之间的差异，被认为是不存在政治争议的。技术和政治成了表面看来相互分离的活动领域。但我们也已看到，属人的因素和技术的因素并不是简单分离的。在我们前文的讨论中，类似于安德鲁·巴里在《政治机器：治理社会与技术社会》中所言，我们需要分离下面两种东西，一种是作为机器或装置的技术设备，一种是一套技术，知识、技能、能量、解释和计算共同参与令其工作。技术虽然不能化约为政治，却维系着我们生活中的社会性因素，因此围绕着它的生产、价值、消费及使用，会面临争议和挑战。

会有很多说服方案进入这块可能出现争议的空间。需要触及预期的买家，告诉他们，所售卖的客体具备日常使用的价值。如 148
果他们未被说服，就不会往外掏腰包。如果钱是个问题，或许可以分期付款，商品系为特定群体量身定制，伴之以间接指向某些生活方式选择和区隔策略，以求使特定产品与其他产品有明确分界。如果这还不够，再加上特定日期前购买就会附赠的“免费”商品，或者在每年特定时节礼物馈赠热潮时投放广告，这个过程中调用的说服手段有很多，以上只是其中数例。我们变成特别的消费者，做出的选择体现在我们的分辨力中，当然也体现在我们的收入和财富实力中。在一定程度上，认同被动员起来，以求增进生活方式的选择，而商品也需要在全球大众市场上售卖。在说服的艺术中调用的是差异，而在同一产品的销售中跨越不同背景的同质性，同样是利润的增进剂。

至于我们随后如何使用商品，根据具体购买情况，牵涉到的问题多有变化。有些可能有口头的指导，但其他鲜明例证着技术的商品，也蕴含着某种专长。如前所述，这给我们的知识和技能带来了多种后果。就连那些具备特定专长的人，一旦超出自身的专业领域，也可能举手投降。而进入我们生活的专长，大多属于不请自来，或是没有请求我们允许。比如说，为了例行监控而采用越来越精致的技术，往往是根据安全和舒适来赋予正当化理据。一方面，据说它们出现后有了更大的移动自由。但这也可能意味着有权力排斥某些被视为“不受欢迎”的人，增加了对于其移动自由的焦虑和限制。在极端情况下，这些技术甚至可能使我们沦为别人任意决定的无助牺牲品。然而，日常生活中运用的大部分技术都说是要扩大而非限制我们的选择范围。它之所以能卖给我们，是因为通过对我们的生活实施更多的控制，来提供更多的自由和安全。它往往成了不容考虑的事情就提供给我们，理由是新技术所提供的体验让我们更加解放、更趋丰富。如果在公共讨论领域能看到，往往是从增进人的能力的角度，来为这些发展提供正当化理据。我们或许需要被说服接受这种潜力。有那么多的专家，装备了五花八门的策略，又有巨量的资金做后盾，被以例行常规的方式使用着，以便传递一种信念：亲眼所见，亲耳所闻，大可放心。说到底，我们又有什么别的了解方式呢？

在公共可用的新产品和它创造并满足需要的潜力之间，还存在着差距，而市场营销就此进入，发起将需要融入欲望的过程，如果满足不了这种欲望，将导致潜在的消费者不能实现自己的抱负。我们甚至可能不知道，可提供的最新产品究竟是要满足什么样的需要。比如说，认为某种东西是个威胁，但其存在超出了我们的把握能力。如果用“普通”肥皂洗澡，可能除不掉那些用特制沐浴液可以轻松去除的“深层污垢”。又比如，那些肉眼不可见的细菌在我们的牙齿上逐渐积聚，使用普通方法刷牙是刷不掉的，怎么办？所以得有特别的牙刷，特别的液体，才能根除。或许我们不知道，我们的相机其实原始到可笑，不能应对我们向它
149 提出的“正常”要求，拍出来的照片基本都让人失望。所以我们需要一部新款手机或相机，以便捕捉那些转瞬即逝的时刻，让那些值得纪念的东西不再被我们技术选择的低劣所抹煞。

一旦被告知这一切，我们或许就希望获得有关产品，以便满足我们的需要。而一旦做出了如此定位，再不有所作为，似乎就是我们的错了。机会一旦涌现，无所作为就只能证明我们不负责任，在一定程度上损害了我们的自尊，也妨碍了我们可以向别人

要求得到的尊重。这些客体表明了我们是什么，对于我们可能变成什么也是有所呈现。不妨从天平的角度来思考这种关系。在天平一端，我们可能把客体看作是有待利用的物，以服务于我们的目的。而在天平的中端，当我们和参与构造我们身份 / 认同的客体相互作用，这种关系也有所调整，我们的技能与特性也因此有所调整。而在天平的另一端，情况就很不一样了。马歇尔 · 麦克卢汉阐述了这种立场，他对电子媒介与沟通的成长的分析与评论可谓首屈一指。他指出，我们无法挣脱新技术的怀抱，除非我们挣脱了社会本身，因此“我们坚持不懈地欣然拥抱所有这些技术，也势必将自己作为伺服机构[1]与它们联系在一起。”

消费偏好的流向与波动都属于大企业日常捕捉的大数据，涉及我们的习惯、欲望和行为模式。它们经由某种技术信息系统聚合在一起，里面看不到什么主体性，只是作为某一范畴组成部分的消费者。这就是艺术家沃伦 · 内迪希所称的“统计骗局”(Statisticon)，这不仅在监管和预测消费行为，而且力图按照特定形象塑造消费者。它所产生的不单是一种实践做法，而是框定了信息技术有怎样的潜力成为任何时代病的答案。

那些令人赞叹、富有技术含量和威力的东西作为商品出场，进入市场售卖，要花上一笔收入甚至举债去买。有人希望通过把它们卖给我们来挣一笔利润。为了实现这一目标，他们首先必须让我们相信，掏腰包是值得的。这就要求商品具备某种使用价

[1] 原文为“servomechanisms”，原意是利用误差传感反馈来修正机械装置性能（位置或速度）的一种自动装置，这里其实喻指消费者根据不断翻新的产品或技术来调校自身的需要乃至整个生活方式。

值，并且能为其交换价值提供正当化理据。使用价值关系到该商品对于满足某种人类需要来说，有着怎样的效用。而交换价值则指的是用它来交换其他物品或服务的能力。因此，希望售出其产品的人们必须使旧的产品看起来落伍过时、低人一等，以此让自己的商品有所区隔。正如我们前文所述，必须创造出对于产品的欲望，在购买时所做出的任何牺牲都可以靠边站，以优先满足占有商品的愿望。广告在这个认知资本主义体系中至关重要，人们认定该体系体现出创造性的价值。尽管花在全球广告市场上的钱升降不一，但有一种估计是，到 2020 年，年度开支总额为 7240 亿美元（www.statista.com）。

广告要寻求实现的或许是好几方面的效应。我们对自己的需要以及满足这些需要所需的技能的理解，应当在我们积极主动的选择中，被呈现为要么有些存疑，要么巩固强化。然后，我们要么进一步坚信，说到广告商力求推广的那种产品的购买，我们是优秀评判者；要么我们被引向怀疑的道路，不确定自己真的需要
150 什么，因此开始承认缺乏。如此一来，巩固强化、承认缺乏以及由此带出的欲望，被关联到可以依靠、可以信赖的产品，由它来应对需要。在这些过程中，一方面是论述被认为是既存个体偏好的信息的传播，另一面是以例行常规的方式，针对特定消费者群体所使用的创造欲望的众多说服技术，两方面之间的界限是很微妙的。我们被劝说去领略应用的妙处，被邀请进入一个新的世界，在新的世界里，我们会嘲笑那些力图采用“老式”方法完成自己任务的人。可供产品被售卖，作为节约时间甚或实现控制我们生活之欲望的手段。

这些形式的广告可能会起用某种值得信赖的权威，以证明所

供产品的可信度。这类权威可能有好几种化身。比如说，一位冷静中立的科学家，对产品的质量做出了评判，表面上看摆脱了他为此得到的报酬的影响；一位在轿车技术领域可依赖的专家，曾经做过赛车手；一位善良的叔公提供证词，说出了令人赞叹的事情，某个银行或保险方面的组合方案是面向普通“老百姓”提供的；一位充满关爱、素有经验的母亲出来代言，担保某样产品；启用某位公认的老练专家，做着某产品想要服务的那种行业；观众知道的一位名人，其他千百万人也都知道；最后，为了争取与众不同，以便吸引眼球，把一些不太可能出现的东西配对组合并置，比如一位主教或修女驾车飞驰，以展示该产品能够释放人身上久被压抑的部分。广告业者作为说服这项任务的技术人员，力求诱引受众产生对于其产品的需要，并为此投入巨大的时间和金钱。他们使用的方式五花八门，以上只是略举数例。

广告宣传单和广播影视中的商业广告都是要怂恿、敦促我们购买某一种产品。不管怎么说，细细察之，它们是要推动我们对市场和消费的便利产生兴趣。如果能够在线购物，我们甚至都不用走出家门；同时也有各种百货商店和购物中心，可以在一个地方找到许多商品，周边还都是停车场方便来去。如果我们的兴趣尚未牢固确立，单单一条讯息是不会有很大效果的。换句话说，广告机构的“说服效果”诉求的是一种被视为业已确立的消费态度，并经此进一步巩固这种态度。要支持[2]这样一种态度，意味着将日常生活看作是一系列问题，能够事先做出具体指明和清晰界定，并就此筛选出来，有所行动。

[2] 原文为“endorse”，专门有“为商品等宣传、代言”的意思。

一切似乎皆在掌控之中，就算出现意外情况，也会有改善乃至矫正其效果的手段。这就带出了一种责任感，即处理实际或潜在的问题是一个人应尽的义务，不应当马虎大意，否则会产生罪疚感或羞耻感。因此，对于任何一个问题，都会有一种解决之道，专为个体消费者的需要所准备，而这位消费者需要的只是去购物，把钱花出去，换回各种物品与服务。即使他们现在还负担不起，也始终能够通过各种依照自己的收入有所调整的方案，容后付款。主要的焦点除了积攒力量以占有曾经发现的这些东西，还在于将学习生活艺术的任务转译为努力获取有关技能，以顺利
151 找到这类客体和诀窍。就是基于这样一种态度，在身份 / 认同、购物技能和购买力之间建立起关联。通过广告，一个人的身份 / 认同可以紧密维系于是否有能力找到最佳产品，以满足自己近旁的人的需要。她的快乐就来源于这个家庭；还维系于是否有实力负担这些东西，以便满足这类需要。在这个通过购买和使用建立身份 / 认同、需要、产品、实现和满足之间关联的过程中，其他的需要和赢取价值承认的形式被暂时置括，不予考虑。

三、可能性市场上的生活方式、波动与社会位置

消费者的态度关系到生活与市场之间看似不可分割的关系。所有的欲望，每一种努力，都被这种态度引导到追寻自己有能力购买的某种器具或专长。能否控制更广泛的生活背景，这是我们绝大多数人永远不能实现的事情，而这个问题会被归入一大堆琐碎的购买行为，这些行为在原则上属于绝大多数消费者之力所能及，就算力有不逮，也有手段继续借债。在这些行为中，那些共

享的、社会性的公共议题，被私人化，个体化了。它就此成为每一个人的义务，要改善自身，改善其生活，克服其缺陷，仿佛所有人都有平等机会获取达成这一目的的手段，而我们与他人之间关系如何，我们所居处的环境怎样，在这个过程中都没有什么根本的意义。因此，随着我们从一种整体论—关系论的角度转向个体化—原子化的角度来看问题，交通繁忙嘈杂，令人难以忍受，就会转换成装上双层玻璃的冲动；都市的空气已被污染，应对方式就是购买眼药水和面罩，为学校操场加穹顶，以过滤空气。工作不堪其累，处境备感压迫，缓解之道，就在于大剂量服用医生开的抗抑郁药。公共交通破败不堪，对策就是买辆轿车，从而更加剧了噪音、污染、拥堵和压力，外加抱怨交通太堵。这些情况都能通过支撑个体消费者在市场上的主权的选择自由来予以回应。

就这样，我们的生活被塑造为个人的事务，如果把注意力放在超出个人层面的因素上，就会被认为是拒绝承担对于做出选择和我们所处情境的责任。要做一名消费者，这样的活动固然使我们变成一个个体，但是，我们所创造、所产生的东西却几乎始终是在他人当中发生的。这里我们关注的是生产，但再生产 / 生育才是一个社会中发生的最重要的事情，如果没有这件事情，就根本不会有子孙后代，经济也将衰亡。可是，经济对于为人母亲乃至一般意义上的为人父母又给予了多少承认呢？出于此类宗旨的各种形式的支持与福利，往往被政府用来打造有利经济维存与增长的局面。为了市场，为人父母的过程被转移成一种态度，所谓为人父母，就是购买最新款的婴幼用品。婴幼儿易受伤害，就该配上负责任的父母所具备的那些特征。我们最终能得到的启示似乎是：我们之所是，就在于我们所购买并拥有的东西。只要你告诉我们，你买了什么，为什么买它，在什么地方买的，我们就能讲出你是什么样的人，你做了什么事，或者你希望变成什么样
152 的人。就这样，随着我们的问题越来越私人化，我们塑造个人特性/身份/认同的方式也同样如此。我们的自信也好，自尊也罢，乃至于我们把自己塑造成具体个人的任务，都只是我们自己的事情。我们要证明自己意图明确、勤勉精进、坚毅持韧，雄心勃勃，斩获成功，不管自己的行动产生什么后果，都会为此负责，我们就是这样的人。

为此我们从哪里找到启发？我们得到了大量“榜样”[3]的有力协助，供我们从中挑选，而更多新款还将经由许多沟通手段，陆续进入我们的日常生活。组装成品所要求的全部配件，一应俱全：这是货真价实的自助式“身份/认同拼具”。虽说有的时候，负责说服的技术人员通过精心打造的由海量金钱支撑的广告，为我们提供单一一件、用途专门的产品，明面上说是针对单一的、专门的需要，但却往往是参照这些产品“自然”归属的那种生活方式的特征来描绘的。广告中的人的穿着打扮、遣词吐字、娱乐消遣乃至身材体貌，都经过精心的计算，无论广告想要传递什么信息：鼓励我们喝下某一品牌的啤酒或烈酒；使用某个名牌的香水或须后水；驾驶某款豪车；甚至是真的在意自己买了哪种猫食狗粮的宠物主人。被售卖的不单单是某样产品的价值，而且是其符号意涵，这是打造特定生活方式的基石。

[3] 原文为“model”，此处同时可理解为榜样、典范、样品、汽车型号、设计图样、服装款式、模特等。

榜样会随着时尚(fashion)的转迁而发生变化。说到时尚，心满意足(complacency)是持续创新的敌人，只有不断创新，才能维持车轮滚滚向前，以确保消费的渴欲永不餍足。在大众市场上售卖的商品如果能长久满足需要，就将使销售的螺旋曲线趋于下降。而时尚体现着价值，强化着价值，甚至变成社会化的载体，归属特定群体的标示，或是获得解放的记号。在时尚所属的这种物质文化中，东西被丢弃，被取代，并不是因为它们不再有用，而是由于它们不再时尚。如此一来，产品就变得非常容易从外观上辨识。当消费者所选择并获取的物品品味显然已经过时，这些东西的呈现就会让人怀疑其主人，配不配当一位有面子的/值得敬重的(respectable)、有责任的消费者。要保持这样的地位，你就必须紧跟新品层出不穷的市场，而获得这些东西，就意味着重新确认了一种社会能力，除非其他许多消费者都群起仿效，那时区隔就可能趋于消散。到那一刻，被赋予某种特性/身份/认同的时尚的东西就成了“寻常的”甚或“庸俗的”，随时准备被所谓独特的抢眼之物所取代。

当市场为求规模经济而追寻大规模销路，利基(niches)也发展起来，以满足对于区隔的欲望。因此，在特定的社会圈子(circles)里，榜样所享有的受欢迎程度各不相同，它们可能赋予其主人的体面也是大小不等。消费者所处的社会位置不同，这些榜样所拥有的吸引力也会各见差异。我们挑选一种榜样，购买其全部必要的配件，不辞辛苦地操练践习，就是在亲身刻画作为某个群体的成员的形象，这个群体赞同这类榜样，并以其为自身的特征/商标(trademark)。榜样本身就成了群体归属的可见标志。要使自己一望便知属于某个群体的成员，就要穿戴和拥有正确的标志：衣装得体合宜，音乐口味对路，逛的是特定的酒吧和咖啡153 馆，观看并谈论的也是特定的影视戏剧。就连居室也可能配上带有群体特色的装饰，晚上要到特定的场所消遣，举止谈吐都要展示出特定的模式。

我们为了寻求并巩固自己的特性 / 身份 / 认同而加入的群体，不同于探险者据说在“远方”发现的那些群体。我们通过购买其符号象征而加入的这些部落（tribes），之所以表面看来类似于后者，是因为它们都要使自身有别于其他群体，都力求凸显自身独有的特性 / 身份 / 认同，避免混淆 / 融合，也都将自身的特性 / 身份 / 认同交付其成员，代行界定之责。然而，相似仅限于此，接下来便是重大差异：在这些以消费为导向的**新型部落**中，看不到任何长老议事会、董事会或接收委员会，来决定谁有权加入，谁又应当被排除在外。它们不雇用任何看门人，也不使用任何防护哨。它们没有任何权威机构，没有法院来裁决和约制各种行动路线。控制的形式别具一格，并不在集体的层面上对遵从的程度实施监管。因此，一个人似乎只需改变衣着风格，翻修公寓装饰，换些地方消磨闲暇，就能在不同的新型部落之间自由漫游。

表面看来，这些差异只是不经意的目光所及的结果。然而，即使新型部落并不以正式的方式守备入口，却会有些别的东西这么干，那就是市场。诸如此类的依附就是生活方式，而这些生活方式又关联着消费的风格。通向消费的渠道经由市场，导向购买商品的行为。绝大多数的东西都必须是先购买再消费，这些产品往往被用作构筑可辨识的生活方式的基石。即使说其中有些产品的确有助于某种特别的生活方式，但也有可能会被人看轻，遭到鄙视，光耀褪去，声望不存，魅力尽失，档次下降。事实上，穿的运动鞋款式不正，会让人联想到在学校操场上横行霸道；穿的衣服场合不搭，会招致嘲笑乃至驱逐。那么，如果缺乏手段，不能从看似人人可用的选择中自由挑选，这样的人又当如何？如果他们没有足够的财力任意选择，他们的消费行为也会备受限制。身处贫困境况下的人们如果置身以消费为导向的社会，周遭的沉默也会变成震耳欲聋的警示。诚如林赛·汉利在她的《体面》一书中所言，如果相信你自己能够摆脱那个“你知道的所有人都未能成功攀越”的世界，这既让人满怀希望，又陷人于危险境地。

有愈益广泛多样的生活方式可以利用，对我们的生活产生了有力但却含混的效应。一方面，我们体验到对于我们自由的一切限制都被拆解。表面看来，我们可以自由地从一种个人属性换到另一种个人属性，自由地选择自己想要做什么样的人，并选择如何打造自己。似乎没有任何力量阻挠我们，没有任何梦想全然陌生，哪怕与我们现存的社会位置格格不入。从现实的约束中获得解放的体验可谓无处不在；这是一种欣快的体验，原则上说，样样东西都是我们力所能及，不存在任何盖棺论定、不可辩驳的条件限制。然而，每一个新的终点，无论是长久持续还是转瞬即逝，都似乎是我们过去践行自由的方式所造成的结果。所以说，无论是我们今天之所以止步于此而可归咎的对象，还是以我们所拥有的物品为中介，别人对我们的承认给我们带来多大程度的满足感而可归功的对象，都是我们自己，也只有我们自己。

“自我奋斗”的观念属于寻常概括，在这种观念中，个体被视 154
为某种事业的典型形象，独立于社会背景及他人努力，通过自己艰辛劳作，似乎获得成功。我们都是自我奋斗的人，即便不是，也有潜力成为我们应当渴望成为的那种人。我们一再发现有人提醒自己，要削减我们的抱负是毫无正当理由的，而我们所面临的唯一约束，就是作为个体寓于我们身上的人，彼此*孤立*的人。所以，我们面临着重重挑战，而成就的道路上的唯一阻碍，事关我们个体的态度。每一种生活方式都是一场挑战。如果我们觉得它有吸引力，如果它比我们的更加高调，宣称更让人享受，或更加体面，我们就会有*被剥夺感*。我们觉得受它诱惑，被它牵引，被激励着倾力而为，以求成为其中的一员。我们当下的生活方式开始丧失其魅力，不再使我们感受到它曾经给予的那种满足。

狂热的活动抗御着心满意足的危险，润滑着消费之轮，也润滑着供应消费的生产之轮。有鉴于此，寻找合适的生活方式的努力不会遇到任何阻遏。究竟要到什么地步，我们才能说“我们业已到达，实现一切所愿，因此可以休息，且去轻松生活”？就在这似乎成为可能的那一刻，新的吸引将现身视野，如果欢庆大功告成，就像是毫无理由的自满所导致的自我纵容。这种选择追求难以企及的东西的自由，其结果似乎只能是永远处在被剥夺的状态之中。完全有可能获得不断更新的诱惑，而它们表面看来也是可以企及的，但却总不能真正实现。如果天空才是限制，那就没有任何地上的终点能够让人如此快乐，足以满足我们。公开夸示的生活方式不仅琳琅满目，变化多端，而且表现得各具价值，因此在赋予其践行者的区隔上也是各不相同。我们在培养各自的自我的追求中如果不能做到最好，或许就会认为，我们的社会位置之所以不能说享有很高声望，就是未能全心全意地进行勤勉的自我培养所造成的自然效果。

这个故事的终点并不在于可能的获得，而在于从可见性中生发出的那些诱惑。是什么使其他生活方式显得极度诱惑，触手可及？就因为它们就在展示。它们是如此公开敞亮，充满诱引，因为新型部落并不生活在坚固的堡垒之中，以高墙深沟作为护卫，而是可以触及、可以进入的。但话虽如此，与表象正好相反，进入并不是自由的 / 免费的（free），因为有看不见的守门人。“市场力量”之类的日常用语之所指，并没有穿着统一的制服，无论最终能否成功摆脱，概不负责。比如说，全球市场力量的效应不单单是对现有事态的一种描述，而且也可以作为一种诉求，产生无人承担责任的后果，或要求得到特定的回应，必须转换态度立场和组织方式。与此相反，国家对于满足公民需要的这类力量的调控由于必须保持可见，更容易遭到公众抵抗，更容易成为旨在改革的集体努力的目标。

当然，也会发生例外，不同国家对于全球化的效应的种种抵抗即为明证，想要从全球化的各种力量和受益方那里夺回控制权的欲望亦是如此。不过，如果缺乏有效的集体抵抗和变革，不幸的不随大流者就必然相信，他们之所以没有能力实现自己的欲望，纯粹是自己的错。个体面临着很高的风险利害，他们所属的 155
那个社会也因此有着同样的处境，因为他们有可能丧失对于自己的信念，不再相信自己拥有足够强大的性格、智力、天分、动力与毅力。归咎的内化体现在自我质疑上，如果他们能承担得起花销，以及 / 或者能有渠道接触这种服务，他们就可以找专家来服务，修补他们有欠缺的人格。这一过程又会产生什么结果？

在咨询的过程中，疑虑很可能得到确认。毕竟，如果认同某种个体力所不及的事业，可能会被视为自我纵容，因为它并非一己之力所能改变。某种内在的欠缺，也就是深藏于失意者破败的自我中的某种东西，正是这种欠缺妨碍了他们把握机会，而机会无疑始终都是存在的。因为挫败而生成的愤怒不太可能满溢而出，针对外在世界。看不见的守门人挡住了原本属意的道路，还是保持看不见的状态，并且比以往更加有保障。若无意外，守门人极具诱惑地描绘的那些梦境也不会就此丧失信誉。失意者也因此得不到有诱惑力的安慰方式：回头看来，他们曾经努力追寻却白费力气的那种生活方式，其实也没什么价值。有论家业已指出，广告中被宣传为高人一等、能让人获得极大满足的那些目标，如果实现不了，就会导致怨恨感，针对的还不单是目标本身，还会迁怒到那些夸耀已经实现目标、或是作为成就目标之象征的人。不过，纵然是后一种情况，也可以解释为一个个体做出的回应。如果把一个人从其所属的社会状况中抽离出来，作为一个个体，就要对自己的行动完全负责。

即便是最精致繁复的生活方式，如果想要成功市场化，也必须被呈现为普遍可以采用的，虽说它们的魅力乃在于与可能性保持距离。而填补其间鸿沟的，就是它们据称的可获取性质，这是它们诱引魅力的前提条件。它们之所以能在消费者身上激发出购物的动机和兴趣，就是因为预期的买家相信，自己所寻求的榜样是可以企及的。此外，它们还必须受人羡慕，以便让榜样成为实际行动的合法目标，而不仅仅是敬而远之的思考对象。市场基于自身的诉求，要它放弃这些表征形式，是它难以承受的。这些表征形式意味着消费者之间的**平等**，因为他们有同样的能力自由决定自身的社会位置。鉴于这种假定的平等，如果未能获得其他人都享有的物品，注定会产生挫败感和怨恨感。

可是这种失败似乎无法避免。正是预期践行者的购买力，决定了备选的生活方式具备真正的可获取性。显然，我们所生活的时代，收入和财富上的不平等是极其显著的。有些人就是比别人有钱，因此也就拥有更多实践选择的自由。尤其是那些巨富，掌握着通往市场奇迹的真正通行证，负担得起最受人赞誉、最为人觊觎，因此也最具声望、最受羡慕的生活方式。可这等于是同义反复，也就是说，这种说法号称是在说明自己所谈论的东西，其实是在界定这些东西。之所以会出现这种情况，是因为如果有些生活方式只能由具备大量财富的比较少的人获得，也就会被视为最具备区隔、最值得赞叹。正因为它们煞是稀罕，招人羡慕，实际上难以企及，才会令人赞叹。因此，一旦获得这样的生活方式，人们就会自豪地展示在外，作为排他性的、非同寻常的社会位置的区隔标志。它们是占有“最佳生活方式”的“最佳人士”的 156
标志。无论是商品本身，还是使用这些商品的人——展示本身就是它们主要的用途之一——之所以受人敬重，正是源于两者之间的这一“联姻”。其结果，参照群体就成了拥有类似数量的财富的人，甚至一条超级游艇的总长度也会在整体社会位置中具备重要意涵。

所有的商品都有其价格标签。这些标签筛选出潜在客户群。它们勾勒出实际的、不切实际的、可行的之间的边界，特定的消费者无法逾越。市场大力倡导并广而告之的那种明面上的机会平等，背后是消费者实际上的**不平等**，因为他们实际的选择自由大小分化悬殊。这种不平等既让人觉得受到压迫，又使人感到有所激励。它使人痛苦地体验到被剥夺，我们此前讨论过的那种自尊受到了全面摧残。但它还牵动人热忱努力，以图提高自己的消费能力，这些努力确保了对市场所提供的东西保持坚挺的需求。尽管市场大力倡导平等，但却通过这样的倡导，在一个由消费者组成的社会里生产并巩固着不平等。这种典型由市场引发或市场供应的不平等，始终生机勃勃，并通过价格机制不断得到再生产。

市场化的生活方式赋予其所有者众生竞夺的区隔，因为这些生活方式的价格标签使它们超出了不那么富裕的消费者力所能及的范围。而这种赋予区隔的功能又使它们平添几分魅力，支撑了附加在它们上面的高价。到头来，真相暴露：纵然有这一切据说拥有的消费选择的自由，市场化生活方式的分配也并不是均衡的、随意的。它们往往积聚于社会的某个部分，扮演着社会位置的标志这一角色。因此，生活方式往往具备阶级专属性。它们虽然是由都能从商店里买到的东西拼装起来的，但这一事实并不能使它们成为平等的载体。相反，对于那些比较贫穷、感到被剥夺的人来说，这会使它们更不可容忍、更难以承受。而如果财产明确派给（ascribed to）那些已经占位的社会等级，往往属于遗产传承，不可变易，情况反倒好些。所谓获致 / 成就（achievement）属于人人力所能及，这样的主张之下，掩映着先赋（ascription）的现实，即根据支付能力的不平等分配来确定。就此而言，争取承认的斗争可能只有通过再分配才能实现。

靠着收入与财富的不平等，市场繁荣壮大，但它表面上并不承认有等级之分。不平等的一切载体都被拒绝承认，有的只是价格标签的差异。商品必须让每一个人都可以获取，只要他们买得起。市场唯一能够承认的应得权利，就是购买力。有鉴于此，在一个市场主导的消费社会里，对其他所有先赋性不平等的抵制正在以前所未有的规模增长。排他性俱乐部不接受来自某些族群和 / 或女性的成员；餐馆或旅店拒绝接待某些顾客，只因为他们“肤色不对”；地产开发商出于类似的原因，不愿意把房子卖给某些人，这些现在都会遭到抨击。而市场支持的社会分化标准势不可挡，似乎使它的所有竞争者都归于无效。很显然，不应当有任何商品是钱买不来的，市场不被假定为特定价值观和偏见的体现，而是被视为一种普遍适用、价值无涉（value-free）的力量，你只要讲道理，就应当接受。

以市场为导向的剥夺和以族属为依据的剥夺相互交叠，尽管 157
它们的主张截然相反。被“先赋性”限制束缚在低等位置上的那些群体，通常也受雇于薪资低廉的工作，因此，他们负担不起注定留给另外一些人的生活方式，而那正是从他们的劳动中获益的人。就此而言，剥夺的先赋性质依然隐而不彰。被剥夺的群体的成员们才智有限，勤勉不足，又不够机灵，结局可以想见，要不是他们内在固有的欠缺，他们原本可以像其他任何人那样取得成功。就这样，可见的不平等被解释清楚了。要想成为像他们理当嫉羡、希望仿效的那些人，只要遵照期望去做，也是力所能及之事。这类群体惯常遭遇到的进入壁垒，就此促成了市场所依赖的不平等，进而引发了一些特定的说明，针对的并不是这类群体所置身的境况和所遭遇的偏见，而是被假定为“他们”群体独有的特征。

有些人群范畴在市场的角度上可能取得了成功，但在其他方面却感到失落，他们也会发现，通往某些生活方式的大门对他们紧闭。他们固然有财力承担俱乐部或旅店的高额花销，但却被拒之门外。这就暴露出他们遇到的剥夺的先赋性，他们了解到，与承诺恰恰相反，金钱并不能买来一切，因此除了勤勉挣钱、努力花钱，更要看人在社会中的定位，更要看人的幸福与尊严。就我们所知，人们买票的能力固然会有分别，但如果他们买得起票，难道应当拒绝卖给其中某一位吗？市场社会声称，商品和服务向所有能够负担得起的人开放，有鉴于此，先赋性的机会分化是缺乏正当化理据的。这是一个“自我奋斗的人”的时代，生活方式“部落”大量繁生的时代，通过消费方式进行分化的时代，也是抵抗种族歧视、族群歧视、宗教歧视和性别歧视的时代。我们在这里看到，争取**人权**的斗争表现为：除了任何人作为一个个体经过努力就可能克服的那些限制，其他限制都要清除。

小结

我们的特性／身份／认同正在以形形色色的方式发生着转型，不仅经由新型技术的引入，转变了我们的技能与知识，甚至对何以为“人”提出了质疑；而且通过市场在我们的日常生活中扮演越来越重要的角色。对于那些能够负担并获得新技术的人来说，新技术要求他们不断更新技能。然而，问题在于，我们究竟是使用这些手段来达成我们的目的，还是说这些手段本身成了目的？当我们努力确定自己未来的方向，随着人与机器之间的严格分界愈益模糊，某些科幻作品似乎越来越切中要害。在人体上移植机械瓣膜，安装人工义肢，或许不单单是复原“自然”功能运作，而是有可能增进人—机能力。技术创新或许促成了更大程度上的控制，但又会带来怎样的后果？为谁考虑？这些话题要求我们，跳出只承认自身的理性化的这种过程来做出理解。

158 诸如此类的追问带出了一些重要的伦理议题。但是，在受消费主义的逻辑驱动的社会里，为了这个宗旨而可借鉴的资源又在何处？表面看来，这里唯一被承认的是支付的能力，而借助促成快速交易的智能卡和读卡器，技术可以使支付更加便捷。但我们也已看到，社会中存在的偏见满足了假想中的平等。机会的平等与结果的平等有着不同的分配，因此，不仅是人们所具备的在市场上选择的能力各不相同，而且市场会依照他们在事物秩序内的可取程度予以回报。市场反映着这些力量，并做出调整以适应其再生产。所以，即使是对于金钱的占有，或许也不足以从这类安排中获益。至于针对这类不平等的抵抗，远非异乎寻常。与此同时，我们不断被鼓励去消费，追求难以企及的东西，那就是满足所主导的完美的生活方式。这种导向对于幸福、社会公正乃至我们星球整体可持续性的效应，无论对于当今世人，还是对于未来世代，都是至关紧要的议题。

第三编　回顾与前瞻

第十章　社会学之镜：回顾与前瞻

我们这趟旅程，带我们游历了互动的世界，我们自身与客体 161
对象之间关系的世界，以及对于影响我们生活的那些议题的体验与解释。社会学之镜作为我们的导引，任务就是要对我们的见闻及由此导致的作为做出指点。只要这趟旅程是有向导的，我们就希望自己的向导不会遗漏任何重要的东西，并且会让我们关注到那些让我们自行其便或许会错过的东西。在此过程中，那些可能所知肤浅的动态机制与关系得到了说明，甚或提供了一些此前不曾想过的视角。希望你通过这段旅程达到新的境界，了解到更多的东西，并增进你的理解。在最后一章中，会对这一理解再做反思，并考察社会学知识在目前及未来的社会生活中的位置。

一、社会学之镜：关系性与背景性

社会是充满变迁的场所，对构成社会的个体及群体产生了多种多样的效应。因此，拜这些转型的后果之所赐，社会也是充满争议的场所。我们已经看到，要确定当代社会的形式，政治、社会、经济、公民、道德诸领域论争的内容，科学越来越成为影响因素。在这个过程中，科学知识与政治知识之间的边界越来越模糊，后者试图为自身提供正当化理据，仿佛可以和前者混为一谈，或者是通过使用怀疑、否认和斥责来贬毁前者，因为它并不符合所倡导的信念。这增加了不确定性，使公众的怀疑态度更顺从于那些力求将世界凝缩为不成问题的边界的力量，如前所述，这样的边界倾向于展示出根除含混性的欲望。

政府及其在国际、国家和地区各层面上的政策，基于知识是经济增长驱动力的观念，赋予特定形式的科学相当重要的价值。人们越来越诉诸科学来回应公共政策的两难困境，比如气候变化；我们也求诸科学进展来提供医治良方、基因修复、绿色交通推进、对其他星球的开拓、对我们身体的物理更换，以及延年益
162 寿。不仅在各国的竞争命运上，而且在导致有关后人类观念的人类形式重塑上，科学都是一种具备转化能力的行动因子。我们还看到了对按某些方式被调用的科学的质疑，看到了可供替换的生活方式的兴起，后者在多种方向上引导科学理解，旨在倡导可持续性和社会公正。在此过程中我们了解到，如果我们设定，科学能够提供解决之道，却不会在此过程中引发其他问题，那就是对科学索求太多了。

科学理解属于一般形式的理解的组成部分，而一般形式的理解乃是我们生活的核心。我们已经看到，我们的背景、社会位置、参照群体、技术—经济变迁之类的因素是如何塑造了我们看待世界的方式，并且包括我们如何在世上行事的方式。而当我们从行动转向说明，也就经历了不同类型的理解。在我们的日常生活中，我们调用有关所处环境的知识，是这样的知识使我们能够展开实践，探索这些环境。我们以例行常规的方式依靠某种理解，否则我们将无法完成我们的生活，并且有比较明确的方向。事物的秩序在我们看来是给定的，它们的起伏涨落或许要求我们也做出取向上的相应改变，而它们的存在本身与我们对峙，不可征服，提醒着我们的弱小无力。这样的理解是丰富的、背景性

的、以例行常规方式实施着的。其中某些部分有时被称为默含知识（tacit knowledge），也就是说，我们知道一些难以言表的东西。

我们在旅程中已经看到，有些事件和实践往往会被视作陌生异己，蕴含威胁。有鉴于此，要寻求理解这些东西，很可能会对基于特定视点的既存的观看之道构成挑战。在这些情况下，理解的尝试或许被指责盖过，因为它不仅为被视为威胁的东西带来了承认，而且有潜力对被视作想当然的东西提出质疑，从而表现为一种批判。这种形式的理解是对背景敏感的，是关系性的，不满足于只是提供对所知之事的反思，而且根据人们的生活如何与他人相维系，为人们做出具体的定位。在这个过程中，它依靠了两种形式的理解，也就是说，不仅展现出我们的生活何以由解释和行动的诸般成就所构成，而且揭示了通常不属于日常理解范围的那些事件与过程如何影响着这些成就。

理解的这两个维度都影响了这段旅程。了解我们与别人打交道的方式，这种方式与我们的为人之道的关系，以及整体上的社会状况和社会关系在我们对于自己生活的塑造中所扮演的角色，这些都使我们能够更好地应对日常生活中面对的诸般议题。我们解决这些议题的尝试并不会就此自动变得更加成功，但我们可能就此了解到，如何确定问题的框架，才有可能提供更为长效的解决之道。因此，社会学之思就成了这一任务的核心要义，但能否成功，还取决于任何学科的影响力之外的某些因素。确定要求我们做出行动的问题的框架，找到合适的解决之道，这是一项不断发展的任务，要求我们乐于倾听，愿意行动，并有能力发动变革。

而社会学作为一种学科化的思考方式的角色，正在于引导这一过程。就此而言，它为整体上的社会生活提供了一些至关重要的东西。也就是说，通过理解和说明的过程，对经验做出解释。
163 就这项任务来说，它履行得非常出色，它的洞见介于存在维度与分析维度之间。作为对我们生活的一种评论，它既为我们的经验提供了一系列说明性的脚注，也间接指点着我们如何过生活，是什么引导着我们的行动。它就此成为一种手段，通过将我们的行动与我们所处的位置和境况相关联，不仅使我们关注到自己的成就，增进我们的知识，而且提请我们注意我们所面临的种种约束与可能，从而进一步提炼并重塑我们的理解。社会学是一种学科化的透镜，既考察我们“如何”应对日常生活，也在一张超出日常生活的“地图”上将它们乃至其他因素加以定位。它所提供的既有切近而深入的研究，也有对我们生命情境中或许看似抽象的东西展开广泛的考察。兼采质性维度与量化维度，使我们能够看到，我们所居处的那些地域是如何嵌入一个特别的世界，与之发生关联。我们或许毫无机会自己去探索这个世界，但它却引导着、塑造着我们的生活。

社会学处在存在维度与分析维度之间的连续统上，可以矫正我们的印象，挑战我们的意见，但如果单纯看作是生产出真理与谬误，这种理解角度或许不会有什么帮助。说到底，我们的行动可以是在不同的经验层面上得到描述和说明。当我们在不同的背景之间移动，比如说上班工作，居家休闲，网上聊天，逛街购物，朋友聚会，其实就属于这种情况。因此，如果说存在一种说明，无论何时何地，都足以成立，这种说法不仅不够准确，而且有碍于我们捕捉到当下的诸多差异，未来的各种可能。在存在的层面上，人们的确会以有违期望的方式行事，这正是所谓践行自由的组成内容。社会学固然可以说明为何会出现这种情况，但是，鉴于它特有的研究模式，这只是诱使我们继续探寻进一步的理解。由于社会、议题和动态机制都在不断变化，根本不存在所谓绝对真理的终点，因为社会学的探寻要保持生机活力，洞见深刻，就必须始终切中时下，敏于回应，而不是顺从时尚。社会学的知识和科学的所有领域一样，只要充分地说明此前不曾发现或殊少理解的那些东西，就是在不断增进。

这样的知识不仅使我们对自己赖以过生活的手段看得更加清楚，而且也通过生产出刺激想象力并挑战想象力的研究与著述，起到了质疑这种充分性的效果。这个过程要从未曾预料、未曾探究的角度来重新打量熟悉的东西，或许会对人提出很高要求。这样就有可能让人感到困惑，因为我们对各种形式的知识，对它们可能满足我们怎样的期待，原本都有持有各种信念。我们往往指望借助这些知识形式，为我们现有的观念提供正当化理据，或者提供新的知识，但这些新知识不会扰乱我们的理解，而是大有助益。当然，社会学知识是可以满足这两类期待的。不过，它也可能拒绝对我们生活中尚无定论或含混暧昧的东西做出定论，从而从令人熟悉转到去熟悉化。正因为如此，它重新纳入了我们生活中通常被置括不予考虑的方面，使我们有可能以不同的方式思考，并结合他人的境况，提出有关我们自身行动的议题。这就使社会学成为一门非常实用的学科，但这里说的实用或许不同于有
些人经常说的意思，他们老想把自己对于社会的看法搞成确定 164
性。如前所述，接下来的努力是转为否认与指责，或者是企图让这样的知识进入公共领域。

二、知识、期待与欲望

在上述理解形式与通常对科学知识所抱有的期待之间，存在一些张力，这些也体现在人们对社会学研究可能抱有的期待中。具体而言，社会学算不算一门“科学”就遭到了质疑。哲学家勒纳·笛卡尔（“我思故我在”）给我们的理解带来的革命，就是将我们的经验置入科学的领域。在此之前，经验往往归属于常识，而当一个积极主动的个体，通过应用方法，找到通往知识的门径，科学就呈现在他身上。纵然是上帝把握了我们不曾知晓的范畴，但要让我们不曾知晓的一切假以时日最终得以阐明，还是要靠科学。确立了这些期待，科学就成为一切有可能得到许可并被判定为知识的经验的唯一宝库。

尽管真实的科学实践业已表明并不符合常常为此诉诸的标准，而许多自然科学家也认识到自己事业的非线性特点，但科学往往还是表现为以下形式：所谓科学就是一整套做法，能够以大写“真理”的名义，生产出可信而有效的知识，由此相对于其他各种形式的知识，提供明确的因此也是不成问题的优越性。如果基于这种说法来评判知识，社会学家就能够与其他一些专家比肩而立并接受评判，都能够告诉我们，我们有什么样的问题，又必须怎样来应对。

之所以会有这样的期待，源头还在于对“科学主义”的信念。按照尤尔根·哈贝马斯的说法，基于“这一信条，我们不再能把科学理解为知识的多种可能形式之一，而必须将知识视同为科学”。这样，社会学就会被视作一种自助式的情况吹风会，课本里尽是些关于在生活中怎样获得成功的傻子都明白的信息，只不过衡量成功程度看的是如何得到我们想要的东西，又如何跳过或绕过可能阻碍我们的东西。“工具包”的提供就是这些期待的一种表现，仿佛知识能够不成问题地在不同背景之间转换，至于不同背景之间的学习则是次要的考虑。人们坚信，知识的价值来自于控制情境并就此使情境从属于我们的宗旨的能力，这样的信念引导着上述社会学观。世人就此认为，知识的承诺正在于它能确定无疑地告诉我们将会发生什么，而这将使人能够自由而理性地行事，追求特定的目的。具备了这样的知识，唯一会做出的行动就是确保会产生所欲结果的那些。对于以这种方式赋予知识的价值，我们不能怀疑。无论如何，书架上似乎充斥着大师们的作品，里面兜售着他们的万灵妙药，去治愈社会的最新病症，不管那是什么。

这样一种取向意味着，要通过诱惑、迫使或别的某种方式，
致使社会处境中始终存在的其他人以特定的方式行事，力求获得 165
所欲求的东西。对某种情境的控制也必然意味着对其他人的控制。这样的期待会转化为一种信念，坚信生活的艺术中也包括我们如何既赢得朋友，又控制别人。这就会产生争议和冲突，也就是在这些空间里，社会学会发现，自己的服务会被征召，用来努力创造秩序，清除混沌。而我们在旅程中已经指出，这正是现代的独特标志。社会学家探索着引导人行动的那些希冀、愿望、欲求和动机，人们会期望他们提供有关信息，看看需要做出怎样的安排，才能引发人们应当展现出的那种行为。

这样一种行动路线会要求清除所设计的秩序样板视为不合适的行为形式。这将直接影响政治和伦理的领域：比如说，客服中心和工厂车间的管理者们可能会寻求社会学家的协助，以便从其

雇员的身上榨取更高的生产率；网络公司可能希望了解消费者的习惯和简况，以便卖给他们更多的商品与服务；军队指挥官会要求社会学家进行统计调查和观察研究，以加强普通士兵的纪律，或者是提供有关敌方目标的信息；警方会委托社会学家提供建议，看看怎样更有效地驱散人群，实施隐秘监控；超市会安排保安上社会学的课，旨在通过先发制人进行的不法行为侧写，监测并减少扒窃；负责公关事务的官员会想知道，有什么最佳办法，通过修辞策略，校准社交媒体，让政界人物显得与民众“保持接触”，以提高受欢迎的程度，增加胜选的可能。

这些做法甚至要求合而观之，等于是要求社会学家应当提供建议，看看如何以特定的方式，对抗那些已经被特定群体界定为问题的事情，而这样的方式会忽略可供替换的其他说明、解法和可能性，或视之为“不相干”。研究结果会合于意图，甚或无意之间，减少某些人的自由，根据那些委托研究的人的欲望，限制他们的选择，控制他们的行为。委托人要求提供知识，研究如何将有关人群从自己行动的**主体**，转化为干预或操纵的**客体**。如此一来，从人与其环境之间关系的角度做出的理解，也就受制于那些首先寻求控制的人的愿望与意象。随后一旦偏离了这些期待，就可能会要求更强大的控制形式，而不是质疑整个努力本身。实际上，后面这种态度可能会被视为纵容放任，在被框定为“必需”的要求面前，注定属于奢侈。

沿循这些路线对知识抱持的种种期待，积攒成一种要求：研究要生产出控制人类互动的诀窍。在此我们看到的是一种要控制研究对象 / 客体的欲望。我们在讨论文化与自然之间互动的时候已经看到，这种欲望由来已久，自然因此成为被干预的客体，从而能够从属于有些人的意志与宗旨，而这些人孜孜以求的就是利用各种资源来满足自己的需要。一种特别的语言就此兴起，它被洗净了目的意图，纠结于技术细节，看似远离情感，在这样的语言中，被干预的客体接受行动，而不会生成行动或对这些行动提出质疑。如此呈现的各个行动领域经过相互分离，彼此归类，缺乏相互关联，然后遭受操纵，以便实现特定的目的。随着文化与 166
自然成为这一过程的组成部分，后者就被领会为“来者有份”：一大片有待耕耘的处女地，被转化为有意设计的条形地块，以更加适合人的居住。有关我们与地球及其资源的关系以及平衡的问题永远不会被提出，直到不断有研究得出结论，由于不尽的干预与榨取，地球物力几近耗竭。尽管如此，有些人的利益不能得到这样的认识的支持，他们宁愿选择否认而不是付诸行动。虽说我们看到出现了替代能源，越来越关注可持续性，但这类缘由兴起的历史，以及它们如何依然从属于对特定目标的追求，这些都还有待书写。

自然与文化不能简单分离，环境与社会亦是如此。也不妨带着这样的宗旨去探索社会世界。因此，当社会学看到了可持续性的重要性，一定要将其与社会背景和公正的问题相挂钩。各个社会内部，各个社会之间，对于环境的尊重程度千差万别，共同体的性质有差异，气候类型也不一样。有些社会比其他社会更具消耗性，而权力差异与不平等在所有社会中都很明显。任何进入这一关系性区域的知识都会面临特别的期待，不仅要做出说明，而且要提供正当化理据。但这种责任是任何学科都不包括的。与此同时，针对这种过程所提出的任何怀疑，也都可以转变成质疑这一看似复杂的关键需要，或是质疑对技术与社会领域相分离即为解决之道的信念。复杂性问题此前未曾使人类停止过脚步。这个过程可能再一次招致抨击，理由是特定的知识观念被假定具备中立性，却被剥离了真正使人的生活蕴含宗旨与意义的那些议题，即我们的存在的伦理维度。

三、知识与存在

知识与我们此世存在之间的分离，产生出知识与行动之间的差异。知识被视为在采取行动前引导行动的东西。在这种情形下，任何寻求合法性的学科都必须致力于展现出这种知识生产样板的前景。不管是什么种类的知识，只要想通过在学术界中占据一席之地，在公共资源中分一杯羹，以赢取公众的认可，就需要证明，自己能够遵照这一基准。我们就此发现，就算早期社会学家的头脑里并不曾想过要扮演社会秩序的建筑师或筑造者这样的角色——不过有些人的确想过，就算他们唯一的愿望只是更充分地把握人的境况，一旦他们致力于打造这门学科，就很难避免有关什么样的知识配称“合格知识”的主流观念。因此，待到一定地步，就需要做出论证，指出可以在同样条件下研究人的生活与活动。也就出现了一种需要，要证明社会学能够提升到较高的地位，从而被承认是前文所说的那种意义上的合法活动。

在发生争取承认学科地位的斗争的研究制度 / 机构中，我们
167 发现社会学话语表现出一种特别的面目，力求根据科学主义的话语来塑造社会学，这样的任务成了参与者的关注中相当显要的一项。从各种解释中形成了不同的策略，其中之一关注的是复制（replication）这些主流期待所设定的那种科学事业。在这方面，

是埃米尔·涂尔干志向坚定，要为社会学在统合一体的社会学科之林中确立根基，旨在为社会的公民宗教提供一种理性的、系统的、经验的基础。在这个过程中，他追求着一种特定的科学样板，其首要特征便在于有能力将研究对象 / 客体处理成与研究主体之间保持严格分离。这样的话，主体的眼光凝视着某个“在那儿”的客体，可以用一种中立的、超脱的语言，来观察并描述这个客体。有鉴于此，科学的各门学科在方法上就不会有分别，而只是分别关注现实中的不同领域。世界就此被分割为许多地块，每一块都由一门科学的学科进行研究，它们围绕各自感兴趣的客体对象勾勒边界。科学的凝视就这么投射到那些与科学家的活动两相分离的东西上，后者就这么等待着被观察、描述和说明。科学的各门学科之间的分界，只在于考察领域的分割，各自关注自个儿“那堆东西”。

基于这一样板，社会学知识的生成就像是一位航海探险家，满心想要发现一片尚且无人宣称拥有主权的领域。而涂尔干发现，这就在于*社会事实*。所谓社会事实，就是不可化约为任何单一个体的集体现象。它们作为共享的信念和行为模式，可以被视为物，用客观的、超脱的方式来考察。而这些物呈现在个体面前，就成了牢固、持韧、独立于个体意志的现实。它们并不非要获得承认，也不是你想它不存在就不存在的。就此而言，它们复制了自然世界的特征，就好像一张桌子或椅子可能占据着一块地盘。如果对这些东西视而不见，就好像假设你可以忽略地球引力。在这个意义上，逾越社会规范就可能导致惩罚性约制，以提醒你不要逾越无人可能更改的东西。因此，社会现象虽说若无人类显然就不存在，但并不寓于作为个体的人*身上*，而是在他们*身外*。如果想要了解这些社会现象，单单询问那些受制于它们的人是毫无用处的。这样得来的信息将会有欠清晰，有失全面，有所误导。相反，可以询问这些人对于环境做出怎样的反应，看看那些情境下的变化如何可以改进行为，或是表明寓于环境本身的那些力量。

不过，在一个重要的方面，社会事实不同于自然界里的事实，涂尔干也承认这一点。违背自然法则与其后所造成的损害之间的关联是自动的，并非人力设计（或者可以说任何一个人的设计）所致。与此相反，违背社会规范与破坏规范者所受的惩罚之间的关联就是“人为的”。某种行为之所以遭受惩罚，是因为社会谴责它，而不是因为该行为本身导致了犯事者受到伤害（因此，偷盗对窃贼本人毫无伤害，甚至可能有益于他们；如果说窃贼要承受其行动的后果，那只是因为社会情感反对偷窃，因为偷窃伤害了受害者）。话说回来，这种差别并无损于社会规范的
168 “像物一样”的特性，无损于对其进行客观研究的可行性。研究者就此被授权（也是被劝告）绕过只有个体本人才能够告诉我们的他们的心理、意向和私人意义，转而研究那些能够从外部观察的现象，而无论对于哪一位观察者，这些现象十有八九看起来都是一样的。

我们可以采取第二种导向，承认人的现实不同于自然世界，因为人的行动蕴含意义。与我们积极主动的此世存在有关联。人们具有动机，展开行事，以达到自己设下的目的，而这些目的就是对其行动的说明。有鉴于此，人的行动不同于物理实体的空间运动，需要的是理解而非说明。更准确地说，要说明人的行动，就意味着把握行动者赋予这些行动的意义，从这个角度上对这些行动做出理解。所谓人的行动蕴含意义，正是解释学（hermeneutics）得以确立的基础。它指的是“复原意义”的理论与实践，这些意义根植于文学作品、绘画或人类创造精神的其他任何产品之中。文本的解释者要想理解其意义，就必须把自己放到作者的“位置”上，也就是说，透过作者的眼睛来看文本，用作者的思维来思考。然后，解释者应当将作者的行动与自身所处的历史情境相结合。而所谓解释学循环（hermeneutic circle），就是从作者的经验及其作品的特殊性质，转到他们写作时的整体历史背景，这就需要付出解释的努力。

但不是所有的人的行动等都能以这种方式来解释的。诚如上文所言，我们的活动中大部分要么是传统性的，要么是情感性的，因为是受着习惯或情绪的引导。在这两种情况下，行动都是无反思性的（unreflective）。比如说，当我们出于愤怒或遵照常规而行事，就不是在计算我们的行动，也不是追求特定的目的。决定传统性行动和情感性行动的因素外在于我们的直接控制，只有指明其原因何在，才能获得最好的把握。另一方面，理性的行动是经过计算、受到控制，针对自觉考虑的目的的（所谓“为了”[in order to] 型行动[1]）。因此，传统可以是多元的，情绪可以完全是个人的、独特的，但在自己的目的与为实现这些目的所选择的手段之间，我们用来权衡的那种理性却是全人类共同的。因此，我们之所以能够从可观察的行动中得出意义，并不是靠猜想行动者脑子里都在想些什么，而是靠为行动配上一种说得通的动机，从而使行动可被领会。就这样，我们在自己的生活中，既找到因果说明，又发现意义的重要性。以这样的方式相融合，马克斯·韦

[1] 另一种是“因为”型行动（“because of”）。

伯才认为社会学的知识是科学的，但相对于自然科学有一点明显的优势：它不仅对其探究的论题做出描述，而且给出理解。

社会学知识还可以追求一种策略，既非复制，也不是反思或变更，而是研究背景中的行动（action in context）。与笛卡尔的观念截然不同，实用主义源于如下根基：构筑知识基础的是行动，而不是意识。意识不是被我们带入行动的，而是在我们的互动中出现并发展的。其结果，是与我们的环境之间存在调适性的关系，当我们寻求解决问题，意识就凸显在前台，这才应当成为研究的焦点。在北美社会学的发展中，我们可以非常清晰地看到这一倾向。按照实用主义哲学家威廉·詹姆斯的说法，“显而易见，
169 我们承认真理的义务远非无条件的，而是在很大程度上受到条件的限定。”社会学秉持着这样的主张，通过诊断中表达出的某种精神，被赋予实用性的长处，因为它与变动不居的社会状况和议题之间，也具有一种调适性的关系。纵观受实用主义者启发的研究的发展历史，通过研究犯罪率、青少年越轨及团伙文化、酗酒、卖淫、无家可归、种族关系、家庭纽带动力机制变化等等问题，不断磨练自身的洞察力。作为一门学科，它密切介入时事话题，以便引导社会过程，并基于此诉求得到承认。

这些策略每一个都会与社会变迁相融合，这些成分共同构成了社会学知识，后者随着时间的推移，积累着各式各样的洞见。尽管从历史背景来理解很重要，但我们还是能够采取上述每一种策略，并从当代实践中看到相关要素。涂尔干强烈批评功利主义观点，认为倡导个体主义的社会不能为其公民提供多少幸福与安宁。就像当时社会规范被打破，导致原子化和人与人之间的距离感，也不难看到金融危机及银行业文化与涂尔干所称的失范

之间的近似之处。韦伯看到了工具性态度的不断推进，愈益充斥了意义的领域，赋予生命以宗旨，并使其臣属于计算。在那些把人当成达成目的的手段的组织中，特定形式的劳动实践的发展就普遍体现出上述特点。而在广告业的做法中，在人工智能与机器学习的“恶性发展”的潜在可能中，我们也能看到这一点（参看https://maliciousaireport.godaddysites.com）。随着大企业开始从网络活动中生成数据，我们也将看到，我们一方面有着寻求本真性的欲望，同时又陷于算法的抽象处理，在我们数字化的自我和叙事化的自我之间，会出现更多的张力。

面对诸如此类的当代发展趋势，以及社会内部和社会之间的显著不平等，社会学不能径直自我定位为服务于社会秩序的建设与维护，以便被视为与负责管理人的行为的那些人相关。致力于生产知识用来控制，而不是用来理解，就会看到真理与用处的融合，信息与控制的融合，以及知识与权力的融合。社会学不能只是为那些负责秩序的技术专家们所看到、所表达的问题提供解决之道。如果那样，就会自上而下地看待社会，视之为一个被操纵的客体对象，去除其中不愿顺从的成分；而必须更好地了解其内在的性质，以便使之更具有可塑性，更能接受所欲实现的最终形貌。在抵抗这种吁求的过程中，社会学将转而关注从上述视角来看往往不被接受的议题，让世人看到其他存在方式，从而看到环境如何可以不同的其他可能性。

四、张力、目标与转型

社会学在生成其对于社会转型的理解时，或许是通过考察那些受制于特定感知的边缘化人群，又或许是通过提请人们关注被170 预设为理性、凡俗、正常的东西里面需要追问的成分，从而引发了替代选择，也就发现自身同样遭到了质疑。不过，一门学科要是从服务有权有势者要求的角度，或是经由重新消化大众的信念，来界定自己的成功程度，自然就会无视自己作为一门学科的责任，以及那些可供替换的价值，将自身的考察限制在狭隘限定的边界之内。这样就注定无法分析变迁的种种原因与后果，也无法让那些或许不是变迁受益者的人发出声音，赢得承认。

鉴于上述原因，以及其他一些原因，社会学这块场所变得争议连连，并且并非自己促成。由于存在不同的价值观和生活方式，它成了反映社会中各种斗争的靶子，它的研究可能会受制于自身无力调和的种种压力。其中一方要求社会学实现的目标，另一方可能会认为它令人憎恶，矢志抵抗。它的实践除了贯穿着现实意义与深刻洞见，还受到诸多彼此冲突的期待的影响，无论怎样严格规定其方法，怎样精致打磨其理论，都是如此。它会沦为现实的社会冲突的牺牲品，而这些冲突正是整个社会中种种张力、暧昧与矛盾的组成部分。社会学通过系统性的考察来提出社会议题，却可能发现自己成了方便可用的靶子，取代了严肃争论和行动的需要。而这或许只是揭示出，缺乏空间可供公共考量，倾听那些常常不被倾听的体验与声音。

从这些方面来考虑，社会中的理性就成了一把双刃剑。一方面，它显然有助于更多地控制行动。理性计算引导着行动，使其更好地适合于所选择的目的，从而增加了其依照所选择标准而言的效力与效率。大体来说，相比于那些不对自己的行动进行计划、计算和监管的人，讲求理性的个体似乎更有可能实现其目的。理性被用来服务于个人，可能增加个体的自由。但理性也有其另外一面。一旦被用于个体行动所处的环境，即整个社会的组织，理性分析的作用就只是限制选择，或是削减个体为了追求自己目的而可利用的手段的范围。因此，它约束了个体的自由。社会学的分析就反映了这种张力：它能够提供手段来增进这种理性，也能够提请人们关注理性的局限与后果。马歇尔·麦克卢汉在谈到新技术时写道，如果我们理解了新技术正在通过哪些方式转化我们的生活，“我们就能够预见并控制它们；但如果我们继续沉溺其间，浑浑噩噩，不能自拔，就将成为技术的奴隶。”

用技术来取代人的能量、劳动和生计，现在来看已经很明显了，其具体方式也不断为未来预演着技术的承诺。试想一个场面。所谓教室，可能是教师在电脑后面追踪着学生在移动设备上的进展，没有什么言语互动和讨论。这类技术会去除教师方面更多的裁量权，以便每个学生都接受到同样的学习材料，从而教育心智获得解放吗？还是会在去除教师方面的裁量权——这当然各 171
见差异——的同时，也去除了能使学习生动活泼的创造性？技术可以是移动的，使学习能够走出学校而进入生活的各个领域，也让教师有可能追踪学生学习的专心程度。这样可以降低人员成本，因为使用相关技术的学生更多了，而教学或追踪学生进展需要的老师却变少了。就潜在可能而言，他们甚至可以削减成本到不必办一所学校让人去上。在这个过程中，是否教师、学生及其监护人、卖硬件的技术企业、软件工程师、提供连接和能源的宽带与电力公司，各方的利益结盟，使这一切得以发生？然后，所有这些利益又是如何与一个社会在它对于未来世代的种种欲求和希望之外，还愿意看到付诸实践的教育价值观结盟？

无论是什么形式的人际关系，其下支撑的都是与信任有关的各种议题，但却与全球性企业中习以为常的那种计算相混合而存在矛盾。这些企业中有些掌控的权力与财富可堪敌国，但在民主的角度上却依然不为自己的行动担责。我们已经见证了针对它们行动后果的抗议，看到了 2008 年金融危机之后伴随公共基金救助银行而来的紧缩政治。在全球性企业看来，这或许只不过是又一次例证了，它们在实现全球性目标的进程中，会遇到地方上的阻碍。而紧缩政治与那些政权共同延续，相信金融领域和经济领域在一定程度上与社会领域和政治领域相分离。在此过程中，我们听到了共同体的价值，了解到这些价值对于社会团结的重要性。然而，我们在这趟旅程中也已看到，这样的立场往往被转译为对待“它者”的一种防御性态度。理查德·森内特曾经指出，共同体的构架中的重要特征常常表现为与“敌对的经济秩序”相对峙的墙垒。这种局面很容易变成下述情况，借用保罗·维利里奥的话，从免于恐惧的自由的角度来看待政治，而社会安定感就只与消费权相维系。

在这些实例中，我们看到，为了实现特定的目标，调用资源，以及由此导致的根据社会状况做出回应而实施的塑造边界活动。这些活动中有些甚至认为，根本不应该有任何边界，因为它们是对自由的剥夺。当然，这就又引出了一些问题，即何谓自由，谁会从这类安排中受益，它所提供的流动性和机会是否真的人人皆可利用，又产生怎样的后果？仔细思考诸如此类的议题，这些发展趋势是受到一些知识框架的引导的，这些框架不单单是回溯性的，也是前瞻性的，包含着对世界能够怎样甚至应当怎样的一些看法。在这个意义上，知识并不只是反映了事物的本来面目，而是对事物进行筛选，安排它们的结构，置入一个个范畴、种属、类型等容器。我们拥有的知识越多，我们设定自己所看到的东西越多，我们分辨出的不同的东西也就越多。比如说，研究绘画艺术，会引导我们在画上不仅仅看到“红”（red），而且是各式各样的红，像什么阿德里安红（Adrianople red）、火红（flame red）、淡紫红（hellebore red）、印度红（Indian red）、日本红（Japanese red）、胭脂红（carmine）、深红（crimson）、宝石红（ruby）、猩红（scarlet）、鲜红（cardinal red）、血红（sanguine）、朱红（vermilion）、粉红（damask）、那不勒斯红（Naples red）、赭石红（Pompeian red）、波斯红（Persian red），如此等等，不一而足。

是否有能力富于章法地（in a methodical manner）进行分辨和探 172
究，并对所探究的领域获得更大程度的确定性，就鲜明地体现出受过训练和未经训练的眼光之间的差别。知识的获取就在于习得如何做出新的区辨。通过这个过程，一致的东西呈现出歧异，区隔变得更加细致，而大的种属也分割为更小的种属。这样一来，对于经验/体验的解释也就变得更加丰富，更加细密。我们常常听到，如何能够根据人在做出区辨和描述时所使用辞汇的丰富程度，来衡量其受教育程度的高低。可以把东西描述成“不错”（nice），但也可以更精致地描述为令人愉快的（enjoyable）、引人入胜的（savoury）、让人舒心的（kind）、感到合适的（suitable）、有滋有味的（tasteful），或是“很到位的”（doing the right thing）。然而，语言并不是从“外部”进入，浮现于生活，来报道业已发生的经验与事件，而是从一开始就在生活之中，是生活的构成要素。按照皮埃尔·布尔迪厄在其众多研究中的刻画，语言的社会性运用之所以具备价值，是因为它们是“在差异系统中组织起来的”，而这些差异系统又再生产出“社会差异系统”（the system of social differences）。社会学语言也是这一过程的组成部分。

有鉴于此，我们不妨说，语言就是一种生命形式（form of life），每一种语言，从英语、汉语、葡萄牙语、工人阶级的语言、中产阶级的语言、上层阶级的语言、性别分化的语言、地下社会的黑话、青少年团伙的切口，到艺术评论家、海员、核物理学家、外科医生或矿工等的行话，都是一种生命形式。每种语言都拼合出属于自己的一幅世界地图，一部行为规则。在每一种生命形式中，地图和规则相互交缠。我们可以分别来思考它们，但在实践当中，我们却无法将它们逐一分解。各种东西的名目之间的区隔，反映出我们对这些东西在性质上的差异的感知。与此同时，我们承认了这些性质上的差异，也反映着我们在应对这些东西的行动中存在的区别对待，以及我们的行动所遵循的期待。我们不妨回想一下之前的旅程中提出的一个观点：所谓理解，就是要了解如何去应对，如果我们明白了如何去应对，也就已经理解了。正是我们行事的方式与看待世界的方式之间的这种相互交叠，这种彼此和谐，使我们假定这些差异乃在于东西本身。

在这种混合之中，我们发现既有自如感又有确定性。我们存在于世，是区别对待使我们能够展开游历与沟通。它们都属于我们在各种交换与关系中所依赖的背景的组成部分。这种理解形式极其丰富。社会学家对于这一点的考察也是洞见迭出。在这个过程中，它们会凸显潜在的东西，而被想当然接受的东西，也会显得陌生，变得不熟悉。在一定程度上讲，我们的日常实践本身必须对其在通常 / 正常 / 规范（normal）的事件进程下的可能性条件 / 状况（conditions）保持漠视。否则的话，如果我们每时每刻都老想着自己的行动，想着它们与我们所属的那些状况 / 条件之间的关系，我们还如何能够做事情？为此，就需要有一份保持无所作为和不确定性的诀窍。不过，允许这一点存在的那些生命形式并非只是被简单地彼此分离。社会学的理解并不只是关于我们如何应对生活，而是关于我们的生活如何贯穿着结构，如何维系着他人，哪怕在日常情况下并不明显。

这种形式的关系主义并不局限于我们通常所认识的社会学之思。推销物品和服务的无数人员，打着消费的名义，做的正是这 173
种事情。生命形式之间的边界就此从属于来自不同媒介的各种意象和可能性，而我们在这趟有所引导的旅程中也已经看到，这些意象和可能性所产生的效果也各有分别，取决于我们的社会位置。这些形式是想把卖给我们东西当作确认欲望或我们可能追求的东西的实例。话说回来，也不能把社会学角度的理解解释成纯粹来自“内部”，即从了解如何应对某种生命形式的角度，为局部的知识库增添内容。这些形式的理解不能只是被看作新的知识的确证实例，能够无需反思地融入我们的生活，而是代表着一些特定的解释，要求我们承认它们，其方式是我们要么根据要么不根据自己的角度而自动赋予的。这种形式的理解就是认识到，我们在自己的生命形式中调用的区隔 / 特性并不是**唯一**存在的区隔 / 特性。我们彼此之间并没有不可渗透的墙垒作为分隔，我们不再能不成问题地待在墙垒之内，盘点各自所贮藏的内容及其主人。鉴于这些效应，对于那些相信自己的生活方式不可渗透、没有后果的人来说，社会学很容易变成攻击的靶子。

如前所述，对这种事态的一种回应可以是否认和指责，同时诉诸巩固边界，变本加厉地确保墙垒不受外部影响的渗透。然而，尽管生命形式可以是有序共享的行动模式，但却常常彼此叠加，相互交织，竞夺整个生命体验中选择出来的领域。可以说，它们属于是对整体世界中的同一些部分、共享总体中的同一些东西做出的不同的选择结果，相互可替换的安排。我们在一天之中就会经历许多种生命形式，而无论我们去往哪里，都会带着属于其他生命形式的片段。我们在生活中经历的各个生命形式下，都与不同系列的人共享知识与行为规则，而他们也都拥有各自分享的多种生命形式的某种组合。没有任何生命形式是“纯粹”的，历史也已经在许许多多的场合下证明，试图纯化会导致灾难性的后果。

我们进入自己所居处的生命形式，并在不同生命形式之间移动，这都不是一种消极被动的过程。我们并不是被强加扭曲，被强行塑造，形成某种固定的身份/认同；而要解读我们所展示出来的知识与技能，也不能诉诸一套持韧不变的规则，认为这套规则支撑着我们的行动，也支撑着我们所处的背景。的确是存在着一些作为导向的规则，促成或约束我们行动的结构，但我们在社会生活中也是共同的作者与行动者。当我们进入各种场景，我们既利用了场景，又改造了场景，因为我们也带入了其他的生命形式。而这些形式又会引导我们的行动，影响我们的理解、评判和决定，但也可能不适合这些新的场景。因此，每一次进入都是创造性的，并且具备潜在的转化可能。对这一过程的社会学理解就此转向如下问题：在什么层面上，在何等程度上，出于何种原因，利用哪些资源，产生那些后果？

在这些动态机制与运动中，有关理解的话题总是会冒出来，并让人在沟通中感到困惑，觉得受到威胁，甚至有可能无法沟通，这些都是人的境况的组成部分。如果以强加社会秩序的名义无视这一结果，就等于去除了理解过程中的一个核心面向，在这 174
个过程中，意义经历了微妙但却持韧而必然的转变。事实上，沟通的过程，也就是旨在实现共同理解的行动的过程，使任何生命形式都无法保持静态。不妨想想激流中的回旋。每一朵回旋都仿佛具有稳定的形状，因此在相当的一段时间里都维持不变。然而，它不能将任何一个水分子维持哪怕是寥寥数秒，因此它的实质始终处在流变状态。你忍不住会觉得，这是回旋的一个缺陷，如果河水停止流动，会更有利于回旋的“维续”。为了避免出现这种想法，就要记住，这将意味着回旋的“死去”。如果没有恒常恒新的水的流进流出，它就不能保持其形状或形式，作为一种独立、持恒的特性 / 同一性（identity）。还要记住，水本身就蕴含着不同的成分！

生命形式犹如激流回旋，之所以保持生机，正是因为具有弹性，流变不居，能够吸收新的材料，丢弃不再被视为有用的东西。一旦生命形式变得封闭、静滞、抗拒变迁，也就死亡了。它们不会捱过最终的准则化（codification），捱过推动准则化尝试的那种精确。换句话说，语言和一般性的知识需要含混暧昧，以保持生机，维护统合，付诸应用。与此同时，面对同样这种含混暧昧，致力于为现实提供秩序的那些力量只会视之为实现自身宗旨的障碍。它们往往力求冻结回旋，阻拦一切不受欢迎的外界输入掺到自己控制的知识中，试图封闭“生命形式”，希望确保对其实施垄断。这种对秩序的关切是以对社会生活的有限观照作为支撑的，并引导人们寻求毫不含混的知识。

在这场探寻中，人们期待这种知识应当穷尽一切，充当行动的正当化理据。因此，径直诉诸中立也能减轻应用这类知识的人做出判断时的负担，然而，它并不能满足这种理想，因为效果就在那里，大家有目共睹。要想充分控制某种情境，就要争取画出一幅明确清晰的地图，去除意义当中含混暧昧的地方，进行纯化处理，通过关联来约束所有构成生命形式的东西。在给定的领域上，根据人们对事物的秩序所做出的投入，会浮现出不同的策略。一方面，我们可能发现通过保持现存做法不受质疑来接受。如前所述，这会促成一种性情倾向，引导日常生活中的行动。另一方面，那些不习惯公认思考方式的人，在进入这些关系时，还带着其他生命形式，自然会质疑公认的方式，从而扰乱了这些方式。

在这个过程中，这类人可能会质疑自己，但他们的行动也会对生命形式本身产生效应。接下来，人们就会努力维护现状，防止或清除异端，将监管和控制解释作为其目标。权力变成排他性的权利，决定应当从可能的解释中选择哪一种，使之具有约束力。寻求垄断权力会表现为将倡导替代选择的人编排成异见分子和被驱逐者的角色，他们不理解给定现实的不言自明性质。相伴而来的便是不宽容的立场，其典型体现可能就是迫害。由此观
175 之，不管是什么学科，只要不单纯以旨在实现这等控制的知识生产为追求目标，就将遭到那些对事物的给定秩序有所投入的人的攻击。

五、社会学与自由

社会学就是在挖掘那些影响行动与感知的状况／条件，就是一门使我们能够考察我们用来领会世界的那些意义的解释性学

科。它并没有任何魔法般的解决之道，因为如前所见，它是源于对知识的一种特定倾向。它是实用的，因为它提供了透镜，可以用来观看我们自身、他人乃至整个社会。它的洞见生成了一些理解，从“为了”转向“因为”。对于那些不希望进入那个领域的人来说，这门学科徒增困扰。而对于那些希望进入该领域的人来说，它蕴含反思，无论是从令人熟悉的范畴移入令人不熟悉的范畴，还是我们的各种感知与我们所居处的各种生命形式都在我们的在世生存中维系一体，其实都一样令人不适。社会学作为一项天职，按照齐格蒙特·鲍曼的说法，要求“自信与自持（demureness）的平衡混合。它还需要一些勇气：解释人类经验是一种特别的生活，我可不会推荐给墙头草（weathercocks）。”

社会学产生的是一种解释—关联性的理解观。理解背景就是它的特性的组成部分，而不是孤立地看事物，因为社会生活并不是如此存在的。如果要对那些尚未也不能与外界影响保持隔绝的东西实施“封闭”，社会学是不能很好地适应这样的要求的。社会学要对社会关系中生成的经验进行广泛的分析，并结合他人及人们所处的社会状况，对这些经验做出解释。这并不是说社会学垄断了有关这些经验的智慧，虽说它有助于我们通过他人并与他人一起更好地理解自身，从而无疑使这些经验更加丰富。至少可以说，社会学之思拓展了我们的理解视域，因为它不满足于与任何一种解释相伴而来的那种排他性和完整性。它还凸显了将制造这种情境作为首要任务的努力会付出什么样的代价。社会学拓展了我们的理解范围，从而有能力凸显一些在通常 / 正常 / 规范的事件进程下可能不为人注意的东西，包括经验与生命形式的多元复合性质，每一种经验与生命形式又是如何展示并贯彻其自有的理解形式，同时也揭示了它们为何不能是各自封闭、独立自足的单元。社会学之思推动了这些经验 / 体验的流动与交换。

从事物的秩序到揭示世界的特性，以便拓展人类自由的视域，社会学知识正是途经的道路。没有任何方法或理论能够穷尽这样一种挖掘，要发挥它的潜力也没有什么捷径。作为一门受经验影响的学科，它穿梭于解释性与说明性之间，要求具备想象力的探索以开启多种可能性，但也要求严谨；要求具备现实关联，也要求有生机活力以引导其挖掘。在这些观点之间摇摆并不是什么缺陷，正相反，在这两端之间，正是社会学的力量所在，最深刻的洞见孕育于此。如果我们授权或是交托于它做出选
176 择的权力，就是过度扩张了这门学科的范围。它当然能够引导这些选择，使它们在背景上和关系上都能被我们所领会。它也能够引导但从不能完全驾驭一种有关未来我们将会变成怎样的发展性伦理，因为在它受过去影响的有关当下的分析中，它为我们开启了进入未来的多种可能。安·奥克莉在《行星地球上的性别》中写道，这类可能性业已变成某种需要，“这种新型世界秩序珍视一切人类，倡导满足人类一切基本需要的权利，推崇生态上的宽容，尊重未来。”

目前存在并面向我们的未来的那些议题，是为集体行动设置的事务，不能简单交付技术—经济性巫术思维。当然，知识必须以合适的剂量，将我们引向对我们问题的解决。将诸如此类的事情赋予任何形式的知识，都等于让我们不再需要思考我们如何思考，如何感觉，如何行事。尽管如此，握有权势的少数人力图依据某些承诺来锻造未来，而这些承诺中的乌托邦成分也同时携带着敌托邦的（dystopian）成分。面对这种状况，如果社会学在追求

这类目标的过程中，拒绝冻结流动，就会使有些人得出结论，认为社会学只会使含混暧昧的状况变本加厉。如此看来，不妨认为社会学成了问题的组成部分，而不是解决之道。然而，如果一个社会真的有心从过去与现在中学习，以引导未来，社会学的理解能使我们为这项任务做出更充分的准备。社会学做好了充分准备，要为人的生活与人的共居做出重要贡献，即促进相互理解，认识到我们与我们的环境是共享自由的至高条件。鉴于其所贯彻的探究形式，社会学之思必然会提倡滋养宽容的理解，也提倡促成理解的宽容。我们对未来抱有期待，我们从过去和现在获取经验，在这两者之间，正是社会学之思予人启示的空间，从中我们能够更多地了解自身，了解我们所追求的未来。作为一种思考并看待我们自身及他人的方式，在通往更加公正、更可持续的关系的旅程中，社会学居于核心位置。

总结思考与拓展阅读

本节旨在提供给你一个基础，供进一步探究社会学提供的丰 177
富而有益的洞见。下文你将看到一系列问题，可用于研讨、读书小组，或是你们当中读完这本书并希望更加深入地探究这趟旅程中提出的议题与主题的人。

我们为每一章都提供了一组问题，以及拓展阅读的相关建议。此外，在各章当中，你还会找到有关特定学者与研究的征引，这样你就能更具体地探察他们的观点与洞见。这些东西必然有所取舍，因为特定的关注领域往往都已经产生出数量可观的研究。社会学是一门不断成长、充满活力的学科，紧扣新的社会现象，随时产出新的研究。其中有不少往往还是与其他学科合作进行的。

深入了解社会学知识会是相当有益的。本书业已指出，这样的深入了解既让人感到熟悉，又会让人感到陌生。以我们自身的感知和体验为出发点，“进攻”（engagement）这些文本，就要求我们不懈提问，关于我们自身，关于他人，也关于整体社会的那些动态机制和演变轨迹。最后只想说一句：希望你不仅能享受这一段不断延续的进入社会学之思的旅程，并且能发现，这个过程富有裨益，充满洞见。

引论

思考题

1. 能否有一门关于常识的科学？
2. 你认为社会学相比于其他学科的独特之处是什么？
3. “去熟悉化”这一过程有哪些好处？又有哪些不利之处？
4. 理论理性与实践理性之间的区别何在？

拓展阅读建议

Bauman, Z. (2014) *What Use Is Sociology? Conversations with Michael Hviid Jacobsen and Keith Tester* (Cambridge: Polity). 本书包含四篇对话，其中之一讨论了“什么是社会学？”的问题。

Giddens, A. and Sutton, P. (2017) *Sociology, 8th ed.* (Cambridge: Polity). 这本上千页的教材提供了一份对于社会学的总体概览，并附有术语汇编和文献指南。

【参看安东尼 · 吉登斯、菲利普 · 萨顿，《社会学》第八版，李康译，北京大学出版社，2019 年版. 方括号内中文版作品信息由译者补充，下同】

May, T. and Perry, B. (2019) *Social Research: Issues, Methods and Process*, 5th ed. (London: McGraw-Hill). 社会学作为社会科学的组成部分，是一门经验学科，本书导览了社会研究的实操中使用的各种方法和视角。

【参看迪姆 · 梅，《社会研究. 问题、方法与过程》，李祖德译，北京大学出版社，2009 年版】

Scott, J. (2014) *A Dictionary of Sociology*, 4th ed. (Oxford: Oxford University Press). 这部参考书有助于澄清社会学核心术语的涵义。

第一章

思考题

1. 你觉得有哪些社会关系引导着你的生活规划？
2. 你的生活中的参照群体是哪些？你认为它们如何影响你的行动？
3. 个体与社会之间的关系是什么？这种关系如何影响我们对于自身与他人的理解？
4. 你如何界定自由？它在社会如何发展这个问题上扮演什么角色？

拓展阅读建议

Bauman, Z. (1988) *Freedom* (Milton Keynes: Open University Press). 该书考察了我们在这一章讨论过的一些话题。

【参看泽格蒙特·鲍曼，《自由》，杨光、蒋焕新译，吉林人民出版社，2005 年版】

Hanley, L. (2016) *Respectable: Crossing the Class Divide* (London: Penguin). 细致而犀利地记叙了各种欲求以及追求实现欲求的过程中面临的诸般现实。

Lawler, S. (2014) *Identity: Sociological Perspectives* (Cambridge: Polity). 本书考察了社会生活中的认同，侧重于我们行动中如何实现这种认同。

May, T. and Powell, J. (2008) *Situating Social Theory*, 2nd ed. (Buckingham: Open University Press). 本书结合各种文化传统来定位社会思想的发展，关注结构与行动之间的关系，讨论了理解社会与社会动态机制的不同思路，包含讨论全球化与情感的专章。

第二章

思考题

1. 人类作为一个整体，是否共享某种“一体性”或“共同纽带”？
2. “我们”与“他们”之间的边界通过区隔而维护了特性 / 身份 / 认同。这一过程在网络互动与物理在场两种情况下是否有差别?
3. 你在城市之中看到哪些制造隔离和授予应得权利的措施?
4. 欧文 · 戈夫曼所说的“互动秩序”是什么意思? 如何体现?

拓展阅读建议

Bauman, Z. (2004) *Identity: Conversation with Benedetto Vecchi* (Cambridge: Polity). 这本小书考察了认同的重要性，以及影响我们生活的特定事件与过程。

Cavanagh, A. (2007) *Sociology in the Age of the Internet* (Buckingham: Open University Press). 本书考察了新型沟通技术如何塑造和组织社会生活，以及这些技术对于社会学的实践所具有的意义。

Goffman, E. (1990) *The Presentation of Self in Everyday Life* (London: Penguin). 通过施用戈夫曼所称的“拟剧论”思路，就社会生活提供了深刻洞察。

【参看欧文 · 戈夫曼，《日常生活中的自我呈现》，冯钢译，北京大学出版社，2008 年版】

Hall, S. (2012) *City, Street and Citizen: The Measure of the Ordinary* (Oxford: Routledge). 阐述了都市景观的特征变化，及其对于民众生活产生的影响。

第三章

思考题

1. 雷蒙·威廉斯说:“关于共同体,值得注意的是,它始终已经存在。”他是什么意思?
2. 宗派与组织有哪些方面的差别?
3. 共同体与自我认同是如何关联的?
4. 你是否会揭露组织中你认为有违伦理的那些做法?如果会,是哪些类型的活动?为何?在何种局面下?

拓展阅读建议

Aldridge, A. (2013) *Religion in the Contemporary World: A Sociological Introduction*, 3rd ed. (Cambridge: Polity). 本书考察了宗教在社会生活中所扮演的角色,包括选择、约束、焦虑与确定性等议题。

du Gay, P. (ed.) (2005) *The Values of Bureaucracy* (Oxford: Oxford University Press). 该文集考察了科层制如何在社会中扮演重要角色。

Lyon, D. (2015) *Surveillance After Snowden* (Cambridge: Polity). 作者考察了数字时代使用的各种形式的监控,它的政治维度与伦理维度,以及对我们的态度、行动和法律框架意味着什么。

Tyler, I. (2013) *Revolting Subjects: Social Abjection and Resistance in Neoliberal Britain* (London: Zed Books). 不仅研究了群体如何成形,并被社会以特定的方式看待,而且研究了它们如何抵制上述过程,事情又如何因此有所改变。

第四章

思考题

1. 强制与选择之间的差异何在？你是怎么知道的？
2. 你的义务范围延伸到他人有多远？
3. 说人是自身的目的，而非通向另一个人之目的的手段，是什么意思？
4. 传统主义的合法化在我们的生活中扮演着重要角色。你是否能举些例子，并说明它们如何与自己的行动关联？

拓展阅读建议

Bauman, Z. and Donskis, L. (2013) *Moral Blindness: The Loss of Sensitivity in Liquid Modernity* (Cambridge: Polity). 中立，这里界定为冷漠，被视为当代社会的组成部分。两位作者考察了个中缘由，以及对社会产生了哪些后果。

de Beauvoir, S. (1994) *The Ethics of Ambiguity* (New York: Citadel). 法国存在主义思潮的领军人物之一写下的一部极富见地的作品，考察了我们在含混暧昧的情境下所面临的选择。

【参看西蒙娜·德·波伏瓦，《模糊性的道德》，张新木译，上海译文出版社，2013年版】

Putnam, R.D. (2000) *Bowling Alone: The Collapse and Revival of American Community* (New York: Simon and Schuster). 这部经典研究考察了随着当代社会的发展，人们如何变得越来越孤立。

【参看罗伯特·D. 帕特南，《独自打保龄：美国社区的衰落与复兴》，刘波等译，中国政法大学出版社，2018 年版】

Seidler, V.J. (2010) *Embodying Identities: Culture, Difference and Social Theory* (Bristol: Policy Press). 本书基于阶级、种族、性别、性相、族属和宗教等维度的相关议题，考察了我们生产出自己的认同的方式。

第五章

思考题

1. 社会关系中的“纯粹”馈赠这种提法，你觉得是否讲得通？
2. 风险的计算如何影响你的日常判断？
3. 商品化过程之外，我们是否还能有某种认同？
4. 情感依恋与信任之类的社会关系所支撑的交换是非人性的么？如果是，它们以哪些方式展现自身？

拓展阅读建议

Desmond, M. (2016) *Evicted: Poverty and Profit in the American City* (New York: Penguin). 本书记叙了当代美国的贫困与住房之间的关系，材料丰富，笔触细致，令人震动。

【参看马修 · 德斯蒙德，《扫地出门：美国城市的贫穷与暴利》，胡䜣谆、郑焕升译，广西师范大学出版社，2018 年版】

Hochschild, A.E. (2012) *The Managed Heart: Commercialization of Human Feeling*, updated ed. (Berkeley: University of California Press). 该书研究了情感劳动和对情绪的管理在我们生活中的重要性。

Sennett, R. (2012) *Together: The Ritual, Pleasures and Politics of Cooperation* (New York: Allen Lane). 本书探讨了作为社会生活协调所需的一项技能的合作，但也视之为一种伦理维度，认识到我们如何彼此需要。

Smart, C. (2007) *Personal Life: New Directions in Sociological Thinking* (Cambridge: Polity). 作者考察了影响我们与重要他人之间关联的那些感情与关系，并超出这些边界进行探究，揭示了社会生活的丰富性。

第六章

思考题

1. 我们需求安全感，是否是在寻求难以企及的东西？
2. 习惯、体态和做派之间有什么样的关联？
3. 不同的身体在大众传媒中有哪些表现方式？出于哪些原因？
4. 健康与健美的观念之所以不同，是否因为一个存在某种“标准 / 规范”，另一个没有？

拓展阅读建议

Cregan, K. (2006) *The Sociology of the Body* (London: Sage). 有关具身体现与身体端正的规则，不同文化各见其异。本书考察了这些差异，以及它们在我们互动中的重要性。

Nettleton, S. (2013) *The Sociology of Health and Illness*, 3rd ed. (Cambridge: Polity). 本书深入考察了医学知识、身体、照看、不平等与健康。

Saha, A. (2018) *Race and the Cultural Industries* (Cambridge: Polity). 研究表征中的文化政治以及此过程中涉及的各种产业的角色。

Wharton, A.S. (2012) *The Sociology of Gender: An Introduction to Theory and Research*, 2nd ed. (Oxford: Wiley Blackwell). 考察对于性别的理解的历史演变，以及性别如何与人格相关联，如何呈现于家庭生活和工作场所等领域。

第七章

思考题

1. “硬件”时代和“软件”时代对我们过生活的方式产生了什么后果?
2. 沟通能否摆脱“人与物质客体”施加在其上的限制?
3. 你如何理解自己生活中“内在”时间与“历法”时间之间的关系?
4. 解决问题的活动与知识之间的关系是什么?

拓展阅读建议

Bauman, Z. (2000) *Liquid Modernity* (Cambridge, MA: Polity). 结合工作、时间、空间、共同体、解放、个体性之类的话题，考察我们在本书中探讨的生命的流动性。【参看齐格蒙特 · 鲍曼 ,《流动的现代性》，欧阳景根译，中国人民大学出版社，2018 年版】

May, T. and Perry, B. (2018) *Cities and the Knowledge Economy: Promise, Politics and Possibilities* (Oxford: Routledge). 本研究考察了在全球化时代，知识如何塑造都市发展，为了更为包容、公正和可持续的未来，又存在哪些可供替换的选择。

Odih, P. (2007) *Gender and Work in Capitalist Economies* (Berkshire: Open University Press/Mc-Graw Hill). 在曾经是纺织厂的地方，如今出现了客服中心和全球生产线。本书考察了劳动的转型，以及它们具有性别分化的动态机制与后果。

Urry, J. (2007) *Mobilities* (Cambridge: Polity). 约翰 · 厄里考察了移动的世界，包括交通运输与移动技术，及其对社会和社会生活的影响。

第八章

思考题

1. 自然除了作为文化赖以塑造自身的物质材料，还能是什么？
2. 对作物的基因控制是否只是控制自然的过程中的又进一步？
3. “恐外症”与“恐异症”这两个术语指的是什么？
4. 公民权、国家、民族与民族主义之间有什么差别？又如何相互关联？

拓展阅读建议

Beck, U. (1992) *Risk Society: Towards a New Modernity* (Thousand Oaks, CA: Sage). 当代社会倾向于生产出风险，给我们的日常生活带来了许多效应，本书从这个角度来概括当代社会的特征。贝克的书依然激发着后续研究与评论。

【参看乌尔里希 · 贝克，《风险社会：新的现代性之路》，张文杰、何博闻译，译林出版社，2018 年版】

Greenfeld, L. (2016) *Advanced Introduction to Nationalism* (Northampton, MA: Edward Elgar). 本书基于比较历史研究，勾勒了现代性时期民族主义的兴起及其当代体现。

【参看里亚 · 格林菲尔德，《民族主义：走向现代的五条道路》，王春华等，上海三联书店，2010 年版（并非上列书译本）】

Jessop, B. (2016) *The State: Past, Present, Future* (Cambridge: Polity). 这位国家研究领域顶尖论家探究了国家长期以来的各种体现，治理形式，危机时期，包括紧缩时期和紧急状态。

Meer, N. (2014) *Key Concepts in Race and Ethnicity* (London: Sage). 本书讨论了反犹主义、白人性、黑人性、后殖民主义、恐穆症（Islamophobia）等议题，清晰界定了每一个术语，并开出补充书单。

第九章

思考题

1. 新技术通过哪些方式影响并塑造了我们的生活？带来哪些后果？
2. 广告只是一种传递信息的手段，还是决定了我们买什么东西？
3. 公共问题是否越来越变成私人的困扰？
4. 生活能否不只是购物？

拓展阅读建议

Holmes, D.E. (2017) *Big Data: A Very Short Introduction* (New York: Oxford University Press). 简要概述大数据的生成、储存及安保意涵，包括智能家居和智能城市之类的发展如何塑造未来。

Moran, M. (2015) *Identity and Capitalism* (London: Sage). 本研究结合消费的兴起来分析认同如何开始意味着“个人”，然后考察了这对我们如何被定位意味着什么，在政治运动中扮演什么角色。

Turkle, S. (2012) *Alone Together: Why We Expect More From Technology and Less From Each Other* (New York: Basic Books). 随着技术变成“我们亲密关系的建筑师”，我们也陷入了群体性孤独，似乎想要机器人作为同伴。本书深入研究了以计算机为中介的互动，以及它们如何影响了我们的生活。

【参看雪莉 · 特克尔，《群体性孤独：为什么我们对科技期待更多，对彼此却不能更亲密？》，周逵、刘菁荆译，浙江人民出版社，2014 年版】

Woodward, I. (2007) *Understanding Material Culture* (London: Sage). 物 / 客体如何通过我们与它们的关系，以及消费和认同在社会生活中的位置，在我们的生活中扮演了非常重要的角色。

第十章

思考题

1. 你对学习社会学抱有什么期望？你希望这会怎样影响你生活的方式？
2. 有哪些议题影响着作为一门学科的社会学的发展与实践？
3. 你认为使用社会学之镜有什么独特之处？好的社会学见解是否必然会引发争议？
4. 我们如何能从他人那里有所借鉴，而不强加自己的生活方式和价值观念？

拓展阅读建议

Bourdieu, P. (2010) *Sociology Is a Martial Art: Political Writings by Pierre Bourdieu* (New York: The New Press). 这些文字比较特别，来自一名社会学家，其持续多年的深入研究对社会和社会关系提出了独特的洞见，源于“坚信，最可怕的危险，今日还只为受科学引导的眼光所洞察，长远来看，将会缓慢抬头，届时再要抵御，恐怕为时已晚。”

Levitas, R. (2013) *Utopia as Method: The Imaginary Reconstitution of Society* (New York: Palgrave Macmillan). 我们往往将知识和乌托邦视为抽象思辨，视为难以契合。但乌托邦是一种现实方式，投射到未来，以便提供考察我们当下轨迹的手段。社会学需要关注存在性的追问，以保持活力、洞见和现实关联。

【参看鲁思 · 列维塔斯，《乌托邦之概念》，李广益、范轶伦译，中国政法大学出版社，2018 年版（并非上列书译本）】

May, T. and Perry, B. (2017) *Reflexivity: The Essential Guide* (London: Sage). 本书探讨了知识的历史及其与社会科学发展的关系。它包含了当下的例证，生动展现了反思性不仅对于社会科学，而且对于在与他人互动中理解我们自身，具有广泛用途和重要意义。

Therborn, G. (2013) *The Killing Fields of Inequality* (Cambridge: Polity). 作者广泛借鉴了多种比较数据，探究了各社会中不平等的多种类型与形式，以及它们与种族、性别、族属和阶级的关联。在此过程中，他捕捉到需要一种“共同文明”，不仅允许各种能力茁壮发育，而且支持并促进它们全方位发展。

索引 [1]

A

阿多诺，西奥多 Adorno, Theodor W.

论权威人格 authoritarian personalities 31

阿佩尔，卡尔—奥托 Apel, Karl-Otto 113

阿斯特尔，玛丽 Astell, Mary

《给女士们的郑重建议》*A Serious Proposal to the Ladies* 103

埃利亚斯，诺贝特 Elias, Norbert 31

论含混暧昧的定位 ambivalent position 22

爱 love 83-89

相遇之爱 confluent 93

爱作为馈赠 as a gift 85-86

爱作为市场化产品 marketed product 86-89

爱与互惠 reciprocity 85-86

在爱中寻求自我认同 search for self-identity 83-84

性爱与情色 sexuality and eroticism 87-88

爱的确认 validation of love 84

爱因斯坦，阿尔伯特 Einstein, Albert 105

安德森，本尼迪克特 Anderson, Benedict 42

安德森，克里斯 Anderson, Chris

《免费：商业的未来》*Free: The Future of a Radical Price* 79

安全感 security

身体与安全感 body 95-96, 100-101, 104

家庭的安全感 family 92-94

地方的安全感 of place 91-94

风险社会中的安全感 risk society 112-115

两性角色与安全感 sex roles 104

工作中的安全感 within work 94

奥迪赫，帕米拉 Odih, Pamela

《资本主义经济中的性别与劳动》*Gender and Work in Capitalist Economies* 94, 118

奥克莉，安 Oakley, Ann

《行星地球上的性别》*Gender on Planet Earth* 176

奥尼尔，凯茜 O'Neill, Cathy

《算法霸权》*Weapons of Math Destruction* 45, 145

B

巴里，安德鲁 Barry, Andrew

《政治机器：治理社会与技术社会》*Political Machines: Governing and Technological Society* 147

巴特勒，朱迪斯 Butler, Judith 100

暴力 violence

国家权威与暴力 state authority 132-133

贝克，乌尔里希 Beck, Ulrich 82

论风险社会 risk society 31, 64, 109, 112, 113

贝特森，格雷戈里 Bateson, Gregory 32

背景 context 161-164

庇护所 shelter 91-94

边沁，杰里米 Bentham, Jeremy

论全景敞视监狱 Panopticon 107, 111

变迁 change

变迁的不安定感 insecurity of 24-25

时空变迁 time and space 105-109

[1] 根据原书第 187—198 页改编而成，为便于查阅，将按照主词条的外文字母排序改为按照主词条的中译名拼音字母排序。请注意，所附页码系英文版页码，即中译本的边码。

波伏娃，西蒙娜 · 德 Beauvoir, Simone de 73
伯林，以赛亚 Berlin, Isaiah 133
博尔坦斯基，吕克 Boltanski, Luc 51, 62
《新资本主义精神》*New Spirit of Capitalism* 62
布尔迪厄，皮埃尔 Bourdieu, Pierre 31, 59
论“堂吉诃德”效应 'Don Quixote' effect 18
论信念式接受 doxic acceptance 68
论语言与权力 language and power 129-130
论语言的社会用途 social uses of language 172
论餐桌礼仪 table conduct 126
布希亚，让 Baudrillard, Jean 87, 97

C
财产权 property 66-67
财产权与已婚妇女的权利 married women's rights 67
财产权与所有权 power of ownership 67-68
参照群体 reference groups 23
比较性参照群体 comparative 24
常人方法学 ethnomethodology 20
常识 common sense 4-10
常识与行动的意向 intention of actions 7
常识与负责任的言谈 responsible speech 6
常识不言自明性 self-evident character 8
城市生活 urban life 24
城市生活中有礼貌的不关注 civil inattention 37-38
城市生活中的分隔 segregation 35-38
传统 tradition 92-93
传统与合法化 legitimation 63-65
传统与丧失把控 loosing grip 110

D
达尔文，查尔斯 Darwin, Charles 21
贷款 loans 77-78, 80-81
戴斯蒙德，马修 Desmond, Matthew
《扫地出门》*Evicted* 78, 92
戴维斯，威廉 Davies, William 39
《幸福产业》*The Happiness Industry* 62
丹科纳，马修 D'Ancona, Matthew
《后真相：有关真相的新型战争以及反击之道》*Post Truth: The New War on Truth and How to Fight Back* 108
道德 morality 49, 69-74
道德与科层行动 bureaucratic action 71
道德与有礼貌的不关注 civil inattention 38
道德与人群行为 crowd behaviour 72-73
道德义务 duty 69-70, 72, 74-75
道德与雇主的责任 employers' responsibility 117-118
道德与种族灭绝 genocide 71
道德的制度性贯彻 institutional implementation 113
秩序与混沌 order and chaos 112-113
道德与承认他人的需要 recognizing others' needs 73
道德与自我维续 self-preservation 74-75
道德与国家面临的社会压力 social pressure on states 136
道德与有限人性的地位 status of limited humanity 73
馈赠的价值 value of gifts 79-80
价值与行动 values and actions 62-63
道格拉斯，玛丽 Douglas, Mary
《洁净与危险》*Purity and Danger* 33
德勒兹，吉尔 Deleuze, Gilles 66
德里达，雅克 Derrida, Jacques 127
论自我认同 self-identification 29
笛卡尔，勒纳 Descartes, Rene 164, 168
地方特性 localism 110
地域 / 领土 territory 130-141
与公民权之间的关系 citizenship 131-136

与民族主义之间的关系 nationalism 136-141
蒂特马斯，理查德 Titmuss, Richard
论利他动机 altruistic motives 79-80
东斯基斯，列奥尼达斯 Donskis, Leonidas
《道德盲目》*Moral Blindness* 112
动机 motivation 8
决策与行动 decision-making and actions 58
动机与馈赠 gifts 79-80
多林，丹尼 Dorling, Danny
《不公不义：社会不平等为何依然延续》*Injustice: Why Social Inequality Still Persists* 60

E
厄里，约翰 Urry, John
《流动性》*Mobilities* 93, 106

F
法律 / 法则 laws 2
法则与行动 actions 57-58
法律与公民不服从 civil disobedience 136
自然法则 of nature 123-124, 167
法律的必要性 necessity 57
组织规章 organizational rules 45
各国法律 of the state 132-133, 134, 137
犯罪学 criminology 2
方法论 methodology 168-169
常识的方方面面 aspects of common sense 4-10
去熟悉化 defamiliarization 9
解释学 hermeneutics 168
实用主义 pragmatism 168-169
复制策略 replication strategy 167-168
社会学作为科学 sociology as science 164-165
《飞越疯人院》(电影) *One Flew Over the Cuckoo's Nest* (film) 115
非人性化 impersonality 81-83
寻求自我认同 search for self-identity 83-84
费弗尔，拉尔夫 Fevre, Ralph
《经济行为社会学新论》*The New Sociology of Economic Behaviour* 82
分裂演化 schismogenesis 32-33
风险 risks 82, 109-112
风险的边界 boundaries 115-120
转基因食品的风险 genetically modified food 111
全球化的风险 globalization 110
现代人的活动的风险 modern human activities 112-115
弗洛伊德，西格蒙德 Freud, Sigmund 21-22
服饰 clothes
亦参　个人外表 see personal appearance
符号资本 symbolic capital 59-60
符码与社会秩序 codes and social order 126-128
福柯，米歇尔 Foucault, Michel
论人口控制 control of populations 72
论凝视的内化 interiorization of the gaze 107
论权力关系 power relations 49
论自我认同 self-identification 29
论自我技术 technologies of the self 95
福山，弗朗西斯 Fukuyama, Francis 82
福斯特，莱纳 Forst, Rainer 31-32

G
盖拉尔迪，西尔维娅 Gherardi, Silvia
论性别与权力关系 gender and power relations 104
高兹，安德烈 Gorz, André 65-66
告密 whistle-blowing 49, 116
戈夫曼，欧文 Goffman, Erving
《精神病院》*Asylums* 115
论有礼貌的不关注 civil inattention 37
论面子功夫 face work 23
论互动秩序 interaction order 27-28

论扮演角色 playing roles 46
论餐桌礼仪 table conduct 126
论总体性制度 / 机构 total institutions 52-53
格雷伯，大卫 Graeber, David
《债：第一个五千年》*Debt: The First 5000 Years* 69
格雷夫，马克 Greif, Mark
《反对一切》*Against Everything* 95
隔离 separation 35
葛兰西，安东尼奥 Gramsci, Antonio
《狱中札记》*Prison Notebooks* 131
个人外表 personal appearance 101-102
从个人外表看文化符码与记号 culture codes and signs 127, 130
从个人外表看时尚与身份 / 认同 fashion and identity 152
从个人外表看各自隔离的群体 segregated groups 36
亦参 身体 see also body, the
个体 individuals 4, 9
个体性与归属感 individuality and belonging 88-90
个体与生活方式 lifestyle 151, 154-155
理性个体 rational 170
存在于个体之外的社会现象 social phenomena existing outside 167
作为主体的个体与作为客体的个体 subjects and objects 165
跨性别者 transgender 95, 103
工商业 business
工商业与全球权力 global power 171
工商业与家庭道德之间的分离 separate from family morality 70
工商业与社会秩序 social order 115-116
亦参 组织 see also organizations
工作 work 67
工作与安定感的瓦解 breakdown of security 94
分工 division of labour 103-104, 118-119
工厂 factories 117-119
工作中的监管雇员 monitoring employees 51
工作与劳动所有制 ownership of labour 67
工作中雇主的责任 employers' responsibility 117-118
失业 unemployment 16
公民不服从 civil disobedience 136
公民权 citizenship 131-136, 142
公民权的各种形式 forms 131
难民 refugees 131, 134
公民权与国家的管制 regulation by states 135-136
公民权的权利与义务 rights and duties 132-134
功利主义 utilitarianism 169
共同体 / 社区 / 社群 community
归属感与个体性 belonging and individuality 89-90
对于共同体的感知的变化 changing perception of 108-109
共同体的共同纽带 common bonds 41-44
与组织的异同 compared with organizations 46
与“外部”相分离的共同体 cut off from the 'outside' 44
想象的共同体 imagined 42, 93, 137
内群体与外群体 in groups and out groups 30
新型部落 neo-tribes 153-154
共同体与寻求安定感 searching for security 92-93
总体性制度 / 机构 total institutions 52-53
亦参 网络社群 see also online communities
沟通 communication 6, 19-20, 121, 174
沟通的根植与解植 embedding and disembedding 109
手机与沟通 mobile phones 51, 125, 144

沟通与非本地共同体 non-local communities 108-109
沟通与对“我们”的组织 organizing 'we' 44-46
沟通与记号 signs 128
新技术的速度与沟通的关系 speed of new technologies 106-107
符号沟通 symbolic 20
孤立 isolation 15
谷歌 Google 68
瓜塔里，费里克斯 Guattari, Felix 66
关系论 relationism 161-164, 172-173
广告 advertising
广告中的权威形象 authority figures 150
广告与购买身份 / 认同 buying identity 151-152, 155
广告与购买信息 buying information 45, 53
交换价值与使用价值 exchange value and use value 149
广告与技术 technology 144, 150
归属 belonging 89-90, 152
规范 norms 167-169
规范与对于健康的追求 pursuit of health 98
规则与选择 rules and choice 16
国家 states
国家的权威 authority of 32-133, 139
国民对于战争的支持 citizens' support for war 133
国家与公民权 citizenship 131-136, 142
国家与公民不服从 civil disobedience 136
国家与合法性 legitimacy 136
国家与民族 and nations 130-142
国家与爱国主义 patriotism 136
向国家交税 payment of taxes to 133
国家提供服务 provision of services 133-134
国家与地方特性 regionalism 135
国家对国民的管制 regulation of subjects 135-136
国家的权利与义务 rights and duties 133-134
国家对于民族主义的利用 use of nationalism 136-141
亦参　民族主义 see also nationalism

H

哈贝马斯，尤尔根 Habermas, Jurgen 82
论科学主义 scientism 164
哈维，大卫 Harvey, David
《全球资本主义的空间》*Spaces of Global Capitalism* 105
孩童 children
米德论孩童发展诸阶段 Mead's stages of development 20-21
汉利，林赛 Hanley, Lynsey
《体面：跨越阶级分野》*Respectable: Crossing the Class Divide* 126, 153
合法化 legitimation
克里斯玛型合法化 charismatic 63-65
法理型合法化 legal-rational 65
国家与合法化 states 136
传统型合法化 traditional 63-65
赫茨菲尔德，迈克尔 Herzfeld, Michael
《冷漠的社会生成》*Social Production of Indifference* 71
黑帮团伙与群体认同 gangs and group identity 32
互动 interaction
亦参　社会互动 see social interaction
互惠 reciprocity
互惠与爱的关系 love relationships 85-86
互惠与分裂演化 schismogenesis 32-33
华康德 Wacquant, Loïc
《肉与灵：拳击学徒札记》*Body and Soul: Notebooks of an Apprentice Boxer* 98
环境议题 environmental issues 116-117
气候变迁 climate change 64, 73, 116, 119, 141

有毒废料 toxic waste 119
技术的运用 use of technology 144
婚姻与财产权 marriage and property rights 67
混沌 chaos
亦参　社会秩序 see social order
霍尔，苏珊娜 Hall, Suzanne 36
霍金，史蒂芬 Hawking, Stephen
《时间简史》*A Brief History of Time* 105
霍耐特，阿克塞尔 Honneth, Axel 23

J
机密 secrets 49
国家机密 states 135
吉登斯，安东尼 Giddens, Anthony 82
论相遇之爱 confluent love 93
吉利根，卡罗尔 Gilligan, Carole
论女性的照看伦理 women's ethic of care 22, 81
记号 signs 126-130
记号的任意性 arbitrariness 129
记号与身体 body 95, 102-104
记号的冗余性 redundancy of 128
加尔布雷思，约翰·肯尼斯 Galbraith, John Kenneth 69
家 home 92, 94
家庭 family 23
家庭与借贷 debts and loans 78, 80-81
家庭与馈赠 gifts 79-81
内群体与外群体 in groups and out groups 29-30
为人父母 parenthood 151
家庭作为安定感之源泉 source of security 92-94
贾米森，琳恩 Jamieson, Lynn
论亲密关系 intimacy 86, 94
价值 values 9
价值与行动 actions 48, 59, 62
边界与他人 boundaries and others 34
价值与群体 groups 18, 22-23, 30
价值与权力 power 61-65
价值与意义 significance 22-23
亦参　道德 see also morality
监控 surveillance 51, 148
全景敞视监狱 Panopticon 107, 111
健康 health 74, 91, 104
健康与文化 culture 125
健康与转基因食品 genetically modified food 111
健康与对于健美的追求 pursuit of fitness 98-100
健康与对于完美的追求 pursuit of perfection 95
国家提供的健康服务 state provision 133-134
角色 roles
组织活动中的角色 organizational activity 46-47
亦参　身份 / 认同 see also identity
教育 education
教育与民族 nations 139
教育与技术 technology 170-171
阶级 class
群体 groups 17-19, 30
消费者的不平等 inequality of consumers 156
杰索普，鲍勃 Jessop, Bob
《国家权力》*State Power* 136
解释学 hermeneutics 168
金钱 money
借贷 debts and loans 77-78, 80-81
经济（学）economics 2, 3
经济对于行动自由的影响 affecting freedom of action 16-17
资本主义工厂体制 capitalist factory system 117-119
经济与消费 consumption 148-149
交换价值与使用价值 exchange value and use value 149
性别与经济 gender 94
馈赠与经济 gifts 79
消费者的不平等 inequality of consumers 155-156

市场化身份 / 认同 marketed identities 86-89
经济的现代速度 modern speed of 111
经济与新型部落 neo-tribes 163
国家与税负 state and taxes 133
经验（体验） experience 2
难以接近他人的体验 inaccessibility to others 99-100
竞争 competition 68-69
决策 decision-making 49-50, 57-65
决策与行动动机 motives for actions 58-59
决策与价值观念 values 62-63

K
卡尔霍恩，克雷格 Calhoun, Craig
论民族 on nations 138
卡佩罗，埃瓦 Chiapello, Eve 51, 62
《新资本主义精神》*New Spirit of Capitalism* 62
卡斯特，曼纽埃尔 Castells, Manuel
《信息时代》*The Information Age* 53
卡斯托里亚迪，科尔内留 Castoriadis, Cornelius 22
卡瓦纳，艾莉森 Cavanagh, Alison
《互联网时代社会学》*Sociology in the Age of the Internet* 92
科层制 bureaucracy 47, 71
科学实践 scientific practice 4-5, 164-165 reflection and modification 168-169
科学技术 science and technology 4-5, 161-162
广告与科技 advertising 144, 150
科技与边界 boundaries 115-120
科学技术与时空变迁 changes in time and space 107-110
对于科技的依赖 dependence upon 144
科学技术与学科 disciplines 167
科学技术与环境议题 environmental issues 116-117
科学技术与专长 expertise 143-147, 148-149
科学技术与转基因食品 genetically modified food 111
科学技术的全球后果 global consequences 112-113
人与机器 humans and machines 157
科技与知识 knowledge 164-166, 167
科技与道德 morality 70-71
购买与说服 purchase and persuasion 147-151
科技代替人力 replacing humans 170-171
作为社会活动的科技研究 research as social activity 129
科技与记号 signs 128-129
科技的前沿更新 updates 144-147
科学技术对于文化范围的拓展 widening scope of culture 125
科学主义 scientism 164, 167
克里斯玛 charisma
克里斯玛型权威合法化 legitimation of authority 63-65
空间 space
空间的边界 boundaries 115-120, 121
变动不居的空间体验 changing experiences of 105-109
空间作为商品 as a commodity 111-112
空间的贬值 devaluation 108
恐外症 xenophobia 33-35, 130
恐外症与种族灭绝 genocide 35
恐外症与群体认同 group identity 31
恐异症 heterophobia 130, 140-141
跨性别个体 transgender individuals 95, 103
跨性别与技术变迁 technological changes 106-107, 116-117
宽容 tolerance 130-131
宽容与群体身份 / 认同 group identity 31, 32
馈赠与交换 gifts and exchange 77, 89-90
利他主义与自我牺牲 altruism and self-sacrifice

79-80
借贷 debts and loans 77-78
情感与同情 emotion and sympathy 81
对于馈赠或交换的期待 expectation 77-80
身份／认同与商品 identity and commodities 86-89
作为馈赠的爱与作为交换的爱 love as 85-86
爱与亲密关系 love and intimacy 83-86
道德 morality 79-80
帕森斯论模式变项 Parson's pattern variables 80-81
纯洁 purity 79
馈赠关系与交换关系 relations 80-83
馈赠与交换的符号价值 symbolic value 79

L

拉克劳，厄内斯托 Laclau, Ernesto 22
拉蒙，米歇尔 Lamont, Michèle 33
拉什，克里斯多弗 Lasch, Christopher
《自恋主义文化》*Cultures of Narcissism* 59
莱昂，大卫 Lyon, David 51
劳动 labour
亦参　工作 see work
冷漠 indifference 71
里茨尔，乔治 Ritzer, George
论"麦当劳化" 'McDonaldization' 48
里斯曼，大卫 Reisman, David
《孤独的人群》*The Lonely Crowd* 84
理解 understanding 10
生命形式 forms of life 172-174
解释—关系性理解 interpretive-relational 175
相互理解 mutual 175-176
科学的理解 scientific 162
理解与记号 signs 127-128
理解与社会互动 social interaction 27-29
两种理解观 two senses of 162-163, 164
理性化 rationalization 170
历史学 history 2
利科，保罗 Ricoeur, Paul
论自我 on selfhood 21
利他主义与馈赠 altruism and gifts 79-80
脸书 Facebook 45, 68, 70, 108
列维塔斯，鲁思 Levitas, Ruth
《乌托邦之概念》*The Concept of Utopia* 114
卢曼，尼克拉斯 Luhmann, Niklas 82
伦理 ethics 69-70, 158
罗思柴尔德，迈耶 Rothschild, Meyer 106
洛克，约翰 Locke, John 67
利他主义 altruism
馈赠与利他主义 gifts, 80

M

马尔莫，米歇尔 Marmot, Michael The Health Gap 100
马克思，卡尔 Marx, Karl 118
马歇尔，T. H. Marshall, T. H. 132
马扎，大卫 Matza, David 71
麦克卢汉，马歇尔 McLuhan, Marshall
论新技术 new technologies 149, 170
梅洛—庞蒂，莫里斯 Merleau-Ponty, Maurice
论身体言说 the body speaks 101
米德，乔治·赫伯特 Mead, George Herbert 20-21
米尔格拉姆，斯坦利 Milgram, Stanley
论电击实验 shock experiments 70-71
面子功夫 face work 23
民族 nations 130-142
被界定的民族 defined 137
民族中心主义 ethnocentrism 139
民族与霸权 hegemony 131
民族与语言 language 137-139, 142
民族的起源神话／迷思 myth of origins 138
民族与国家 and states 130-142
民族与地域 territory 137

亦参　民族主义；国家 see also nationalism; states
民族中心主义 ethnocentrism of nations 139
民族主义 nationalism 136-141
民族主义与同化 assimilation 139-140
民族主义与共同体 community 42
民族主义与群体身份 / 认同 group identity 30
民族主义的属性 qualities of 136-137
民族主义与种族主义 racism 140-141
模式变项 pattern variables 80-81
陌生人 strangers
陌生人与边界 boundaries 33-35
陌生人与隔离 segregation 36-38
莫尔纳，维拉格 Molnár, Virág 33
莫罗佐夫，叶夫根尼 Morozov, Evgeny 128
《网络幻念》*The Net Delusion* 68
莫斯，马塞尔 Mauss, Marcel
论馈赠 on gifts 79
默顿，蒂莫西 Morton, Timothy
《人类：与非人的人之间的团结》*Humankind: Solidarity With Nonhuman People* 123
目标替代 goals, displacement of 50

N
拿破仑·波拿巴 Napoleon Bonaparte 106
难民 refugees 35
难民与公民权 citizenship 131, 134
难民与道德 morality 72
内迪希，沃伦 Neidich, Warren 149
匿名性 anonymity 18, 73
城市生活的匿名性 urban life 24, 37-38
农业 agriculture 111, 120
女性 women 22, 81
女性诉求平权 claim for equal rights 32, 49
女性与文化 culture 130
女性与分工 division of labour 103-104, 118-119
女性与照看伦理 ethic of care 22, 81
洛克论女性 Locke on 67
女性作为管理者 managers 49
女性与“自然法”'natural laws' 124
女性与压迫 oppression 69
女性主义 feminism
女性主义与身体 the body 100
女性主义与权力关系 power relations 103-104
女性管理者 women managers 49

P
帕森斯，塔尔科特 Parsons, Talcott 80-81
帕特南，罗伯特 Putnam, Robert
《独自打保龄》*Bowling Alone* 84
培根，弗朗西斯 Bacon, Francis 68
佩蒂弗，安 Pettifor, Ann
《金钱的生产》*The Production of Money* 77
皮克特，凯特 Pickett, Kate
《公平之怒》*Spirit Level* (with Wilkinson) 104
偏见 prejudice 49
偏见与社会交换的壁垒 barriers to social exchange 35
偏见与群体认同 group identity 30-31
偏见与网络社群 online communities 113
偏见与有限人性的地位 status of limited humanity 73
偏见与女性 women 67
亦参　种族与种族主义；恐外症 see also race and racism; xenophobia
贫困 poverty 66
对穷人的特征概括 characterization of the poor 69
贫困与消费主义 consumerism 153, 156
贫困与道德义务 moral duty 74
普遍主义与特殊主义 universalism and particularism 80

Q
期待 expectations 164-166
对于行动自由的期待 freedom of action 17-19
对于馈赠的期待 gifts 77-80
对于技术的期待 technology 144
齐美尔，格奥尔格 Simmel, Georg 38, 83
强制 coercion 10
行动与权力 actions and power 61
国家与强制 state 132, 138, 141
强制与总体性制度 / 机构 total institutions 53
乔多萝，南希 Chodorow, Nancy
论情感方面的性别差异 gender differences in emotions 22
侵犯 aggression 22
亲密关系 intimacy 85-86, 94
情感 emotions
情感性行动 affective actions 58-59
性别与依恋 gender and attachment 22
馈赠情境与情感 gift situations 81
情感与"自然法" 'natural laws' 124
情感的生理表现 physical expression 99-100
琼斯，瑞思 Jones, Reece
《暴力的边境》*Violent Borders* 35
琼斯，斯蒂夫 Jones, Steve 21
去传统化 detraditionalization 110
去熟悉化 defamiliarization 9
去现代化 demodernization 131
权力关系 power relations 10, 49
强制与收编 coercion and enlistment 61
无力感 feelings of powerlessness 64
行动自由与权力关系 freedom of action 61-62, 68
性别角色与权力关系 gender roles 103-104
财产权与权力关系 ownership of property 67-68
隔离与权力关系 segregation 37
合法化的类型 types of legitimation 63-65
权力与行动 power and action 60-65
权威 authority
广告与权威 advertising 150
权威主义 authoritarianism 31
权威与合法化 legitimation 63-65
国家的权威 of the state 132-133, 139
权宜与道德 expediency and morality 69-74
全景敞视监狱 Panopticon 107, 111
全球化 Globalization
全球化与集体抵抗的缺失 absence of collective resistance 154
工商权力与控制 business power and control 171
全球化的秩序与混沌 order and chaos 112-114
全球化与风险社会 risk society 110-112
群体 Groups
群体边界与外来者 / 局外人 boundaries and outsiders 33-35
相关性标准 criteria of relevance 19
群体的多样性 diversity of 53-54
对于群体的期待 expectations 17-19
隔离的形式 forms of segregation 35-38
进出群体 in or out 29-33
群体与不平等 inequalities 156-157
群体影响行为 informing conduct 22
群体与生活方式 lifestyle 152-157
米德论"主我"与"客我" Mead's 'I' and 'me' 20-21
群体与新来者 newcomers 34
新型部落 neo-tribes 153
网络群体 online 18
亦参　参照群体；社会互动 see also reference groups; social interaction

R
人工智能 artificial intelligence (AI) 128, 169
人际关系 personal relationships
人际关系中的暧昧与张力 ambivalence and

tensions 89
相遇之爱 confluent love 93
馈赠情境与交换情境 gift and exchange situations 80-83
人际关系与亲密关系 intimacy 85-86
人际关系与爱 love 83-89
人际关系与追寻自我认同 search for self-identity 83-84
人际关系与确认 validation 84
人类学 anthropology 2
人权 human rights 113, 157
人群行为 crowd behaviour 72-73
认同 / 身份 / 特性 identity
身份 / 认同与广告 advertising 151-152
归属感与个体性 belonging and individuality 89-90
边界与他人 boundaries and others 33-35, 39
公民权与国家 citizenship and state 131
身份 / 认同与矛盾 contradictions 28-29
普世主义与认同 cosmopolitan 24
寻找自我与认同 finding self 83-84
内群体与外群体 in groups and out groups 29-33
生活方式与身份 / 认同 lifestyle 151-157
身份 / 认同作为市场化产品 as marketed product 86-89
米德论“主我”与“客我” Mead's 'I' and 'me' 20-21
身份 / 认同与新型部落 neo-tribes 153-154
两性认同 sexual 102-104
认知地图 cognitive maps
熟悉的圈子 circles of familiarity 92

S

塞德斯特伦，卡尔 Cederström, Carl
《健康症候群》*The Wellness Syndrome* (with Spicer) 100
塞耶，安德鲁 Sayer, Andrew
《为何对民众很重要》*Why Things Matter to People* 144
瑟博恩，戈兰 Therborn, Gora
《权力之城》*Cities of Power* 111-112
森，阿玛蒂亚 Sen, Amartya
《作为自由的发展》*Development as Freedom* 66
森内特，理查德 Sennett,Richard 73, 85, 87, 171
《个性的销蚀》*Corrosion of Character* 111
商品 commodities
亦参　消费 see consumption
社会互动 social interaction
常人方法学 ethnomethodology 20
馈赠的符号价值 symbolic value of gifts 79
社会互动的多种距离 various distances 27-29
亦参　群体 see also groups
社会化 socialization 22-24
社会化与不安定情境 insecure situations 24-25
社会化的意义 significance of socialization 22-24
社会距离 social distance 27-29, 39
社会控制 social control 165
社会排斥 social exclusion
社会排斥与权力关系 power relations 60
社会契约 socialcontracts 67
社会权利 social rights 132-133
社会事实 social facts 167
社会位置 social position
群体内的社会位置转换 shifts within groups 34
社会现象 social phenomena
个体外存在的社会现象 existing outside individuals 167
社会学 sociology 162-169, 175-176
相互理解与共享自由 mutual understanding and shared freedom 175-176
社会学与其他社会科学 and other social sciences 1-4

社会学与风险社会 risk society 113
张力与转型 tensions and transformations 170
社会学对于常识的利用 use of common sense 4-10
亦参　社会学之思 see also sociological thinking
社会学话语 sociological discourse 166-167
社会学之思 sociological thinking 6-9
社会学之思作为对于社会生活的评论 commentary on social life 162-163
社会学之思的内容 content 10-11
社会学之思与生命形式 forms of life 172-174, 175
社会学之思与问题的框定 framing problems 162
社会学之思与解释—关系性理解 interpretive-relational understanding 175
知识与区辨 knowledge and discrimination 171-172
社会学之思与关系论 relationism 161-164, 172-173
社会学之思与科学实践 scientific practice 164-165
社会学之思与社会控制 social control 165
社会学之思与理解 understanding 162-163, 164, 175-176
亦参　方法论 see also methodology
社会秩序 social order 112-115, 169
自治与混乱 autonomy and chaos 115
社会秩序与边界 boundaries 115-120, 173
符码与记号 codes and signs 126-130
文化作为安排秩序的力量 culture as ordering force 124-129
常人方法学论社会秩序 ethnomethodology 20
社会秩序与生命形式 forms of life 173-174
社会秩序与群体期待 group expectations 19
从历史视角看社会秩序 historical perspective 114-115
现代的分割趋势 modern trends towards division 114
社会秩序作为解决问题的策略 problem-solving actions 120-121
国家与民族 state and nation 141-142
国家的供应 state provisions 134
社会秩序与结构 structure 126-128
社交媒体 social media 5, 62
社交媒体与远距互动 distant interactions 42
社交媒体与道德 morality 69-70
社交媒体与记号 signs 128
身体 body, the 91
身体防御 defence of 96-98
身体欲望 desire 101-102
透过身体的情绪表达 expression of emotions 99-100
健康与幸福 health and happiness 98-100
身体作为社会调控的对象 / 客体 objects of social conditioning 95
身体对于完美的追求 pursuit of perfection 94-98
性相与性别 sexuality and gender 102-104
发自身体的社会讯息 social messages from 101-102
身心障碍 disability 95
身心障碍与技术 technology 146
生活方式 lifestyles 151-158
消费者的不平等 inequality of consumers 155-156
新型部落与生活方式 neo-tribes 153-154
购买与说服 purchase and persuasion 147-151
技术的使用 use of technology 144-147
失业 unemployment 16
时间 time
时间与边界 boundaries 115-120, 121

时间体验上的变化 changes in experiences of 105-109
时间作为一种商品 as a commodity 111-112
时尚与认同 fashion and identity 152
实用主义 pragmatism 168-169
食物 food 96-99
餐桌礼仪 conduct at the table 126
转基因食品 genetically modified 111
手段 means 16-17, 19, 78
舒茨，阿尔弗雷德 Schutz, Alfred 28
熟悉 familiarity 8
熟悉作为安定感的源泉 source of security 92
斯坎布勒，格雷厄姆 Scambler, Graham
《健康与社会变迁》*Health and Social Change* 100
斯克格斯，贝弗 Skeggs, Bev 70, 108
斯派塞，安德烈 Spicer, André
《健康症候群》*The Wellness Syndrome* (with Cederström) 100
私密 privacy 90
私密与共同体 communities 44
私密与组织“我们” organizing 'we' 45
城市生活中的隔离 segregation in urban life 37-38
私密与社会互动 social interaction 28
所有权 ownership 67-68
所有权的技术后果 technological consequences 120
索罗斯，乔治 Soros, George
论信任 on trust 82

T
泰勒，伊莫根 Tyler, Imogen 60
论遗弃 abjection 33
特克尔，雪莉 Turkle, Sherry
《群体性孤独》*Alone Together* 84, 108
图海纳，阿兰 Touraine, Alain
《我们能否共同生存？》*Can We Live Together?* 131
涂尔干，埃米尔 Durkheim, Emile 136, 167
论共同纽带 common bonds 29
批评功利主义 criticism of utilitarianism 169
推特 Twitter 62, 72
信息技术 information technology 108, 109
社会纽带 social bonds 41

W
外表 appearance
亦参　个人外表 see personal appearance
网络社群 online communities 18, 23, 92, 108
对偏见的支持 bolstering prejudice 113
内群体与外群体 in groups and out groups 30
社会纽带 social bonds 41-42
社会互动 social interaction 28
威尔金森 Wilkinson, Richard
《公平之怒》*Spirit Level* (with Pickett) 104
威克斯，杰弗里 Weeks, Jeffrey
论性相 on sexuality 103
威廉斯，雷蒙 Williams, Raymond 42
韦伯，马克斯 Weber, Max 46-49
论生意与道德义务 business and moral duty 70
论工具性态度 instrumental attitude 169
论社会学知识 sociological knowledge 168
论国家暴力 state violence 132
为人父母 parenthood 151
维基解密 WikiLeaks 135
维利里奥，保罗 Virilio, Paul 171
《速度与政治》*Speed and Politics* 106
文化 culture 4
文化作为一种安排秩序的力量 as force for order 124-129
边界与外来者 / 局外人 boundaries and outsiders 33, 35

文化与划界 demarcation 124-130
文化与自然之别 distinction from nature 123-124, 130, 165-166
文化与环境 environment 141
文化与霸权 hegemony 131
内群体与外群体 in groups and out groups 30-32
文化与语言 language 129-130
文化与相关性 relevance 19
城市生活中的隔离 segregation in urban life 35-36
文化与性相 sexuality 103
国家与民族 state and nations 130-131
结构、记号与符码 structure, signs and codes 126-130
文化与宽容 tolerance 130-131
亦参　传统 see also tradition
物质因素 material factors
物质因素与行动自由 freedom of action 16-17, 24-26

X
西格尔，琳内 Segal, Lynne
论基因传承 genetic heritage 43
稀缺作为对行动的限制 scarcity as limit on actions 16
习惯 habits 15, 58-59, 62-63
相关性标准 criteria of relevance 19
消费 consumption 147-149
消费与失望 disappointment 148-149
消费者的不平等 inequality of consumers 155-158
对于专长的消费 of expertise 148-149
消费与生活方式 lifestyle 144, 151-152
消费与市场营销 marketing 148-150, 151-158
消费与说服 persuasion 147-151
消费与技术 technology 143-147
消费者平等 equality of consumers 155-158
新殖民主义 neo-colonialism 142
信任 trust 82, 92, 171
信息技术 information technology 107-109, 145
幸福安康 wellbeing 91-94, 97
性别 gender
性别与文化 culture 130
性别与分工 division of labour 103-104, 118-119
性别与经济 economics 94
性别与情感依恋 emotional attachments 22
性别与行动自由 freedom of action 18-19
性别与群体认同 group identity 30, 32
健康与健美 health and fitness 98, 100
性别与外表讯息 messages of appearance 101-102
性别与“自然法” 'natural law' 124
性别与权力关系 power relations 103-104
性别与性相 sexuality 102-104
亦参　女性 see also women
性相 sexuality 69, 92
性爱与情色 eroticism 87-88
性相与性别 gender 102-104
性相与群体认同 group identity 30
行动 actions 3-4, 57-59
情感性行动 affective 58-59
利他性行动 altruistic 79-80
竞争性行动 competitive 68-69
依赖他人的行动 dependent on others 16-17
习惯性行动 habitual 15, 58-59, 62-63
受知识引导的行动 informed by knowledge 166
行动与需要 needs 65-69
行动与权力关系 power relations 60-65
理性行动 rational 46-47, 59, 168
行动与责任 responsibility 15-16, 71
行动与风险社会 risk society 109-112
行动与社会秩序 social order 115-120

行动与社会化 socialization 22-24
无反思性行动 unreflective 168
行动与价值观念 values 48, 59, 62
亦参 行动自由 see also freedom of action
行动自由 freedom of action 175-176
边界与他人 boundaries and others 16-18
他人的期待 expectations of others 17-19
行动自由与性别 gender 18-19
生活方式与行动自由 lifestyle 153, 155-156
行动自由的物质因素 material factors 16-17, 24-26
行动自由与所有权 ownership 67-68
积极自由与消极自由 positive and negative liberty 133
行动自由与权力 power 60-61, 68
选择的责任 responsibility for choosing 15-16
共享的行动自由 shared 176
社会控制与行动自由 social control 165
社会化选择与行动自由 socialized choices 24-25
需要 needs
需要与行动 action 65-69
需要与馈赠 gifts 79
质性的需要 qualitative 65-66
选择 choice 57-59, 61
决策责任 responsibility for decisions 15-16

Y
亚当，芭芭拉 Adam, Barbara
论时间的商品化 commodification of time 111
《伊丽莎白》（电影）*Elizabeth* (film)
外表的讯息 messages of appearance 101-102
遗传（学） genetics 5, 43
有关人类基因的专利 patents on human genes 120
遗传与社会行为 social behaviour 21-22
遗弃 abjection 33
英格汉姆，乔弗里 Ingham, Geoffrey
《金钱的性质》*The Nature of Money* 77
英国 Britain 131-132
英国的国民保健服务制度 National Health Service 80, 116, 133-134
英国的《官方保密法》Official Secrets Act 116
应得权利 entitlement 67
尤伊尔，西蒙 Yuill, Simon 108
犹太人 Jews 32
犹太人与种族灭绝 genocide 71, 74
有礼貌的不关注 civil inattention 37-38
语言 language 2, 172
文化记号与权力 cultural signs and power 129-130
语言与民族 nations 137-139, 142
负责任的言说 responsible speech 6
欲望 desire 164-166
原子主义与原子化 atomism and atomization 4, 133, 151
社会规范被打破 breach of social norms 169
移动设备与此的关系 mobile devices 69
约纳斯，汉斯 Jonas, Hans 112
运动与健美 sport and fitness 99

Z
詹姆斯，威廉 James, William 168-169
战争 war 65, 90
公民对于战争的支持 citizens' support for 133
政治科学 political science 2, 3
知识 knowledge 5, 7, 161-168
知识与存在 and being 166-169
知识与生命形式 forms of life 173, 174
分辨的细密 richness of discrimination 171-172
科学知识 scientific 164-166, 167
社会学知识 sociological 163-169, 175-176

默含知识 tacit 19, 162
制度 institutions
制度与对于混乱的恐惧 fear of chaos 115
总体性制度 / 机构 total 52-53
中立化 adiaphorization 65
忠诚与共同体 loyalty and community 44
种族灭绝 genocide 35, 74
种族灭绝与法理型合法化 legal-rational legitimation 65
种族灭绝与个体的道德义务 moral duty of individuals 71-72
种族与种族主义 race and racism 100, 103
与群体身份 / 认同之间的关系 group identity 31-32
与民族主义之间的关系 nationalism 140-141
有关的社会用途 social use of 103
转基因食品 genetically modified food 111
转型 transformations 169-175
资本 capital
符号资本、文化资本与经济资本 symbolic, cultural and economic 59-60
自然 nature
文化宽容 cultural tolerance 131
自然与划界 demarcation 124-130
自然与文化之别 distinction from culture 123-124, 130, 165-166
“自然法则” 'laws of' 123-124, 167
男女差异与自然 male-female differences 124
自我 self
自我与身体形象 body image 95, 101-102
自我与商品化 commodification 86-89
米德论发展诸阶段 Mead's stages of development 20-21
自我的维续 preservation 68, 71-72, 74-75
找寻身份 / 认同 search for identity 82-84
亦参　认同 / 身份 / 特性；个体 see also identity; individuals
自治 autonomy 22, 66
自治与边界 boundaries 115, 117
宗教 religion
宗教与克里斯玛型权威 charismatic authority 63-64
宗教共同体 communities 43-44
宗教与群体身份 / 认同 group identity 31-32
宗教与民族 nations 139
族属 ethnicity 30, 35, 139, 142
族属与公民权 citizenship 131-132
族属与种族灭绝 genocide 35
族属与消费者的不平等 inequality of consumers 156-157
亦参　种族与种族主义 see also race and racism
组织 organizations 45-54
组织与工商竞争 business competition 68-69
组织与文化 culture 124
界定的组织 defined 45-49
雇员的承诺 employee commitment 52-53
生成共同体情感 generating community feeling 52
组织中的目标替代 goal displacement 50
组织中的等级序列 hierarchies within 47-49, 51
组织中的道德 morality 49, 70-73
履行组织中的角色 performing roles within 46-47
组织中对于完美理性的追求 pursuit of perfect rationality 49-50, 52
组织规章 rules 45, 47, 53
组织中的秘密 secrets 49
组织与社会秩序 social order 115-116
组织对雇员的监控 surveillance of employees 51
总体性制度 / 机构 total institutions 52-53
韦伯论科层制 Weber on bureaucracy 47
亦参　工商业 see also business

译者说明

不同于过去类似的工作流程，本书的翻译没有逐句对照已有的中译本（《通过社会学去思考》），原因不仅仅在于它译的是1990年的第一版，而我译的是2001年的第二版。虽然两位作者对第一版做了大量修改，但读者可能发现的两个中译本的许多差异并非出自英文。这本书的译事最终能挤入我令人发指的日程，译者之所以居然还会来“做”这本“入门级”的书，原因有三。

一是感谢社科文献出版社开出了本人迄今为止与大陆学术出版社签下的最高翻译稿酬，终于一举超过十二年前从香港出版机构手中拿到过的水准。二是因为实在想让这本十五年前就看中作为社会学专业教育理想读物的“诱饵”（当时鲍曼还远没有对大陆学术界构成“倾销”之势），真正能够邀请读者进入社会学这座胜在亲切有趣而非庄严巍峨的殿堂（Invitation），而不是彻底摧毁了潜在的有缘人对这种思考方式的兴趣（Invalidation）。

三是出版社方面我过去的两位学生的“纠缠”。其中一个的名字总让我想起鹿桥先生的一部小说，另一个则不断提醒我，在我当年指导的那篇毕业论文的选题与今天乃至未来居于京城的生活之间，一个人需要走多少的路。所幸北大赐给我面对这个世界有所偷懒的机会，让我还能悠闲得疑似奢侈但肯定矫情地写下：纵世易时移，物是人非，意气难平，弦歌未央。

李康

2010年4月20日于京北西二旗

以上是将近十年前我为本书第二版的中译写的译后记，只是后来并未交给出版社，因为觉得太矫情。当时万万不曾想到十年后居然还在老地方干完了一件老活计，索性不怕羞耻，只字不改重新端出来。天边眼前的史事人情，一再证明十年、二十年、三十年……改变不了什么。

翻译的体例没有变化，至于内容，第三版相较第二版，删掉了大约一万字，改写了一些行文，新写了三万多字。但无论原作如何，本次翻译逐字逐句重新校译，并找出了少量错误，修改了一些旧译。译者大体感觉，新写部分紧扣个体日常生活的网络化、人工智能、大数据、移民冲突之类时代趋势，充实面对当下社会现实的社会经验研究引证，维持了此前两版的核心立场和切入角度，但文字上力有不逮。

有必要提醒的是，本书比米尔斯的《社会学的想象力》更适合新手入门，比伯克的《与社会学同游》更贴近当代现实，但你如果期待有《社会学概论》的框架，或《鲍曼社会理论一本通》的内容，那是注定要失望的。本书不罗列名人名言，不炫示专业黑话，不掩饰作者情怀。最深的道理，在最浅的生活表面。如果文字阻碍了你的思考，请怪罪中译者本人。

李康

2019 年 8 月 14 日于京北西二旗

图书在版编目（CIP）数据
社会学之思：第3版 /（英）齐格蒙特·鲍曼，（英）蒂姆·梅著；
李康译 .
-- 上海：上海文艺出版社，2020（2025.3 重印）
ISBN 978-7-5321-7496-6
Ⅰ.①社… Ⅱ.①齐… ②蒂… ③李… Ⅲ.①个人社会学—研究
Ⅳ.① C912.1
中国版本图书馆 CIP 数据核字（2020）第 024520 号

著作权合同登记图字：09-2019-570

发 行 人：毕　胜
责任编辑：肖海鸥　邱宇同
特约编辑：朱艺星

书　名：社会学之思（第3版）
作　者：[英]齐格蒙特·鲍曼　[英]蒂姆·梅
译　者：李　康
出　版：上海世纪出版集团 上海文艺出版社
地　址：上海市闵行区号景路159弄A座2楼 201101
发　行：上海文艺出版社发行中心发行
上海市闵行区号景路159弄A座2楼206室 201101 www.ewen.co
印　刷：上海盛通时代印刷有限公司
开　本：889×1194　1/32
印　张：10.5
插　页：2
字　数：235千字
印　次：2020年4月第1版　2025年3月第8次印刷
ISBN：978-7-5321-7496-6/C.0071
定　价：68.00元
告读者：如发现本书有质量问题请与印刷厂质量科联系
T：021-37910000